煤炭高等教育“十四五”规划教材

矿山安全法律法规

张广超　周广磊　孟祥军　董桂刚　等编著

中国矿业大学出版社

·徐州·

内 容 提 要

本书依据煤炭院校课程改革要求和国家最新的法律法规、规程、标准、规定编写而成，结合近几年我国煤矿安全生产典型事故案例，讲解煤矿安全生产主要法律、行政法规、规章及规定。主要内容包括：法律的基础知识，煤矿安全生产法律法规与安全管理，煤炭法，矿山安全法，矿产资源法，煤矿安全生产行政法规，煤矿安全规程，煤矿安全生产事故案例。

本书是煤炭院校煤矿开采技术专业、矿井通风与安全专业和其他采矿工程类相关专业的通用教材，也可供学校、成人安全技术培训和相关工程技术人员使用。

图书在版编目(CIP)数据

矿山安全法律法规 / 张广超等编著. —徐州：中国矿业大学出版社，2023.10

ISBN 978-7-5646-5985-1

Ⅰ. ①矿… Ⅱ. ①张… Ⅲ. ①矿山安全—法规—中国—高等学校—教材 Ⅳ. ①D922.54

中国国家版本馆 CIP 数据核字(2023)第 190361 号

书　　名　矿山安全法律法规
编 著 者　张广超　周广磊　孟祥军　董桂刚　等
责任编辑　马晓彦
出版发行　中国矿业大学出版社有限责任公司
　　　　　　(江苏省徐州市解放南路　邮编 221008)
营销热线　(0516)83885370　83884103
出版服务　(0516)83995789　83884920
网　　址　http://www.cumtp.com　**E-mail**:cumtpvip@cumtp.com
印　　刷　江苏凤凰数码印务有限公司
开　　本　787 mm×1092 mm　1/16　**印张** 9.5　**字数** 238 千字
版次印次　2023 年 10 月第 1 版　2023 年 10 月第 1 次印刷
定　　价　39.00 元
(图书出现印装质量问题，本社负责调换)

前　言

在当前国家能源结构调整、煤电兜底保供的大背景下，煤炭是我国能源安全稳定供应的“压舱石”和“稳定器”，未来相当长的时期内煤炭主体能源地位不会根本改变。一直以来，由于煤炭开采装备落后、工艺环节复杂、人员安全生产意识薄弱，加之面临着水、火、瓦斯、煤尘、顶板等复杂灾害影响，煤矿灾害事故不断，矿难、事故、百万吨死亡率、停产整顿，这些词汇始终伴随着煤炭行业发展，煤炭工业一直被认定为高危行业。近年来，随着煤炭开采机械化、自动化、智能化的不断升级，煤炭开采安全性大幅度提升，百万吨死亡率逐年降低，煤炭安全开采理念已经深入人心，但不同规模矿难事故依然时有发生。2020 年煤矿事故 122 起、死亡 225 人，百万吨死亡率 0.058；2021 年煤矿事故 91 起、死亡 178 人，百万吨死亡率 0.044；2022 年煤矿事故 168 起、死亡 245 人，百万吨死亡率 0.054。不断发生的煤矿安全事故，给国家财产和人民生命造成了巨大损失，影响我国国际形象，严重制约了我国社会和经济的健康发展。

我国政府历来重视煤矿安全生产，中共中央总书记、国家主席习近平多次作出重要批示要抓好煤矿安全生产，切实保障人民生命、财产安全。要做到煤矿安全生产，就必须综合地运用先进开采装备、开采技术和管理技术，同时需要员工具备较高的安全意识和安全技能，而员工安全素质需要通过煤矿安全法律法规的教学培训来提高；作为采矿工程专业学生，除了需要了解采矿专业知识及生产技能外，还急需掌握煤矿安全开采方面的法律法规。

为满足煤炭工业新形势对煤炭职业教育发展的需要，加快煤炭职业教育教材建设步伐和培养技术应用型专门人才的要求，以及煤炭行业的自身特点，根据国家最新的法律法规、规程、标准和规定，我们组织编写了该教材。本教材在编写过程中注重职业教育的特点，理论知识力求简而精，充分体现煤矿生产过程中所采用的新技术、新方法和新设备，并对安全技术措施的要求、指标术语等进行了规范，力求保证其内容尽可能反映我国煤矿安全生产的最新成果。

本教材第一、二章由张广超编写，第三、四章由周广磊编写，第五、六章由董桂刚编写，第七、八章由孟祥军编写。全书由陈水泉统稿，陈淼、栾恒杰、王冬、于海洋参与大量文献查阅、资料收集、插图绘制和教材审校工作。在本教材的编写过程中，参考了相关专业的文献资料，在此向所有文献作者表示衷心的感谢。

为了便于读者阅读学习，书中的法律法规省去“中华人民共和国”，用简称。

由于编写人员水平及时间所限，书中错漏在所难免，恳请读者批评指正，以便今后再版时加以完善。

作　者

2023 年 8 月

目 录

第一章 法律的基础知识

第一节 法律及其本质

一、法律的定义

法律是社会规则的一种，通常指由国家制定或认可，并由国家强制力（即军队、警察、法庭、监狱等）保证实施的，以规定当事人权利和义务为内容的，具有普遍约束力的社会规范。法律是维护人民权利的工具。

随着历史的变迁，法律一词的形式和内容也在发生变化。我国古代的法律称“刑”，如“禹刑”“汤刑”，“法”字的广泛运用是从春秋战国开始的，如“法经”。商鞅相秦，改“法”为“律”，从秦汉到明清，几乎都称“律”，如“汉律”“唐律”“大明律”等。

现代，法律一词有广义、狭义之说。狭义的法律，通常称作法律，是专指享有国家立法权的国家机关，依照法定程序制定的规范性文件，即特定或具体意义上的法律，如我国全国人民代表大会（以下简称全国人大）及全国人民代表大会常务委员会（以下简称全国人大常委会）制定的规范性文件。广义的法律也称作法，是指一切法律、规范的总称，即整体或抽象意义上的法律，包括宪法、法律、行政法规、地方性法规等。

二、法律的本质

法律的本质是法律的根本性质，是指法律这一事物自身组成要素之间相对稳定的内在联系，是由法律本身所具有的特殊矛盾构成的。同时，法律的本质也是阶级意志性和物质制约性，是法律的内部联系，深藏于法律的现象背后，是深刻的、稳定的，它需要通过抽象思维才能把握。

（一）法律是被奉为国家意志的统治阶级意志

从直接意义上来讲，法律是人们意志的产物。社会成员的意志有不同的表现形式，如道德、宗教、习惯等，法律的特殊性就在于它取得了“国家意志即法律的一般表现形式”，这也正是马克思、恩格斯所说的“被奉为法律”的真正含义。所谓国家意志，就是作为“整个社会正式代表”的国家向全体社会成员所宣布的在形式上代表整个社会共同意志的规则。统治阶级意志只有上升为国家意志，才能具有法律的品格，即在国家强制力的支持下，取得全社会都普遍遵循的效力。

（二）法律是统治阶级整体意志和共同利益的体现

法律首先体现统治阶级的整体意志。但并非一切统治阶级的意志都是法律，只有经过国家制定或认可，形成人人必须遵守，有国家强制力保障的行为规范的统治阶级意志才是法律。

从一定意义上说，“国家意志”只是法律的社会阶级本质的表现形式，它还不能反映法律的社会政治属性。所谓国家意志，也就是掌握国家政权的阶级意志，即统治阶级意志。因为在阶级对立的社会中，只有既在经济上又在政治上占统治地位的阶级，才有可能掌握国家政权，并通过国家政权把自己的意志制定和认可为法律。因此，法律的最本质属性是统治阶级的意志，而不是任何个人的意志，更不是超阶级的共同意志。法律所反映的意志内容不是统治阶级成员个人意志的简单总和，而是统治阶级根本利益和共同利益的表现。法律是统治阶级成员个别利益的一种抽象，具有一般性的品格。

（三）法律所体现的统治阶级意志的内容是统治阶级物质生活条件决定的

统治阶级意志的内容是由统治阶级的物质生活条件来决定的。也就是说，法律不应该是统治阶段的任意妄为，要受到客观物质生活条件的制约。所谓统治阶级的物质生活条件，主要指地理环境、人口状况、生产方式，其中有决定性意义的是被一定生产力水平所制约的生产关系、经济条件。其中，物质生活资料的生产方式是法律本质的决定性因素。经济基础决定上层建筑，决定法律的内容。如建立在社会主义经济基础上的社会主义法，必须要反映工人阶级及其领导下的广大人民群众的阶级本质，满足发展社会主义生产力的客观要求。除了物质生活资料的生产方式起决定作用外，法也要受到其他因素的影响。经济关系以外的其他因素可以影响法的形式，以至法律内容的某些方面，但是，它们并不能决定一定社会中人与人关系的基本状况，而且它们本身的发展归根结底也还是要受到经济因素的制约。

第二节　法律相关的基本概念

一、法律的分类

法的分类有不同标准，按照不同标准对法所划分的类别也不同。

（一）成文法和不成文法

这是按照法的创制方式和表现形式的不同而对法的分类。成文法是指特定国家机关制定颁布，以不同等级的规范性法律文件形式表现出来的法律规范，故又称制定法或立法。不成文法是经国家机关以一定形式认可其法律效力，但不表现为成文的规范性法律文件形式的法律规范，一般为习惯法。英美法系的判例法是法院通过判决创制的法，它虽然表现为文字形式的判决，但不同于由法定机关制定的规范性法律文件，通常归入不成文法一类。

（二）实体法和程序法

这是按照法律规定内容的不同而对法的分类。实体法规定的权利和义务直接来自人们在生产和生活中形成的相互关系的要求，通常表现为民法、刑法、行政法等，如所有权、债权等。程序法的主要内容是规定主体在诉讼活动中的权利和义务，也即主体在寻求国家机关对自己权利予以支持的过程中的行为方式，这种权利和义务是派生的，其作用在于保证主体在实际生活中享有的法律权利得以实现。因此，实体法和程序法也被称为主法和助法。

（三）根本法和普通法

这是按照法律内容和制定程序的不同而对法的分类。在采用成文宪法的国家，根本法是指宪法，它在国家法律体系中享有最高的法律地位和法律效力，制定、修改的程序都不同于其他法律。普通法是指宪法以外的其他法律。普通法的内容一般只涉及社会生活的某一方面，如民法、行政法、刑法等，其法律效力低于宪法。

（四）一般法和特别法

这是按照适用范围的不同而对法的分类。一般法是指在效力范围上具有普遍性的法律，即针对一般主体、一般事项，在较长时间内、在全国范围内普通有效的法律。特别法是指对特定主体、特定事项有效，或在特定地域、特定时间有效的法律。

（五）国内法和国际法

这是按照创制主体和适用法律关系主体的不同而对法的分类。国内法是在一国主权范围内，由该国的国家机关制定或认可并保障其实施的法律。国内法的法律关系主体一般是个人和组织（在特定的法律关系中也包括国家机关）。国际法是指由参与国际关系的国家之间通过协议制定或认可的法律规范，通常表现为多国参与的国际条约、两个以上国家间的协议和被认可的国际惯例，国际法律关系的主体主要是国家。

除了上述的一般分类外，由于法律文化传统和国家结构形式的不同，一些国家和地区的法律还有特殊分类，例如公法和私法、普通法和衡平法、联邦法和联邦成员法等。

二、法律的特征

法律的特征是法律本质的外化，是法律区别于其他事物和现象的征象及标志所在。

（一）法律具有规范性

规范即规则、范例，它提供一定的价值标准或行为模式，并以一定的手段保障其实现，其作用在于以此来调整主体的观念或行为。规范的一般特点在于它的普遍性、概括性和可预测性。普遍性指规范在适用范围上具有普遍性，只能适用于个别对象、个别场合的指导方案不能称为规范。概括性指规范的内容具有抽象性，它不是对具体行为的描述，而是从形形色色的个别行为方式中概括、抽象出来的具有某种共性的一般行为方式。可预测性指规范相对稳定，并可以反复适用，因而主体可以根据规范提供的行为标准预见到自己和他人行为的后果，并据此选择自己的行为方式。

法律是一种特殊的社会规范，它通过对行为的作用来调整社会关系。从某种意义上说，法律是一种行为规范，它调整人与人之间的社会关系，规定人们在相互关系中应当如何行为。法律意义上的"人"，是指自然人、法人和其他社会组织。法律具有规范的一般特点。法律具有概括性，它是一般的、概括的规范，不针对具体的人和事，可以被反复适用；法律的构成要素中以法律规则为主，法律规则的逻辑结构中包括行为模式、条件假设和法律后果，这是法律规范性最明显的标志。

（二）法律具有国家意志性

法律是由国家制定或认可的，体现了国家对人们行为的评价。一切法律的产生，都是通过制定和认可两种途径。

制定是国家机关依照法定的立法程序创制某种行为规则，并赋予其法律效力。制定的结果是产生具有普遍约束力的规范性法律文件，通常称为制定法。在采用立法性法律规范体系的国家，制定是国家创制法的主要形式。

认可是国家通过一定方式承认某些在社会生活中以不同形式存在的行为规则（习惯规范、宗教戒律、道德规范、政策等）的法律效力。根据认可的不同方式，可以分为明示认可和默示认可。明示认可是指国家立法机关以其积极行为在规范性法律文件中明确规定某些规则具有法律效力；默示认可是指国家立法机关并未在立法性文件中指明哪些习惯性规范或道德规范具有法律效力，而是由司法机关、行政机关在执行职务的过程中援用这些在制定法以外的既存规则作为审理案件和决定问题的依据，立法机关则以沉默的方式表示确认。

（三）法律具有国家强制性

法律是由国家强制力为最后保证手段的规范性体系，一切社会规范都具有强制性，但法律具有国家强制性，法律之所以要具有国家强制性，主要因为：第一，法律不能始终为人们自觉地遵守，需要通过国家强制力强迫遵行；第二，法律不能自行实施，需要国家专门机关予以实施。

任何社会行为规则都有一定的强制力，违反这些规则都可能招致某种对行为人不利的后果。法律强制的特点在于它是以国家的名义实施的强制，这是一种外在的强制，有组织的强制，通过国家专门机关，即监狱、法庭、警察、行政机关直至军队而实现并保障的强制。法律强制一方面表明作为整个社会正式代表的国家对于违法行为的否定性评价，另一方面表明其具有特殊的组织性和保障性。国家强制力是法律与其他社会规范的重要区别，比如道德规范不具有国家强制力。但是，法律的强制力不等于纯粹的暴力。法律的强制力是以法定的强制措施和制裁措施为依据的，具有潜在性和间接性。这种强制力只在人们违反法律时才会降临到行为人身上。法律的实施虽然是以国家强制力为保证的，但它是由专门的机关依照法定程序执行的。

（四）法律具有普遍性

法律在国家权力管辖范围内普遍有效，法律的普遍性包括两方面内容：第一，法律的效力对象具有广泛性；第二，法律的效力具有重复性，法律对人们的行为具有反复适用的效力。同时，法律还存在局限性，带着时代的烙印。

（五）法律具有程序性

法律是有严格的程序规定的社会规范。法律之所以具有程序性特征，主要是因为法律在本质上要求实现程序化，而且程序的独特性质和功能也为保障法律的效力和权威提供了条件。

三、法律的效力

法律的效力即法律规范的效力，是指法律作为一种国家意志所具有的约束力和强制力，表现为凡是由国家制定和认可的法律规范及其表现形式，即规范性法律文件等，对主体行为具有普遍的约束力，这种约束力不以主体自身的意愿为转移。法律的效力主要包括法律的效力等级和法律的效力范围。

（一）法律的效力等级

法律的效力等级也称为法律的效力层次或法律的效力阶位，是指一国法律体系中不同渊源形式的法律规范在效力方面的等级差别。

确定法律的效力等级差别通常遵循如下原则：

(1) 法律的效力等级首先取决于制定机关在国家机关体系中的地位。由不同机关制定的法律规范，其效力等级也不相同。除特别授权的场合外，一般来说，制定机关的地位越高，法律规范的效力等级也越高。

(2) 当同一主体在某一领域既有一般性立法，又有不同于一般性立法的特殊立法时，特殊立法的效力优于一般性立法，也即“特殊优于一般”。但必须注意，“特殊优于一般”的原则只限于同一主体制定的法律规范，对于不同主体制定的法律规范，仍然适用制定机关等级决定法律效力的一般原则。

(3) 当同一制定机关先后就同一领域的问题制定颁布了两个以上的法律时，后来制定的法律在效力上高于先前制定的法律，即“后法优于前法”。

(4) 在同一主体制定的法律规范中，按照特定的、更为严格的程序制定的法律规范等级高于按一般程序制定的法律。例如，全国人大可以制定宪法和基本法律，而其中依特殊程序制定的宪法效力高于基本法律。

(5) 当某一国家机关授权下级国家机关制定属于自己立法职能范围内的法律、法规时，被授权的机关在授权范围内制定的该项法律、法规在效力上等同于授权机关自己制定的法律或法规，但仅仅授权制定实施细则除外。

(二) 法律的效力范围

法律的效力范围指法律规范的约束力所及的范围，即法律的生效范围或适用范围，包括法律的空间效力范围、时间效力范围和对象效力范围。

1. 法律的空间效力范围

空间上的效力，是指法律生效的地域范围。地域范围包括国家的领土、领空、领海和领水。空间效力包括域内效力和域外效力两个方面。

我国法律的域内效力表现为三种情况：一是在全国范围内有效，即在国家主权管辖的全部领域有效，包括延伸意义上的领域，如驻外使领馆、领海及领空外的船舶和飞机。中央国家机关，如全国人大及其常委会、国务院制定的宪法、法律、行政法规等可以在全国范围内有效。二是地方国家机关在宪法和法律授权范围内制定的地方性法规、自治条例和单行条例及规章等在制定机关管辖的行政区域内有效。三是法律规范的制定机关也可根据具体情况，规定法律规范只适用于其管辖的部分区域。如《煤炭法》第二条规定：“在中华人民共和国领域和中华人民共和国管辖的其他海域从事煤炭生产、经营活动，适用本法。”《矿产资源法》第二条规定：“在中华人民共和国领域及管辖海域勘查、开发矿产资源，必须遵守本法。”《香港特别行政区基本法》自 1997 年 7 月 1 日起对香港特别行政区有效。

法律的域外效力是指法律在其制定国管辖以外的效力。如《刑法》第八条规定：“外国人在中华人民共和国领域外对中华人民共和国国家或者公民犯罪，而按本法规定的最低刑为三年以上有期徒刑的，可以适用本法，但是按照犯罪地的法律不受处罚的除外。”

2. 法律的时间效力范围

法律在时间上的效力，是指法律生效和终止生效的时间。一般新的法律要规定法律生效的时间。而法律终止生效的时间有几种情况：有的是新法生效时，旧法相应失去效力；有的是在新立法律中明确规定原来法律予以废止；有的是由于某项法规的立法条件已经消失，该法规已经过时，自然终止效力等。通常，在立法时没有终止生效时间的规定。《矿产资源法》第五十三条有关生效时间的规定：“本法自 1986 年 10 月 1 日起实施。”《煤炭法》第六十七条规定：“本法自 1996 年 12 月 1 日起施行。”

所谓法律的溯及力，是指某项法律对它生效前的行为和事件是否适用和有效，若适用和有效就是说该项法律有溯及力，若不能适用，则该项法律没有溯及力。《矿产资源法》规定："本法施行以前，未办理批准手续、未划定矿区范围、未取得采矿许可证开采矿产资源的，应当依照本法有关规定申请补办手续。"就是说，对于那些在本法实施前已经开办的矿山企业或个体采矿，在本法实施后，仍没依法申请取得采矿许可证，即无采矿权而继续开采矿产资源的，本法对其适用和有效。这就说明本法具有溯及力。

通常法律不具有溯及力，这是当今各国法律所共同遵循的原则，但是法不溯及既往不是绝对的，出于某种需要，也可以对法的时间效力作出溯及既往的规定。如我国《刑法》《安全生产许可证条例》等法律、行政法规就有溯及既往的特别规定。

3. 法律的对象效力范围

法律的对象效力也称对人的效力，是指一国法律规范可以适用的主体范围，对哪些主体有效，即对什么人发挥效力。不同国家以及一国的不同部门在确定其法律适用的对象范围时，可以遵循不同的原则，通常包括以下几种：一是属地主义。即一国法律对处于其管辖领土范围内的一切人都有约束力，不论他是本国人、外国人还是无国籍人。二是属人主义。即根据公民的国籍确定法律的效力范围。按此原则，一国公民无论其在国内还是在国外都要受国籍国法律的约束。三是保护主义。即任何人如侵害了本国或本国公民的利益，不论实施侵害行为者的国籍和侵害行为是否发生在本国境内，都要受到本国法律的追究。四是结合主义。即在确定法律效力时，以属地主义为基础，同时结合属人主义和保护主义。目前，许多国家都采用这一原则以加强对本国和本国公民利益的保护，我国也不例外。

四、法律的实施

法律实施是指法律规范在社会生活中得到贯彻和实现的活动。通过这种活动，法律规范中设定的权利和义务关系就转化为现实生活中实在的权利和义务关系，转化为人们的具体行为和活动。我国社会主义法律的实施有两种方式：一种是法律的遵守，这是法律实施的主要的、基本的方式，要求一切国家机关、社会团体、公职人员和公民严格遵守法律；另一种是法律的适用。

法律适用是国家机关及其工作人员和国家授权的社会组织，依照法定的职权将法律规范运用到具体事、具体人的活动。简单地说，法律适用就是执法。概括地说，就是有法必依，执法必严，违法必究。审判机关、检察机关、行政机关（如公安机关、煤矿安全监察机关、税务机关、工商行政管理机关）等都对法律适用起着重要作用。法律适用要正确、及时、合法。为此，适用法律规范时应遵循下列原则：① 以事实为根据，以法律为准绳；② 公民在法律适用上一律平等；③ 法律适用机关依照法律独立行使职权。

五、法律的责任

（一）法律责任的概念

法律责任是由特定法律事实所引起的对损害予以赔偿、补偿或接受惩罚的特殊义务。所谓特定法律事实，是指由法律或由依法订立的合同加以规定的具有法律意义的行为和事件，其中行为与当事人的意志有关，事件则与当事人的意志没有联系。概括地说，与当事人意志有关的违法或违约行为，既可能引起赔偿性法律责任和补偿性法律责任，也可能引起惩罚性法律责任，而与当事人意志没有联系的事件，则只能引起赔偿性和补偿性责任。

（二）法律责任的构成

1. 行为的社会危害性

行为的社会危害性即行为人的行为侵害了法律所保护的社会关系，造成了某种损害结果；或虽未造成现实的损害结果，但却使法律所保护的社会关系处于直接的危险之中。后面的情况，主要对刑事责任的构成具有意义。

2. 行为的违法性

在通常情况下，如果行为人的行为造成了某种损害结果，但行为本身并未违反法律义务，则行为人并不承担法律责任，故行为的违法性也是法律责任构成的必要条件之一。

3. 行为人的过错

过错在此指的是某种主观心理状态，包括故意和过失两种形式。故意指行为人明知自己的行为会发生危害社会的结果，并希望或放任结果发生的心理状态。过失指行为人因疏忽大意而未能预见危害结果的发生，或轻信可以避免结果的发生，而最终使危害结果实际发生的心理状态。通常情况下，行为人主观上的过错也是法律责任构成的必备条件。

（三）法律责任的种类

依据不同的标准，可以对法律责任作出不同的分类。例如，依据责任主体的不同，可以分为自然人责任、法人责任和国家责任等。目前，通常是依据责任的法律性质进行分类，这也是最基本的分类。

1. 刑事责任

刑事责任是由犯罪行为所引起的与刑事制裁相联系的法律责任。刑事犯罪行为对法律秩序破坏最严重，与此相适应，刑事责任也是最严厉的法律责任。

2. 民事责任

民事责任是指公民或法人因违反法律、违约或者因法律法定的其他事由而依法承担的法律责任。民事责任的典型形式是由违反民事义务的行为所引起的法律责任，包括违约责任和侵权责任。民事责任主要是一种补偿性的责任，但是，在某些场合也具有一定的惩罚性。民事责任的承担者是具有民事责任能力的自然人和法人。同时，在法律规定的某些条件下，国家也是民事责任的主体。

3. 行政责任

行政责任是指因违反行政法律或因行政法规定的事由而应当承担的法律责任。行政责任既包括行政机关及其工作人员、授权或委托的组织及其工作人员在行政管理中因违法失职、滥用职权或行政不当而产生的法律责任，也包括公民、法人或其他社会组织等行政相对人违反行政法律而产生的法律责任。行政责任既可以是财产责任，也可以是人身责任。

4. 违宪责任

违宪责任是指因违反宪法而应当承担的法律责任。违宪通常是指有关国家机关制定的某种法律、法规或者规章，以及国家机关、社会组织或公民的某种活动与宪法的规定相抵触。现代宪法一般都有“合宪性”规定，即明确规定宪法具有最高的法律地位和法律效力，因而任何一种违宪的法律、法规、规章和活动都是无效的，都必须承担违宪责任。在我国，全国人大常委会负责监督宪法的实施，认定违宪责任。

六、法律的原则

上位法优于下位法，新法优于旧法，这是一般情况下的法律适用原则。就法的效力位阶而言，法可分为三类，即上位法、下位法和同位法。就法律效力大小而言，效力大的为上位法，它之下生效的为下位法。因为“上位法优于下位法”是法律规则之间发生冲突时的处理原则，意思是指上位法的效力大于下位法，当上位法与下位法发生冲突时，因下位法违反了上位法，下位法无效，适用上位法。比如，宪法和其他法律的关系，宪法就是上位法，因为其他法律都是依据宪法制定的，其他的法律（如刑法和民法）就是下位法。

有法律规则可以适用的，就适用法律规则；没有法律规则可以适用的，可以适用法律原则。这就是“优先适用法律规则，适用法律原则是例外”。这里的“法”均指法律规则。而“优先适用法律规则，适用法律原则是例外”是关于法律规则与法律原则的适用问题。法律原则虽然必须经国家认可才能发生法律效力，但法律原则并非具体的法律规则。法律原则是抽象的，比起法律规则，法律原则可解释的空间要大得多，执行的难度也大得多，所以对法律原则适用必须加以限制。如果国家已经制定了具体的法律法规，首先要考虑执行法律法规，只有在法律法规没有具体规定或者如果执行法律法规会造成极大不公的情况下，才可以适用法律原则。而且对一般民众，甚至是法学方面的专业人士，对法律原则都是相当难以把握的，在国家已经制定了具体法律规范的情况下舍法律规范不用而适用法律原则，必然会引起民众以及专家学者的质疑，如果没有充分合理的理由加以解释，会损害法律的尊严以及国家机关的公信力。

七、法律的作用

法律的作用是指法律对人们的行为、社会生活和社会关系产生的影响。

（一）法律的规范作用

（1）指引作用。法律作为一种行为规范，为人们提供某些行为模式，指引人们可以这样行为、必须这样行为或不得这样行为，从而对行为者的行为产生影响。

（2）评价作用。法律对人们的行为是否合法或违法及其程度，具有判断、衡量的作用。

（3）预测作用。人们可以根据法律规范的规定事先估计到当事人双方将如何行为及行为的法律后果。

（4）强制作用。法律为了保障自已得以充分实现，运用国家强制力制裁、惩罚违法行为。

（5）教育作用。通过法律的实施，法律规范对人们今后的行为产生直接或间接的诱导影响。

（二）法律的社会作用

法律的社会作用是法律为实现一定的社会目的而发挥的作用。法律的社会作用主要表现在两个方面：

（1）在维护统治方面的作用：主要表现为调整统治阶级与被统治阶级之间的关系、调整统治阶级内部的关系和调整统治阶级与其同盟者之间的关系。

（2）在执行社会公共事务方面的作用：主要表现在维护人类社会的基本生活条件，维护生产和交换条件，促进公共设施建设、组织社会化大生产，确认和执行技术规范，促进教育、科学和文化事业的发展。

第三节 我国的法律体系

所谓法律体系，是指在一定范围内的现行法律、法规、规范有机联系的统一体。这样的法律体系为我国的法律领域提供了丰富的法律资源和法治基础。根据《宪法》规定，我国的法律体系构成如下。

一、宪法

宪法是反映统治阶级意志，确认和巩固统治阶级专政，规定国家制度和社会制度的基本原则、公民权利和义务、国家机关的组织与基本活动原则的国家基本大法。

简单地说，宪法是一个国家治国安邦的总章程。我国宪法反映的是广大人民的意志。国家的制度是人民民主专政，社会制度是社会主义制度。宪法是我国法律体系的最高法律，规定了国家的组织形式、行政机构、各级政府的职责和限制、公民的基本权利和义务，以及法律、法规、司法解释等法律条文的适用。在我国的法律体系中，各级法律都必须与宪法相一致。

在我国，宪法的修改必须由全国人大常委会或五分之一以上的全国人大代表提议，并且全国人大以三分之二的多数通过才可进行。

二、法律

这里的法律是指狭义的法律，即普通法律，是宪法在某一方面的具体化，如刑法、劳动法、经济法等。因此，普通法律的法律效力低于宪法。法律规定了国家内外事务的处理方式和一系列对公民的法律规范，对社会秩序和社会发展起到极为重要的作用。

普通法律又可分为基本法律和法律两种。基本法律和法律的法律效力是相等的。区别是：基本法律是由全国人大制定的，而法律则是由全国人大常委会制定的。法律主要有《安全生产法》《矿山安全法》《道路交通安全法》《海上交通安全法》《劳动法》《矿产资源法》《煤炭法》《消防法》《职业病防治法》《突发事件应对法》等。普通法律的修改，只需由三十名全国人大代表提议，以多于全体人大代表的半数通过即可进行。

三、行政法规

行政法规是由国家最高行政机关国务院发布的规范性文件，主要是规范行政行为。除此之外，国务院还发布"命令""决定""条例"等，主要有《煤矿安全监察条例》《安全生产许可证条例》《国务院关于预防煤矿生产安全事故的特别规定》《民用爆炸物品安全管理条例》《企业职工伤亡事故报告和处理规定》《国务院关于特大安全事故行政责任追究的规定》等。由于国务院是行政机关，不是立法机关，没有立法权，因此，行政法规的法律效力低于法律。但行政法规是法律的重要表现形式，同样具有法律效力。

四、地方性法规

地方性法规是由省级国家权力机关或行政机关为在本地区内执行法律和各项行政法规而制定的补充性规范性文件，主要是为了适应地方的特殊情况和需要。地方性法规包括省级法规、自治区法规、地市级法规等，这些法规在相应的辖区内有法律效力。例如，辽宁省第八届人大常委会于1994年9月25日发布的《辽宁省实施〈中华人民共和国矿山安全法〉办法》即属地方性法规，它是《矿山安全法》在该省的具体执行办法。地方性法规也具有法律效力，但要低于行政法规，一般要根据法律或行政法规来制定。

五、行政规章

与地方性法规具有同等法律效力的还有行政规章。行政规章是由国务院各部委在本部门权限内发布的各项规范性文件。

六、部门规章与地方政府规章

由国务院主管部门、省级人民政府和较大的城市人民政府发布的关于安全生产的部门规章和地方政府规章，主要有《煤炭产业政策》《煤矿安全生产基本条件规定》《安全生产行业标准管理规定》《安全生产违法行为行政处罚办法》《关于国有重点煤矿防治重大瓦斯煤尘事故的规定》《关于国有地方煤矿防治重大瓦斯煤尘事故的规定》《关于乡镇集体煤矿防治重大瓦斯煤尘事故的规定》等。

七、安全生产规程、规范、技术标准

它是由国务院主管部门制定的安全生产规程、规范、技术标准，主要有《煤矿安全规程》《爆破安全规程》《煤炭工业矿井设计规范》《煤炭工业小型矿井设计规范》《煤炭工业技术政策》《特种作业人员安全技术培训考核管理办法》等。

八、我国安全生产法律法规体系

我国安全生产法律法规体系如图 1-1 所示。

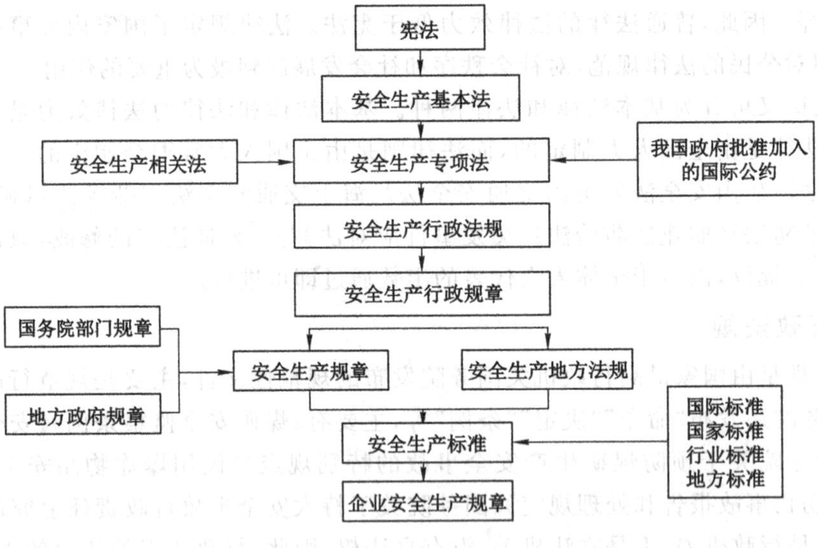

图 1-1 我国安全生产法律法规体系

在我国的法律体系中，还有一些重要的法律条文和制度，例如《刑事诉讼法》《民事诉讼法》《行政诉讼法》等。这些法律条文规定了我国司法机构的组织和程序，并确保了我国司法的公正性和合法性。此外，我国还有律师事务所、公证机关和仲裁机构等司法服务机构，它们为公民提供各种法律服务，保障公民的权利。

总地来说，我国的法律体系是一套完整、严密的法律体系，它既保护了公民的权利，又确保了社会的稳定，使得我国的法治环境不断加强、完善、发展。

第四节　矿山法规的主要内容

针对采矿业的特点，本课程将以《自然资源法》《劳动法》法律体系中的《矿产资源法》《煤炭法》《矿山安全法》为核心，并根据《矿山安全法》的特点，在讲述过程中适当地穿插一些矿山安全规程和行业技术规范等行政规章中的有关规定条款。

一、《矿产资源法》

《矿产资源法》是我国第一部社会主义矿产资源管理法。它以法律的形式对矿产资源的管理做了明文规定，是勘查、开发利用矿产资源的基本依据。

二、《煤炭法》

《煤炭法》是资源管理法律群体中的一部专门法律。煤炭作为我国社会主义经济建设最重要的能源和化工原料，资源的覆盖程度和开发强度在世界上也是首屈一指的。为了合理开发利用和保护煤炭资源，规范煤炭生产、经营活动，促进和保障煤炭行业健康发展，并鉴于目前煤炭资源开发利用的现状，制定和颁布了这一特殊资源的管理法——《煤炭法》。它是煤炭资源开发规划、煤矿建设、煤炭生产、矿区保护、煤矿安全生产和煤炭经营的主要法律依据。

由于《煤炭法》是《矿产资源法》在煤炭行业中的具体体现，故此，在讲述《矿产资源法》过程中对《煤炭法》中的有关法律条款进行具体说明。

三、《矿山安全法》

《矿山安全法》是一部保障矿山生产安全、保证矿山职工人身安全、防止矿山事故和促进采矿业健康发展的法律。

四、矿山安全规程

矿山安全规程是国务院各管理矿山的主管部门制定且颁布实施的行政规章，是国家安全生产方针和《矿山安全法》在各类矿山生产中的具体体现，是矿山安全建设和安全生产的重要依据之一。

五、矿山设计规范

矿山设计规范是国务院各管理矿山的主管部门制定且颁布实施的行政规章，是有关新矿山设计和老矿山改建、扩建设计的规范性文件和主要依据。

第二章 煤矿安全生产法律法规与安全管理

我国煤矿大多数为井工开采，受自然条件影响大，作业环境恶劣，生产环节多，且作业场所狭窄，这些特点决定了煤矿生产事故的多发性。党和政府历来十分注重安全生产工作。《安全生产法》规定：坚持安全第一、预防为主、综合治理的方针，从源头上防范化解重大安全风险。在这里，安全生产方针是指政府对安全生产工作总的要求，是安全生产工作的方向。即安全生产工作中的各项具体制度、措施都要体现、符合这个方针的要求，必须始终把安全放在首位。

第一节 煤矿安全生产方针

一、安全生产方针的含义

在中共中央第十六届五中全会上提出了“安全第一、预防为主、综合治理”的安全生产方针，确立了“安全发展”的指导原则。“安全第一、预防为主、综合治理”是完整的统一整体，三者之间具有内在严密的逻辑关系：“安全第一”是灵魂，没有“安全第一”的思想，“预防为主”就失去了思想支撑，“综合治理”就失去了整治依据。“预防为主”是实现“安全第一”的根本途径，只有把安全生产的重点放在超前防范上，才能有效减少事故的发生，实现安全生产。“综合治理”是落实“安全第一、预防为主”的手段和方法，是安全生产方针的基石，是安全生产工作的重心所在。

（一）“安全第一”的含义

“安全第一”是指在处理安全与生产及其他各项工作的关系时，把安全放在一切工作的首要位置。当生产及其他工作与安全发生矛盾时，一切服从于安全。“安全第一”要求各级政府机构和煤炭企业的领导者要把安全当作头等大事，要把安全工作作为完成各项任务、做好各项工作的前提条件。“安全第一”的主要内涵体现在以下三点。

1. 必须坚持以人为本

首先要以人的生命为本，保障生命安全是人最基本的需要；要把安全生产放在一切工作的首位。安全生产关系到人民群众的生命和财产安全，关系到人民群众的根本利益，关系到改革开放、经济发展和社会稳定大局，关系到党和政府在广大人民群众中的形象。任何忽视安全生产的行为，都是对人民群众生命安全不负责任的行为，都会受到社会舆论的谴责和法律法规的制裁。

2. 安全是生产经营活动的基本条件

一切生产经营单位从事生产经营活动，首先必须确保安全，无法保证安全的，不得从事生产经营活动，绝不允许以生命代价来换取经济的暂时发展。

煤矿主要负责人要对安全生产全面负责；只有生命安全得到切实保障，才能调动和激发人们的创造活力和生活激情；只有使重大事故得到遏制，大幅度减少事故造成的创伤，社会才能安定和谐。不能以损害工人生命安全和身体健康为代价来换取短期局部的经济发展。

煤矿企业必须建立健全安全生产责任制，全员、全方位、全过程地搞好安全工作，真正做到不安全不生产。

3. 要依法追究生产安全事故责任人的责任

生产安全事故发生后，要在事故调查的基础上，明确各方面的责任。既要追究有关行政机关及其工作人员的法律责任，也要追究生产经营单位及其有关人员的法律责任。对漠视人民群众生命安全，不遵守安全生产法律法规和规章的有关责任人员，要依法追究行政责任、民事责任和刑事责任。严肃追究有关生产安全事故责任人的责任，也是“安全第一、预防为主、综合治理”方针的要求和体现。

（二）“预防为主”的含义

“预防为主”是实现“安全第一”的前提条件。“预防为主”就是把安全生产工作的关口前移，依靠立法保证、政策引导、企业更新改造、技术进步和科学管理，通过改善劳动安全卫生条件，控制危险因素、消除事故隐患，从根本上防止事故发生。新时期“预防为主”是在科学发展观的指导下，在经济、政治、文化和社会主义建设战略部署中不断推进的。“预防为主”的主要内涵体现为以下“六先”。

1. 安全意识在先

宣传、普及安全生产知识，提高从业人员的安全素质和安全生产技能是各级政府和生产经营单位的重要任务。只有增强从业人员的安全意识，才能使安全生产得到高度重视，提高从业人员安全素质，使安全生产变为每个从业人员的自觉行动，为实现安全生产形势的根本好转奠定深厚的思想基础和群众基础。

2. 安全投入在先

生产经营单位必须具备法定的安全生产基本条件，保证安全生产所必需的资金投入。

3. 安全责任在先

实现安全生产必须建立健全各级地方政府及其有关部门和生产经营单位的安全生产责任制，各司其职，各负其责，齐抓共管。

4. 建章立制在先

建章立制是实现“预防为主”的前提条件，“预防为主”需要通过生产经营单位制定和落实各种安全技术措施和各项规章制度来实现。

5. 隐患预防在先

预防为主的根本目的是防止和减少生产安全事故。因此，要努力抓好各项安全基础工作，及时查找和消除生产过程中的各种隐患，把危害消灭在萌芽之中，防患于未然。

6. 监督执法在先

强化安全生产监督管理、加大行政执法力度是预防事故、保证安全生产的重要条件。安全生产监督管理工作重点必须是生产现场，将主要精力放在事前、事中监管上。

（三）“综合治理”的含义

“综合治理”就是指适应我国安全生产形势的要求，自觉遵循安全生产规律，正视安全生产工作的长期性、艰巨性和复杂性，抓住安全生产工作中的主要矛盾和关键环节，综合运用经济、法律、行政等手段，人管、法治、技防多管齐下，并充分发挥社会、职工、舆论的监督作用，有效解决安全生产领域的问题。

（四）“安全发展”的含义

“安全发展”是在《中共中央关于制定“十一五”规划的建议》中首次提出来的。“安全发展”是指国民经济和区域经济、各个行业和领域、各类生产经营单位的发展，以及社会的进步和发展，必须以安全为前提和保障。节约发展、清洁发展、安全发展、实现可持续发展，共同构成科学发展的深刻内涵，系统地反映了党和国家关于资源、环境、安全等方面的基本政策，任何一个方面都不可或缺，必须并举并重，共同推进。

要坚持科学发展观，首要的是要坚持安全发展；坚持以人为本，首要的是要以人的生命健康为本；构建和谐社会，首要的是构建安全社会。没有安全生产就没有劳动者的安居乐业，也就没有家庭的幸福安康，更没有社会的稳定和谐。

二、安全生产的原则

（一）“安全第一、预防为主、综合治理”原则

“安全第一、预防为主、综合治理”是我国法定的安全生产方针，是一切生产企业实现安全生产的指导思想。

（二）安全生产人人管理，自我管理的原则

该原则不仅对人而言，也是针对部门的要求。职工个人在自身的职责范围内，必须自觉遵守安全制度和劳动纪律，遵守工艺规范和操作规程，自我发现、防范、控制不安全因素，不伤害自己，不伤害别人，不被别人伤害。各个部门要对本部门的安全生产负责，防止各类事故发生，实现安全生产。

（三）管生产必须管安全的原则

管生产必须管安全的原则要求做到不安全不生产。生产经营单位的主要负责人对单位的安全生产负主要责任，其他管理人员都必须在承担生产责任的同时对职责范围内的安全工作负责。

（四）“三同时”原则

“三同时”原则是指建设工程的安全设施必须和主体工程同时设计、同时施工、同时投入生产和使用。该原则的坚持，可以促使企业按照安全规程和行业技术规范的要求，为安全生产创造物质基础。

（五）“四不放过”原则

“四不放过”原则是指发生事故后，事故管理上要做到原因没查清不放过，当事人未受到处理不放过，群众未受到教育不放过，整改措施未落实不放过。其基本出发点是吸取教训，避免同类事故重复出现。

第二节 煤矿安全生产法律法规

一、煤矿安全生产法律法规

目前，我国有关煤矿安全生产的法律主要有《安全生产法》《煤炭法》《矿山安全法》等。为了这些法律的实施，国务院和有关部门制定颁布了《煤矿安全监察条例》《安全生产许可

证条例》《煤矿安全规程》《国务院关于预防煤矿生产安全事故的特别规定》等行政法规。

（一）《安全生产法》

《安全生产法》是我国第一部规范安全生产的综合性立法，于2002年6月29日由第九届全国人大常委会第二十八次会议通过，2009年和2014年进行过两次修正，根据2021年6月10日第十三届全国人大常委会第二十九次会议《关于修改〈中华人民共和国安全生产法〉的决定》进行了第三次修正，自2021年9月1日起施行。该法律是我国安全生产领域的一部基本法、在我国领域内从事生产经营活动的所有单位和个人都必须遵守。《安全生产法》就生产经营单位的安全生产保障、从业人员的安全生产权利义务、安全生产的监督管理、生产安全事故的应急救援与调查处理、法律责任等内容进行了规定。《安全生产法》的颁布实施，是我国安全生产领域影响深远的一件大事，是安全生产法制建设的里程碑，它标志着我国安全生产工作进入了一个新的阶段。

（二）《煤炭法》

1996年8月29日，第八届全国人大常委会第二十一次会议审议通过《煤炭法》，分别于2009年、2011年、2013年、2016年进行了修正，自2016年11月7日起施行。该法就煤炭生产开发规划与煤矿建设、煤炭生产与煤矿安全、煤炭经营、煤矿矿区保护、监督检查、法律责任等进行了规定，共八章六十七条。

（三）《矿山安全法》

《矿山安全法》于1992年11月7日由第七届全国人大常委会第二十八次会议通过，根据2009年8月27日第十一届全国人大常委会第十次会议《关于修改部分法律的决定》进行修正，自公布之日起施行。该法是中华人民共和国成立以来的第一部矿山安全法律，是我国各类矿山从事开采活动的一部最重要的法律；共八章五十条，对矿山建设的安全保障、矿山开采的安全保障、矿山企业的安全管理、矿山安全的监督和管理、矿山事故处理、法律责任等进行了规定。

（四）《煤矿安全监察条例》

《煤矿安全监察条例》由国务院于2000年11月7日发布，根据2013年7月18日《国务院关于废止和修改部分行政法规的决定》进行修正。条例共分五章五十条，分别就煤矿安全监察机构及其职责、煤矿安全监察内容、罚则和附则等进行了规定。它的出台，不仅填补了我国矿山安全监察的空白，而且为制止和惩罚违规违章提供了法律武器。

（五）《安全生产许可证条例》

《安全生产许可证条例》于2004年1月13日发布，分别于2013年、2014年进行了修订，共24条。

制定目的是严格规范安全生产条件，进一步加强安全生产监督管理，防止和减少生产安全事故。

该条例规定了相关企业实行安全生产许可制度，明确了国务院安全生产监督管理部门及省、自治区、直辖市的安全生产监督管理部门负责生产许可证的办法和管理，企业取得安全生产许可证应当具有的安全生产条件，许可证的有效期为3年，以及违反本条例应承担相应的法律责任等。

（六）《煤矿安全规程（2022）》

《煤矿安全规程（2022）》由国家应急管理部、国家矿山安全监察局发布，是煤矿企业必须遵守的法定规程，共六编七百二十一条。

《煤矿安全规程》是我国指导煤矿安全生产、建设、管理最权威的一部技术法规，是国家关于安全生产的方针、政策及法律、法规的具体体现，是各级煤矿安全监察机构开展安全监察和行政执法的依据，同时也是各级人民政府和管理部门开展安全检查和行政执法的依据，它的颁布实施，对于改善煤矿安全生产条件，提高煤矿安全工作水平和技术装备，减少各类事故，遏制煤矿重特大事故的发生，保障煤矿职工人身安全与健康，具有十分重要的现实意义。

（七）《国务院关于预防煤矿生产安全事故的特别规定》

《国务院关于预防煤矿生产安全事故的特别规定》于 2005 年 9 月 3 日公布，根据 2013 年 7 月 18 日《国务院关于废止和修改部分行政法规的决定》修订，共 28 条。

二、煤矿安全标准体系

煤矿安全标准是组成我国安全生产法律体系的重要内容，是煤矿安全生产的技术法规。根据我国《标准化法》的规定，标准分国家标准、行业标准、地方标准和企业标准。安全生产标准主要指国家标准和行业标准，大部分是强制性标准，如安全生产行业标准（AQ 标准）、煤炭行业标准（MT 标准）等。目前，我国已制定有关煤矿安全生产方面的国家标准、行业标准达 400 多项。

（一）煤矿安全标准

煤矿安全标准分广义煤矿安全标准和狭义煤矿安全标准。广义煤矿安全标准是指为维持煤矿生产经营活动、保障煤矿安全生产而制定颁布的一切有关安全生产方面的技术要求，包括设备、装备、器材等。狭义煤矿安全标准是指为保障煤矿安全生产而制定颁布的有关技术、管理、方法、产品等要求。

煤矿安全标准可分为基础标准、安全管理标准、技术规范标准、方法安全标准和产品安全标准等五类。其中既有国家标准（GB 标准），也有行业标准（如 AQ 标准、MT 标准等）。

（二）煤矿安全生产标准体系

煤矿安全生产标准体系是一个功能齐全的有机整体，针对矿井从勘探开发建设、煤炭开采一直到矿井关闭的全过程可能出现的安全生产隐患与问题，按照煤矿安全技术管理的分类方式，从管理、技术和产品三个方面制定标准，从而形成完整科学的煤矿安全生产标准体系。

第三节　煤矿安全管理

安全与危险是相对的概念，是人们对生产、生活中是否可能遭受健康损害和人身伤亡的综合认识。安全是指客观事物（指安全条件与安全状况）的危险程度能够为人们普遍接受的状态。安全生产是指生产中不出事故、不发生危险、不存在隐患，设施、设备、环境等符合有关规定的状态。

安全管理是管理中的一个特定领域，既指对劳动生产过程中的事故和防止事故发生的管理，又指对生活和生活环境中安全问题的管理。此处所述安全管理主要针对前者而言，是管理者对安全生产进行计划、指挥、协调和控制的一系列活动，以预先发现、分析、消除或控制生产过程中的各种危险，防止发生事故、职业病和环境危害，以保护职工的生命安全与健康，保证企业生产的顺利发展，促进企业生产效率的提高。

一、煤矿安全管理基本原理

管理应有内容和手段，基本要素是人、财、物、信息、时间、机构和制度等。管理的基本原理就是研究如何正确有效地处理上述要素及其相互关系，以达到管理的基本目标。安全管理作为管理的一个分支，遵循管理的普遍规律，应用管理的基本原理。

（一）系统原理

所谓系统，是指由若干相互联系、相互作用、相互依赖的要素组成的具有特定功能和确定目标的有机整体。应用系统原理，即把管理对象看作一个有机的“人、机、物、环境”统一的系统，对问题的各个方面和各种关系进行全面、系统的综合分析与研究，并采取相应对策。系统原理体现在全企业、全部门、全过程、全员的安全管理中。

（二）人本原理

管理要以人为主体，以调动人的积极性为根本，这就是人本原理。管理活动中，人既是管理的主体，又是管理的客体，在一定管理层次上既管理他人，又被他人管理，上下衔接形成一条以人为主体的管理链。离开人，就无所谓管理。因此，一切管理活动均要以调动人的积极性、主动性和创造性为根本，使全体人员能够明确整体目标、各自的职责、工作的意义和相互的关系，从而在和谐的气氛中积极、主动和创造性地完成各自的任务。

（三）整分合原理

企业是一个高效率的有序系统，具有明显的层次性。现代高效率的管理必须在整体规划下明确分工，在分工基础上进行有效的组合，这就是整分合原理。安全管理要构成有序的管理体系，各层次要各司其职，下一层次要服从上一层次的管理，下一层次不能解决的问题由上一层次来协调解决，各层次间要协调配合、综合平衡地发展。

（四）反馈原理

反馈就是由控制系统把信息输送出去，又把其作用结果返送回来，并对信息再输出产生影响，从而起到控制的作用，达到调整未来行动的目的。如煤矿生产中的例会制度就起到汇集与反馈生产过程中信息的作用。

（五）能级原理

能级原理就是在企业管理系统中，根据管理功能的不同，把管理系统分成不同级别，把相应的管理内容和管理者都分配到相应的级别中去，各占其位、各司其职。管理能级的层次分为经营层、管理层、执行层和操作层。各能级必须动态地对应，做到人尽其才，各尽所能。

（六）封闭原理

任何一个管理系统必须构成一个连续的封闭回路，才能有效地进行管理活动，这就是封闭原理。它要求在管理机构中不仅要有指挥中心、执行机构，还应有监督机构和反馈机构。这些机构应相互独立、相互制约、权责明确，形成一个闭环回路。管理过程中，执行、监督、反馈、奖惩必须配套实施，缺一不可。

（七）弹性原理

管理是在系统内外部环境条件千变万化的形势下进行的，管理工作中的方法、手段、措施等必须保持充分的伸缩性，以保证管理有很强的适应性和灵活性，从而有效地实现动态管理，这就是弹性原理。

（八）动力原理

管理必须有强大的推动力，只有正确地运用动力，才能使管理工作持续而有效地进行下去，这就是动力原理。动力可分为物质动力、精神动力和信息动力。

在安全管理原理中，人本原理是劳动保护、安全管理中最基本、最本质和最常用的原理，是一切工作的出发点和终结点。能级原理和弹性原理反映了劳动保护、安全管理的特有规律，而其他原理是一切管理工作都应遵循的基本规律。

二、煤矿安全管理制度

安全管理制度可分为安全生产责任制、安全工作制度、事故预防制度和安全奖惩制度等 4 类，在煤矿一般可归纳出 22 项具体制度。《煤矿安全规程》规定：煤矿企业必须建立健全安全生产与职业病危害防治目标管理、投入、奖惩、技术措施审批、培训、办公会议制度，安全检查制度，安全风险分级管控工作制度，事故隐患排查、治理、报告制度，事故报告与责任追究制度等。

（一）安全生产责任制

安全生产责任制是明确企业各级部门和个人在生产过程中应负的安全责任的规定。该制度主要用于规范企业法定代表人、企业主要负责人、企业分管安全负责人、企业技术负责人和安全管理部门负责人的安全生产职责，以及工人安全生产责任和业务保安责任制。

（二）安全办公会议制度

安全办公会议制度是煤矿企业为明确安全办公会议的召开周期、内容、主持人和参加人员的规定。安全办公会议必须由安全生产第一责任人主持。会议应当有完整的记录，载明议定的事项、决定及落实人员、措施和期限。会议记录、纪要应纳入档案管理。

（三）安全目标管理制度

安全目标管理制度是煤矿企业依据上级下达的安全指标，结合实际制定年度或阶段安全生产目标，并将指标逐级分解，明确责任，保证措施、考核和奖惩办法等工作而制定制度。

（四）安全投入保障制度

安全投入保障制度是指煤矿应按国家有关规定建立稳定的安全投入资金渠道，保证新增、改善和更新安全系统、设备、设施，消除事故隐患，改善安全生产条件，安全生产宣传、教育、培训、安全奖励，推广应用先进安全技术措施和管理方法，抢险救灾等均有可靠的资金来源；安全投入应能充分保证安全生产需要，安全投入资金要专款专用；煤矿企业应编制年度安全技术措施计划，确定项目，落实资金、完成时间和责任人的制度。

（五）安全质量标准化管理制度

安全质量标准化管理制度是煤矿企业为明确检查标准、检查周期、考核评级奖惩办法、组织检查的部门和人员而制定的制度。

（六）安全教育与培训制度

安全教育与培训制度的内容包括保证煤矿企业职工掌握本职工作应具备的法律法规知识、安全知识、专业技术知识和操作技能；明确企业职工教育与培训的周期、内容、方式、标准和考核办法；明确相关部门安全教育与培训的职责和考核办法；明确年度安全生产教育与培训计划，确定任务，落实费用等。

(七) 事故隐患排查制度

事故隐患排查制度是指煤矿企业为保证及时发现和消除矿井在各生产环节存在的隐患，明确事故隐患的识别、评估、报告、监控和治理标准；按照分级管理的原则，明确隐患治理的责任和义务等编制的制度。

(八) 安全监督检查制度

煤矿企业应保证有专门的安全管理机构，配备足额的专职安全管理人员，有效地监督安全生产规章制度、规程、标准、规范等执行情况；明确安全检查的周期、内容、检查标准、检查方式、负责组织检查的部门和人员、对检查结果的处理办法。对查出的问题和隐患应按定项目、定人员、定措施、定时间的原则落实处理，并将结果进行通报及存档备案。

(九) 安全技术审批制度

煤矿为确定各类工程设计、作业规程、安全措施和方案等安全技术审批的内容、程序、标准、时限、审批级别，审批人员职别和资格，编制、审核、审批人员的职责、权限和义务等而制定的制度。安全技术审批应保证依据充分正确、内容全面具体、安全措施可靠，能够有效指导生产施工、作业和操作等。

(十) 矿用设备、器材使用管理制度

煤矿设备多为特种设备，一旦发生事故往往造成人身伤亡和重大经济损失，对安全生产影响大。因此，国家对特种设备的设计、制造、安装、使用、检测、维修、改造和报废，都进行了具体的规定。煤矿生产中使用的设备，必须有行业准入标志。单位应按照有关规定，对设备建账建卡，明确责任人，加强设备的使用、维修和管理工作。

同时，国家对严重危及生产安全的落后工艺、设备实行淘汰制度。

(十一) 矿井主要灾害预防管理制度

煤矿为明确可能导致重大事故的“一通三防”、冲击地压、职业病危害等主要危险，有针对性地分别制定专门制度，强化管理，加强监控，制定预防措施。

(十二) 煤矿事故应急救援制度

煤矿应结合矿井灾害条件，按照有关规定编制矿井灾害预防与处理计划和事故应急救援预案。事故应急救援预案规定了处理各种灾害的预防措施，灾害发生前的一般预兆，现场人员应急处置方法及处理事故的一般原则、方法、组织和后勤保障等，并经报批后贯彻实施。

(十三) 安全生产奖罚制度

安全生产奖罚制度是为了促进煤矿安全生产，提高职工安全生产的积极性，完善安全生产奖罚而制定的制度，包括安全风险抵押制度、安全质量结构工资制度等。制度必须兼顾责任、权利、义务，明确奖罚对应，以及奖罚的项目、标准和考核办法。

(十四) 入井检身与出入井人员清点制度

该制度是为明确入井人员禁止带入井下的物品和检查方法；明确人员入井、升井登记、清点和统计、报告办法，保证准确掌握井下作业人数和人员名单，及时发现未能正常升井的人员并查明原因等而制定的。

(十五) 安全操作规程管理制度

安全操作规程要涵盖工作人员从进入操作现场、操作准备到操作结束和离开操作现场全过程的各个操作环节，要分别制定各工种的岗位操作规程，明确各工种、岗位对操作人员的基本要求、操作程序和标准，明确违反操作程序和标准可能导致的危险和危害等。

（十六）安全管理工作制度

安全管理工作制度主要包括安全办公制度、安全调度制度、安全检查汇报制度、事故分析报告制度、班前教育制度等。

（十七）事故预防制度

为防止事故发生，为煤矿安全生产创造本质安全化作业条件和作业环境，要建立预防各类事故发生的制度体系。该制度体系主要应包括“三同时”制度、工程设计审批制度、工程施工检查验收制度、劳动保护制度、事故防范制度、重大事故隐患排查制度、安全技措资金提取和使用制度、质量管理制度、入井检查考勤制度等。

（十八）工伤事故调查处理制度

工伤事故调查处理制度已经纳入国家行政法规，对事故的报告、救援、调查处理、法律责任等方面都进行了明确的规定，其主要目的是通过对已发生事故的管理，找出事故发生的原因及其规律，吸取事故教训。

（十九）安全措施编制审批制度

煤矿的采掘工作面和各单项工程在开工前必须编制作业规程；影响安全的特殊情况和施工条件发生变化时必须制定安全技术措施。措施包括施工标准、具体技术要求和预防事故的措施等，并按规定的程序审批。安全措施编制后，必须明确审批权限，逐级履行职责，严格把关。安全措施一经批准后，施工单位的工程技术人员必须认真地向作业人员贯彻，严格按安全措施施工作业。

（二十）特种作业人员的培训制度

煤矿特种作业人员多，对安全生产的影响大。因此，必须经过专门的安全知识与安全操作技能培训，并经过考核合格取得特种作业资格后，方可上岗工作。国家对煤矿特种作业人员的管理是“强制培训、分级管理、统一标准、考核发证”。

（二十一）重大危险源管理制度

煤矿井工开采的重大危险源有高瓦斯矿井、煤与瓦斯突出矿井、有煤尘爆炸危险的矿井、水文地质条件复杂的矿井、煤层自然发火期不大于 6 个月的矿井、煤层冲击倾向为中等及以上的矿井。

存在重大危险源的矿井必须采取技术上、行为上和管理上的控制措施，并根据法律规定，编写重大事故隐患报告书，报送省级安全生产综合监督管理部门和有关主管部门，并同时报送当地人民政府及有关部门。

（二十二）安全预评价制度

建设项目的安全评价，主要是指对建设项目可行性研究阶段的安全预评价，即根据建设项目可行性研究报告的内容，运用科学的评价方法，分析和预测该建设项目存在的危险、有害因素的种类和危险、危害程度，从而提出合理可行的安全技术和管理对策，作为该建设项目初步设计中安全设计和建设项目安全管理、监察的主要依据。

三、煤矿事故管理

事故是人们在进行有目的的活动中，发生的违背人们意愿的意外事件，它迫使人们有目的的活动暂时或永久停止。在煤矿生产中，凡是意外灾害或设备损坏造成人员伤亡，或生产停止，或影响生产达到一定程度的事件，都叫事故。凡是能给煤矿生产或人员生命安全、财产造成严重危害的事故统称为煤矿重大灾害事故。

(一) 事故的分类

1. 伤亡事故的分类

(1) 根据事故造成的人员伤亡或者直接经济损失，事故分为特别重大事故[是指造成30人以上死亡，或者100人以上重伤(包括急性工业中毒，下同)，或者1亿元以上直接经济损失的事故]、重大事故(是指造成10人以上30人以下死亡，或者50人以上100人以下重伤，或者5 000万元以上1亿元以下直接经济损失的事故)、较大事故(是指造成3人以上10人以下死亡，或者10人以上50人以下重伤，或者1 000万元以上5 000万元以下直接经济损失的事故)和一般事故(是指造成3人以下死亡，或者10人以下重伤，或者1 000万元以下直接经济损失的事故)。(“以上”包括本数，“以下”不包括本数。)

(2) 按事故形成的因素，可分为责任事故和非责任事故两类。责任事故是指人们在生产、建设过程中不执行有关安全法规，违反规章制度而发生的事故；非责任事故是指在不可抗力作用下、不能预知的情况下发生的事故。

(3) 按事故伤害对象，可分为伤亡事故和非伤亡事故两类。伤亡事故是指事故中发生人身伤害、急性中毒甚至死亡的事件；非伤亡事故是指由于各种原因造成生产中断、设备设施损坏，但没有人员伤亡的事故。

(4) 按事故伤害严重程度，分为轻伤事故、重伤事故和死亡事故。

(5) 按伤亡事故性质，分为顶板事故、瓦斯事故、机电事故、运输事故、爆破事故、水灾、火灾、其他事故。

2. 煤矿非伤亡事故的分级

在煤矿生产活动中，由于管理不善、操作失误、设备缺陷等原因，造成生产中断、设备损坏等，但未造成人员伤亡的事故，通称为非伤亡事故。煤矿非伤亡事故分为一级非伤亡事故、二级非伤亡事故和三级非伤亡事故。

凡符合下列情况之一的，为一级非伤亡事故：① 发生的事故使全矿井停产8 h以上，或采区停产3昼夜以上；② 瓦斯、煤尘燃烧、爆炸；③ 煤与瓦斯突出，其突出煤量超过50 t(含50 t)；④ 井下发火封闭采区或影响安全生产；⑤ 火灾使矿井全部或一翼停止生产；⑥ 采区通风不良，风流瓦斯超限或瓦斯积聚，造成停产；⑦ 采煤工作面冒顶长度10 m(含10 m)以上；⑧ 掘进工作面冒顶长度5 m(含5 m)以上；⑨ 巷道冒顶长度10 m(含10 m)以上。

凡符合下列情况之一的，为二级非伤亡事故：① 发生的事故使全矿井停产2 h以上，但不足8 h或采区停工8 h以上，但不足3昼夜；② 井下发火封闭采掘工作面；③ 煤与瓦斯突出，其突出煤量超过10 t(含10 t)；④ 因水灾使采区停产；⑤ 采掘工作面通风不良，风流中瓦斯超限或瓦斯积聚，造成停产；⑥ 采煤工作面冒顶长度超过5 m(含5 m)；⑦ 掘进工作面冒顶长度超过3 m(含3 m)；⑧ 巷道冒顶长度超过5 m(含5 m)。

凡符合下列情况之一的，为三级非伤亡事故：① 发生的事故使全矿井停工30 min至2 h，或使采区停工2～8 h；② 通风不良或局部通风机无计划停电，使风流中局部瓦斯积聚，瓦斯浓度超过3%；③ 煤与瓦斯突出，其突出煤量在10 t以下；④ 范围不大的井下火灾；⑤ 因水灾使一个采掘工作面停止生产；⑥ 采煤工作面冒顶长度超过3 m(含3 m)；⑦ 掘进工作面冒顶长度3 m以下；⑧ 巷道冒顶长度5 m以下。

（二）事故管理

1. 事故报告制度

事故发生后，事故现场有关人员应当立即向本单位负责人报告，情况紧急时，事故现场有关人员可以直接向事故发生地县级以上人民政府安全生产监督管理部门和负有安全生产监督管理职责的有关部门报告。单位负责人接到报告后，应当于1 h内向事故发生地县级以上人民政府安全生产监督管理部门和负有安全生产监督管理职责的有关部门报告。安全生产监督管理部门和负有安全生产监督管理职责的有关部门接到事故报告后，应当依照规定的程序上报和通知有关部门。安全生产监督管理部门和负有安全生产监督管理职责的有关部门逐级上报事故情况，每级上报的时间不得超过2 h。

2. 事故调查处理

事故调查处理的目的是查清事故原因，处理责任人，制定预防措施避免类似事故再次发生。同时，通过事故的统计分析，总结经验教训，为事故的预防提供决策依据。

事故处理必须坚持“四不放过”原则。事故处理必须编写调查报告，内容包括：① 事故发生单位概况；② 事故发生经过和事故救援情况；③ 事故造成的人员伤亡和直接经济损失；④ 事故发生的原因和事故性质；⑤ 事故责任的认定及对事故责任者的处理建议；⑥ 事故防范和整改措施等。

事故结案处理后，事故的有关资料一并归档保存。

第三章 煤 炭 法

《煤炭法》是中华人民共和国成立以来的第一部煤炭专门立法。该法于1996年8月29日由第八届全国人大常委会第二十一次会议通过，自1996年12月1日起施行，共经过四次修正。2009年8月27日，第十一届全国人大常委会第十次会议通过《关于修改部分法律的决定》，其中对《煤炭法》涉及《行政处罚法》及《刑法》的个别条款作出修改；2011年4月22日，第十一届全国人大常委会第二十次会议通过《关于修改〈中华人民共和国煤炭法〉的决定》，对井下作业职工办理意外伤害保险作出修改；2013年6月29日，第十二届全国人大常委会第三次会议通过《关于修改〈中华人民共和国文物保护法〉等十二部法律的决定》，其中对《煤炭法》有关煤炭生产许可证和矿长资格证等内容作出修改；2016年11月7日，第十二届全国人大常委会第二十四次会议通过《关于修改〈中华人民共和国对外贸易法〉等十二部法律的决定》，对该法进行了第四次修正。

第一节 立法的目的、主要内容、适用范围以及指导思想

一、立法目的

《煤炭法》第一条明确规定："为了合理开发利用和保护煤炭资源，规范煤炭生产、经营活动，促进和保障煤炭行业的发展，制定本法。"其目的有三个：一是合理开发利用和保护煤炭资源，避免资源浪费、乱采滥挖等现象。二是规范煤炭生产、经营活动。通过建立生产许可证制度，实现生产准入制；规范煤炭生产程序；建立安全生产责任制等，规范煤矿安全生产行为，保障煤炭生产的有序进行；建立经营许可证制度，规范煤炭经营行为。三是促进和保障煤炭行业的发展。

二、主要内容

《煤炭法》内容包括：总则、煤炭生产开发规划与煤矿建设、煤炭生产与煤矿安全、煤炭经营、煤矿矿区保护、监督检查、法律责任、附则。

《煤炭法》确立的9项法律制度：

(1) 煤炭生产开发规划制度；

(2) 办矿审批制度；

(3) 生产许可制度；

(4) 安全管理制度；

(5) 煤炭加工利用制度；

(6) 煤炭经营管理制度；

(7) 煤矿矿区保护制度；

(8) 矿工的特殊保护制度；

(9) 行业管理制度。

三、适用范围

《煤炭法》第二条规定:“在中华人民共和国领域和中华人民共和国管辖的其他海域从事煤炭生产、经营活动,适用本法。”即凡在我国领域和我国管辖的其他海域从事煤炭生产、经营活动,都要遵守《煤炭法》的规定。这里讲的生产、经营活动,是广义的概念,包括建设、开采、安全、经营等。

四、指导思想

《煤炭法》的指导思想是通过明确煤炭资源国家所有权、煤炭开发方针、煤炭资源保护、保护投资者合法权益、国家对国有煤矿和乡镇煤矿的政策和方针、煤矿科技政策、经营管理、矿区保护、环境保护、煤矿企业的独立市场主体地位等,规范煤炭生产、经营活动,最终达到促进和保障煤炭行业发展的目的。

(1) 煤炭资源国家所有权。煤炭资源属于国家所有,地表或者地下煤炭资源的国家所有权,不因其依附的土地的所有权或者使用权的不同而改变。在我国煤炭资源的所有者只有一个,即国家;资源的所有权与土地所有权或者使用权没有关系。

(2) 煤炭开发方针。国家对煤炭开发实行“统一规划、合理布局、综合利用”的方针。

(3) 煤炭资源保护。国家依法保护煤炭资源,禁止任何乱采滥挖、破坏煤炭资源的行为。

(4) 保护投资者合法权益。国家保护依法投资开发煤炭资源的投资者的合法权益。

(5) 国家对国有煤矿和乡镇煤矿的政策和方针。国家保障国有煤矿的健康发展。国家对乡镇煤矿采取“扶持、改造、整顿、联合、提高”的十字方针,实行正规合理开发和有序发展。

(6) 煤矿科技政策。国家鼓励和支持在开发利用煤炭资源过程中采用先进的科学技术和管理方法。

(7) 经营管理。煤矿企业应当加强和改善经营管理,提高劳动生产率和经济效益。

(8) 矿区保护。国家维护煤矿矿区的生产秩序、工作秩序,保护煤矿企业设施。

(9) 环境保护。开发利用煤炭资源,应当遵守有关环境保护的法律、法规,防治污染和其他公害,保护生态环境。

(10) 煤矿企业的独立市场主体地位。煤炭矿务局是国有煤矿企业,具有独立法人资格。煤炭矿务局和其他具有独立法人资格的煤矿企业、煤炭经营企业依法实行自主经营、自负盈亏、自我约束、自我发展。

第二节 煤炭生产开发规划与煤矿建设

《煤炭法》对煤炭生产开发规划与煤矿建设作出了相应规定,使得煤矿建设项目科学、合法、安全、高效。

一、开发规划

(一) 编制全国煤炭资源勘查规划

国务院煤炭管理部门根据全国矿产资源勘查规划编制全国煤炭资源勘查规划。

（二）煤炭生产开发规划

国务院煤炭管理部门根据全国矿产资源规划规定的煤炭资源，组织编制和实施煤炭生产开发规划。省、自治区、直辖市人民政府煤炭管理部门根据全国矿产资源规划规定的煤炭资源，组织编制和实施本地区煤炭生产开发规划，并报国务院煤炭管理部门备案。煤炭生产开发规划应当根据国民经济和社会发展的需要制定，并纳入国民经济和社会发展计划。

二、煤矿建设

（一）煤炭建设的基本政策

国家制定优惠政策，支持煤炭工业发展，促进煤矿建设。煤矿建设项目应当符合煤炭生产开发规划和煤炭产业政策。

（二）土地征用制度

煤矿建设使用土地，应当依照有关法律、行政法规的规定办理。征用土地的，应当依法支付土地补偿费和安置补偿费，做好迁移居民的安置工作。煤矿建设应当贯彻保护耕地、合理利用土地的原则。地方人民政府对煤矿建设依法使用土地和迁移居民，应当给予支持和协助。关于土地征用问题，应该依据《土地管理法》及其配套法律法规执行。

（三）环境保护的“四同时”制度

煤矿建设应当坚持煤炭开发与环境治理同步进行。煤矿建设项目的环境保护设施必须与主体工程同时设计、同时施工、同时验收、同时投入使用。这与《矿山安全法》中的安全设施的“三同时”制度完全不同。

（四）开办煤矿企业的条件和程序

1. 开办煤矿企业的条件

有煤矿建设项目可行性研究报告或者开采方案；有计划开采的矿区范围、开采范围和资源综合利用方案；有开采所需的地质、测量、水文资料和其他资料；有符合煤矿安全生产和环境保护要求的矿山设计；有合理的煤矿矿井生产规模及与其相适应的资金、设备和技术人员；法律、行政法规规定的其他条件。

1997 年 5 月 19 日，原煤炭工业部颁布的《开办煤矿企业审批办法》对开办煤矿企业的条件做了更细致的规定，这些条件包括：

(1) 开办煤矿企业应符合全国煤炭生产开发规划、地区煤炭生产开发规划和煤炭产业政策。开办中外合资煤矿企业和中外合作煤矿企业应符合国家开办涉外企业的有关法律、法规和政策。

(2) 开办年生产能力 6 万 t 以上的煤矿企业，应有经过批准的煤矿建设项目建议书及具备相应资质的设计单位编制的煤矿建设项目可行性研究报告。开办年生产能力 6 万 t 以下或进行复采、残采、开采极薄煤层及平衡表外储量的煤矿企业，须有由资质设计单位编制的开采方案。

(3) 开办煤矿企业应划定计划开采的矿区范围、开采范围，制订资源综合利用方案。

(4) 开采具有工业价值的与煤共生或伴生的矿产资源，应有统一规划、综合开采、综合利用的技术措施或方案。暂时不能综合开采的，应有保护措施。

(5) 开办煤矿企业应有满足煤矿开采需要的经批准的煤田地质勘探报告、水源勘探报告和其他有关资料。

(6) 开办煤矿企业应符合《煤矿安全规程》的规定。开办煤矿企业应确定合理的煤矿矿井生产规模,并有与其相适应的资金、设备和技术人员。

(7) 开办煤矿企业应有符合国家法律、法规要求的环境保护方案。

(8) 开办煤矿企业应具备法律、行政法规规定的其他有关条件。

2. 开办煤矿企业的程序

《开办煤矿企业审批办法》也规定,开办煤矿企业应当依照法律规定向煤炭管理部门提出申请,经审查批准后方可进行采矿登记和煤矿建设。开办煤矿企业的程序包括申请、审批、领证三个阶段。

(1) 申请。开办煤矿企业应当依照法律规定向煤炭管理部门提出申请。申请开办煤矿企业,应当向煤炭管理部门报送下列文件:开办煤矿企业申请审批登记表;项目建议书批准文件;可行性研究报告或开采方案;有关地质报告的批准文件;其他有关单位和有关部门签署的意见;与项目建设所需资本金相应的资信证明;煤炭管理部门需要的其他有关文件、资料。

(2) 审批。开办煤矿企业的审批工作,由国务院和省、自治区、直辖市人民政府煤炭管理部门负责,分级审批管理。

国务院煤炭管理部门负责审批开办下列煤矿企业:国有重点煤矿企业及其他年生产能力6万t以上的煤矿企业;跨省、自治区、直辖市行政区域的煤矿企业;中外合资煤矿企业和中外合作煤矿企业;开采海底煤炭资源及其他需由国务院煤炭管理部门审批的煤矿企业。省、自治区、直辖市人民政府煤炭管理部门负责审批本行政区域内开办的前款规定以外的煤矿企业。申请开采国家已确定实行保护性开采的特殊煤种和稀缺煤种的,由国务院煤炭管理部门审批,或由国务院煤炭管理部门授权的煤炭管理部门审批。

国务院煤炭管理部门负责审批的煤矿企业按照下列规定办理:开办国有重点煤矿企业,申报材料经上级煤炭管理部门初审同意后,由国务院煤炭管理部门审批。开办其他年生产能力6万t以上的煤矿企业,跨省、自治区、直辖市行政区域的煤矿企业,中外合资煤矿企业、中外合作煤矿企业,申报材料由本企业上级主管部门签署意见,经煤矿企业所在地省、自治区、直辖市人民政府煤炭管理部门初审同意后,由国务院煤炭管理部门审批。

省、自治区、直辖市人民政府煤炭管理部门负责审批的煤矿企业,按照下列规定办理:开办年生产能力6万t以下国有地方煤矿企业,申报材料经上级煤炭管理部门初审同意后,由省、自治区、直辖市人民政府煤炭管理部门审批,报国务院煤炭管理部门备案。煤炭行业以外申请开办年生产能力6万t以下煤矿企业,申报材料由本企业上级主管部门签署意见,经煤矿企业所在地县级以上人民政府煤炭管理部门初审同意后,由省、自治区、直辖市人民政府煤炭管理部门审批,报国务院煤炭管理部门备案。开办年生产能力6万t以下乡镇煤矿企业,申报材料须由当地乡(镇)人民政府签署意见,经县级以上人民政府煤炭管理部门初审同意后,由省、自治区、直辖市人民政府煤炭管理部门审批。

经批准开办的煤矿企业,需要变更矿区范围、开采范围的,应当按照开办煤矿企业的规定重新办理变更申请手续。

煤炭管理部门审查批准开办各类煤矿企业,须由批准开办煤矿企业的煤炭管理部门同级人民政府地质矿产主管部门对其开采范围和资源综合利用方案进行复核并签署意见。

由国务院煤炭管理部门审批的煤矿企业，由国务院地质矿产主管部门进行复核并签署意见；由省、自治区、直辖市人民政府煤炭管理部门审批的煤矿企业，由省、自治区、直辖市人民政府地质矿产主管部门进行复核并签署意见。

煤炭管理部门自收到开办煤矿企业申请材料后，应当在60天以内完成审批工作。经审查合格的，由审批机构出具盖有审批专用章的批准文件；经审查不合格的，审批机构提出书面意见，通知申请开办煤矿企业的单位，并将申请材料备案登记后退回。

经批准开办的煤矿企业合并、分立或者终止时，须报原审批机关批准。

(3) 领证。经批准开办的煤矿企业，凭煤炭管理部门出具的批准文件，依照有关法律、法规的规定，向地质矿产主管部门申请领取采矿许可证。

第三节 煤炭生产与煤矿安全

《煤炭法》对煤炭生产和煤矿安全作出了相应的法律规定。

一、煤炭生产

(一) 煤炭安全生产许可证制度

煤炭安全生产许可证制度是保障煤矿生产安全的重要制度。《煤炭法》第二十条规定："煤矿投入生产前，煤矿企业应当依照有关安全生产的法律、行政法规的规定取得安全生产许可证。未取得安全生产许可证的，不得从事煤炭生产。"

《安全生产许可证条例》第二条规定："国家对矿山企业、建筑施工企业和危险化学品、烟花爆竹、民用爆炸物品生产企业（以下统称企业）实施安全生产许可制度。企业未取得安全生产许可证的，不得从事生产活动。"第三条规定："国家煤矿安全监察机构负责中央管理的煤矿企业安全生产许可证的颁发和管理。在省、自治区、直辖市设立的煤矿安全监察机构负责前款规定以外的其他煤矿企业安全生产许可证的颁发和管理，并接受国家煤矿安全监察机构的指导和监督。"

1. 安全生产许可的条件

根据《安全生产许可证条例》，企业取得安全生产许可证，应当具备下列安全生产条件：

(1) 建立健全安全生产责任制，制定完备的安全生产规章制度和操作规程；

(2) 安全投入符合安全生产要求；

(3) 设置安全生产管理机构，配备专职安全生产管理人员；

(4) 主要负责人和安全生产管理人员经考核合格；

(5) 特种作业人员经有关业务主管部门考核合格，取得特种作业操作资格证书；

(6) 从业人员经安全生产教育和培训合格；

(7) 依法参加工伤保险，为从业人员缴纳保险费；

(8) 厂房、作业场所和安全设施、设备、工艺符合有关安全生产法律、法规、标准和规程的要求；

(9) 有职业危害防治措施，并为从业人员配备符合国家标准或者行业标准的劳动防护用品；

(10) 依法进行安全评价；

(11) 有重大危险源检测、评估、监控措施和应急预案；

(12) 有生产安全事故应急救援预案、应急救援组织或者应急救援人员，配备必要的应急救援器材、设备；

(13) 法律、法规规定的其他条件。

2. 颁证程序

企业进行生产前，应当依照《安全生产许可证条例》的规定，向安全生产许可证颁发管理机关申请领取安全生产许可证，并提供《安全生产许可证条例》第六条规定的相关文件、资料。安全生产许可证颁发管理机关应当自收到申请之日起45日内审查完毕，经审查符合《安全生产许可证条例》规定的安全生产条件的，颁发安全生产许可证；不符合《安全生产许可证条例》规定的安全生产条件的，不予颁发安全生产许可证，书面通知企业并说明理由。

煤矿企业应当以矿(井)为单位，依照《安全生产许可证条例》的规定取得安全生产许可证。

3. 有效期

安全生产许可证由国务院安全生产监督管理部门规定统一的式样。安全生产许可证的有效期为3年。安全生产许可证有效期满需要延期的，企业应当于期满前3个月向原安全生产许可证颁发管理机关办理延期手续。

企业在安全生产许可证有效期内，严格遵守有关安全生产的法律法规，未发生死亡事故的，安全生产许可证有效期届满时，经原安全生产许可证颁发管理机关同意，不再审查，安全生产许可证有效期延期3年。

此外，原国家安全生产监督管理总局制定了《煤矿企业安全生产许可证实施办法》，对煤矿企业安全生产许可的条件和程序作出了具体规定。

(二) 特殊性稀缺煤种的保护

开采对国民经济具有重要价值的特殊煤种或者稀缺煤种，国家实行保护性开采。

(三) 回采率的规定

开采煤炭资源必须符合煤矿开采规程，遵守合理的开采顺序，达到规定的煤炭资源回采率。煤炭资源回采率由国务院煤炭管理部门根据不同的资源和开采条件确定。国家鼓励煤矿企业进行复采或者开采边角残煤和极薄煤。

(四) 煤炭产品质量的监督检查和管理

煤矿企业应当加强煤炭产品质量的监督检查和管理。煤炭产品质量应当按照国家标准或者行业标准分等论级。

(五) 煤炭开采绝对禁止的行为

煤炭生产应当依法在批准的开采范围内进行，不得超越批准的开采范围越界、越层开采。采矿作业不得擅自开采保安煤柱，不得采用可能危及相邻煤矿生产安全的决水、爆破、贯通巷道等危险方法。

(六) 次生损害的法律责任

因开采煤炭压占土地或者造成地表土地塌陷、挖损，由采矿者负责进行复垦，恢复到可供利用的状态；造成他人损失的，应当依法给予补偿。

（七）关闭煤矿和报废矿井

关闭煤矿和报废矿井，应当依照有关法律、法规和国务院煤炭管理部门的规定办理。国家建立煤矿企业积累煤矿衰老期转产资金的制度。

（八）煤矿的多种经营政策

国家鼓励和扶持煤矿企业发展多种经营。

（九）煤炭深加工和煤炭综合利用制度

国家提倡和支持煤矿企业和其他企业发展煤电联产、炼焦、煤化工、煤建材等，进行煤炭的深加工和精加工。国家鼓励煤矿企业发展煤炭洗选加工，综合开发利用煤层气、煤矸石、煤泥、石煤和泥炭。

国家发展和推广洁净煤技术。

（十）取缔土法炼焦

国家采取措施取缔土法炼焦。禁止新建土法炼焦窑炉；现有的土法炼焦限期改造。

二、煤矿安全

《煤炭法》主要从以下 7 个方面对煤矿安全作出规定：

（一）煤矿安全生产工作的监督管理

县级以上地方各级人民政府及其煤炭管理部门和其他有关部门，应当加强对煤矿安全生产工作的监督管理。

（二）局、矿长安全生产责任制

煤矿企业的安全生产管理，实行矿务局长、矿长负责制。矿务局长、矿长及煤矿企业的其他主要负责人必须遵守有关矿山安全的法律、法规和煤炭行业安全规章、规程，加强对煤矿安全生产工作的管理，执行安全生产责任制度，采取有效措施，防止伤亡和其他安全生产事故的发生。

（三）安全教育与培训

煤矿企业应当对职工进行安全生产教育、培训；未经安全生产教育、培训的，不得上岗作业。煤矿企业职工必须遵守有关安全生产的法律、法规，煤炭行业规章、规程和企业规章制度。

（四）工会对安全的职责和权利

煤矿企业工会发现企业行政方面违章指挥、强令职工冒险作业或者生产过程中发现明显重大事故隐患，可能危及职工生命安全的情况，有权提出解决问题的建议，煤矿企业行政方面必须及时作出处理决定；企业行政方面拒不处理的，工会有权提出批评、检举和控告。

（五）劳动保护用品

煤矿企业必须为职工提供保障安全生产所需的劳动保护用品。

（六）安全器材及装备

煤矿企业使用的设备、器材、火工产品和安全仪器，必须符合国家标准或者行业标准。

（七）井下作业职工的意外伤害保险

《煤炭法》第三十七条规定："鼓励企业为井下作业职工办理意外伤害保险，支付保险费。"这是国家对煤矿井下作业的职工采取特殊保护措施的一个具体体现。

第四节 煤炭经营

一、煤炭经营主体

国家实行煤炭经营资格审查制度。任何单位和人员进行煤炭经营必须取得合法的煤炭经营资格。煤炭经营主体主要包括煤矿企业和专门从事煤炭经营活动的企业两类。

(一)煤矿企业

煤矿企业即矿务局和煤矿。取得安全生产许可证的煤矿企业有权销售本企业生产、加工的煤炭产品,不另行实行煤炭经营资格审查。但取得安全生产许可证的煤矿企业,只能销售本企业生产的煤炭,如果经营非本企业生产、加工的煤炭产品,就应当向煤炭经营资格审查部门提出申请,取得煤炭经营资格。

(二)煤炭经营企业

煤炭经营企业是指进行煤炭经营的非煤矿企业。设立煤炭经营企业,必须经过煤炭经营资格审查。

1. 设立煤炭经营企业的条件

设立煤炭经营企业必须具备下列条件:有与其经营规模相适应的注册资金;有固定的经营场所;有必要的设施和储存煤炭场地;有符合标准的计量和质量检验设备;符合国家对煤炭经营企业合理布局的要求;法律、行政法规规定的其他条件。

2. 程序

具备上述条件者,向国务院指定的部门(目前是国家发展和改革委员会)或者省、自治区、直辖市人民政府指定负责煤炭经营管理的部门提出申请。提交申请时,应提交下列材料:煤炭经营企业资格审查表,注册资本证明,固定经营场所证明,经营设施和场地证明,计量和质量检验设备证明。

煤炭经营资格实行分级审查、分级管理制度。煤炭经营资格审查部门依法对申请人报送的材料进行审查,经审查具备煤炭经营条件的,予以批准,发给煤炭经营资格证书;不具备条件的,不予批准,并书面通知申请人。煤炭经营资格审查部门应当在接到申请人申报材料之日起45日内完成审查工作。

申请人持依法取得的煤炭经营资格证书向工商行政管理部门申请登记,领取营业执照,方可从事煤炭经营活动。未取得煤炭经营资格证书的,工商行政管理部门不予颁发煤炭经营营业执照。

煤炭经营资格证书不得伪造,不得买卖、出租、转借或者以其他任何形式转让。

煤炭经营企业设立条件变更的,应当到原煤炭经营资格审查部门办理变更手续。煤炭经营企业终止的,应当到原煤炭经营资格审查部门办理煤炭经营资格注销手续。

二、关于供、销、运的有关规定

从事煤炭运输的车站、港口及其他运输企业不得利用其掌握的运力作为参与煤炭经营、谋取不正当利益的手段。

国务院物价行政主管部门会同国务院煤炭管理部门和有关部门对煤炭的销售价格进行监督管理。

煤矿企业、煤炭经营企业、运输企业和煤炭用户应当依照法律、国务院有关规定或者合同约定供应、运输和接卸煤炭。运输企业应当将承运的不同质量的煤炭分装、分堆。煤炭的进出口依照国务院的规定，实行统一管理。具备条件的大型煤矿企业经国务院对外经济贸易主管部门依法许可，有权从事煤炭出口经营。

三、关于煤质的规定

煤矿企业和煤炭经营企业供应用户的煤炭质量应当符合国家标准或者行业标准，质级相符、质价相符。用户对煤炭质量有特殊要求的，由供需双方在煤炭购销合同中约定。煤矿企业和煤炭经营企业不得在煤炭中掺杂、掺假，以次充好。煤矿企业和煤炭经营企业供应用户的煤炭质量不符合国家标准或者行业标准，或者不符合合同约定，或者质级不符、质价不符，给用户造成损失的，应当依法给予赔偿。

第五节　煤矿矿区保护

一、保护生产设施设备

任何单位或者个人不得危害煤矿矿区的电力、通信、水源、交通及其他生产设备。对盗窃或者破坏煤矿矿区设施、器材及其他危及煤矿矿区安全的行为，一切单位和个人都有权检举、控告。

二、维护矿区秩序

禁止任何单位和个人扰乱煤矿矿区的生产秩序和工作秩序。未经煤矿企业同意，任何单位或者个人不得在煤矿企业依法取得土地使用权的有效期间内在该土地上种植、养殖、取土或者修建建筑物、构筑物。未经煤矿企业同意，任何单位或者个人不得占用煤矿企业的铁路专用线、专用道路、专用航道、专用码头、电力专用线、专用供水管路。任何单位或者个人需要在煤矿采区范围内进行可能危及煤矿安全的作业时，应当经煤矿企业同意，报煤炭管理部门批准，并采取安全措施后，方可进行作业。在煤矿矿区范围内需要建设公用工程或者其他工程的，有关单位应当事先与煤矿企业协商并达成协议后，方可施工。

第六节　监督检查

一、监督检查部门

煤炭管理部门和有关部门对煤矿企业和煤炭经营企业执行煤炭法律、法规的情况进行监督检查。主要的执法部门是煤炭管理部门。有关部门是指其职责有关监督检查的部门，如煤矿安全监察机构、物价管理部门等。

二、监督检查的职责

煤炭管理部门和有关部门的监督检查人员进行监督检查时，有权向煤矿企业、煤炭经营企业或者用户了解有关执行煤炭法律、法规的情况，查阅有关资料，并有权进入现场进行检查。煤矿企业、煤炭经营企业和用户对依法执行监督检查任务的煤炭管理部门和有关部门的监督检查人员应当提供方便。煤炭管理部门和有关部门的监督检查人员对煤矿企业和煤炭经营企业违反煤炭法律、法规的行为，有权要求其依法改正。煤炭管理部门和有关部门的监督检查人员监督检查时，应当出示证件。

第七节　法律责任

《煤炭法》规定了各种违法行为及其要承担的法律责任，包括民事责任、行政责任和刑事责任。

一、未达到规定的煤炭资源回采率的法律责任

开采煤炭资源未达到国务院煤炭管理部门规定的煤炭资源回采率的，由煤炭管理部门责令限期改正；逾期仍达不到规定的回采率的，责令停止生产。

二、擅自开采保安煤柱或者采用危险方法进行采矿作业的法律责任

擅自开采保安煤柱或者采用危及相邻煤矿生产安全的危险方法进行采矿作业的，由劳动行政主管部门会同煤炭管理部门责令停止作业；由煤炭管理部门没收违法所得，并处违法所得一倍以上五倍以下的罚款；构成犯罪的，由司法机关依法追究刑事责任；造成损失的，依法承担赔偿责任。

三、在煤炭产品中掺杂、掺假，以次充好的法律责任

在煤炭产品中掺杂、掺假，以次充好的，责令停止销售，没收违法所得，并处违法所得一倍以上五倍以下的罚款；构成犯罪的，由司法机关依法追究刑事责任。

四、擅自在煤矿企业依法取得土地使用权的有效期间内的土地上修建建筑物、构筑物的法律责任

未经煤矿企业同意，在煤矿企业依法取得土地使用权的有效期间内在该土地上修建建筑物、构筑物的，由当地人民政府动员拆除；拒不拆除的，责令拆除。

五、占用煤矿企业的铁路专用线、专用道路、专用航道、专用码头、电力专用线、专用供水管路的法律责任

未经煤矿企业同意，占用煤矿企业的铁路专用线、专用道路、专用航道、专用码头、电力专用线、专用供水管路的，由县级以上地方人民政府责令限期改正；逾期不改正的，强制清除，可以并处五万元以下的罚款；造成损失的，依法承担赔偿责任。

六、在煤矿采区范围内进行危及煤矿安全作业的法律责任

未经批准或者未采取安全措施，在煤矿采区范围内进行危及煤矿安全的作业的，由煤炭管理部门责令停止作业，可以并处五万元以下的罚款；造成损失的，依法承担赔偿责任。

七、危害治安管理的法律责任

有下列行为之一的，由公安机关依照治安管理处罚法的有关规定处罚；构成犯罪的，由司法机关依法追究刑事责任：

(1) 阻碍煤矿建设，致使煤矿建设不能正常进行的；

(2) 故意损坏煤矿矿区的电力、通信、水源、交通及其他生产设施的；

(3) 扰乱煤矿矿区秩序，致使生产、工作不能正常进行的；

(4) 拒绝、阻碍监督检查人员依法执行职务的。

八、滥用职权的法律责任

煤矿企业的管理人员违章指挥、强令职工冒险作业,发生重大伤亡事故的,依照刑法有关规定追究刑事责任。煤矿企业的管理人员对煤矿事故隐患不采取措施予以消除,发生重大伤亡事故的,依照刑法有关规定追究刑事责任。

煤炭管理部门和有关部门的工作人员玩忽职守、徇私舞弊、滥用职权的,依法给予行政处分;构成犯罪的,由司法机关依法追究刑事责任。

第四章 矿山安全法

《矿山安全法》于1992年1月7日由第七届全国人大常委会第二十八次会议通过，自1993年5月1日起施行。这是中华人民共和国成立以来第一部矿山安全法，也是我国针对矿山安全生产专门制定的一部特别法。为实施该法，经国务院批准，于1996年10月30日，以劳动部令第4号发布实施了《中华人民共和国矿山安全法实施条例》(以下简称《矿山安全法实施条例》)，对一些问题做了明确规定。2009年8月27日第十一届全国人大常委会第十次会议通过《关于修改部分法律的决定》，其中对《矿山安全法》涉及《行政处罚法》及《刑法》的个别条款作出修改。

第一节 概 述

一、我国矿山的安全状况

煤炭行业不同于其他行业，其生产具有特殊性(多在井下进行)，生产安全性受地层地质、构造运动、生产技术条件、管理水平等诸多因素影响，属于危险系数较大的行业。

以煤矿为例，近几年我国煤矿生产的安全状况如下：

2007年，全国原煤产量为25.4亿t，煤矿事故死亡人数为3 786人，百万吨死亡率为1.485。

2008年，全国煤矿事故死亡人数为3 215人，百万吨死亡率为1.182。

2009年，全国煤矿事故死亡人数首次降到3 000人以下，百万吨死亡率为0.892。

2010年，全国煤矿事故死亡人数首次降到2 500人以下，百万吨死亡率降至0.749。

2011年，全国煤矿事故死亡人数首次降到2 000人以下，百万吨死亡率降至0.564。

2012年，全国原煤产量为36.6亿t，煤矿事故死亡人数1 384人，百万吨死亡率为0.374。

2013年，全国原煤产量为39.7亿t，百万吨死亡率为0.288。

2014年，全国原煤产量为38.7亿t，百万吨死亡率为0.255。

2015年，全国原煤产量为37.5亿t，百万吨死亡率为0.162。

2016年，全国原煤产量为34.1亿t，百万吨死亡率为0.156。

2017年，全国原煤产量为35.2亿t，百万吨死亡率为0.106。

2018年，全国原煤产量为36.8亿t，百万吨死亡率为0.093。

2020年，全国原煤产量为39亿t，百万吨死亡率为0.058。

2021年，全国原煤产量为40.7亿t，百万吨死亡率为0.044。

2022年，全国原煤产量为45.6亿t，百万吨死亡率为0.054。

二、我国矿山安全工作中存在的主要问题

开采不同矿种和具有不同所有制形式的矿山企业由于其管理水平、装备水平和人员素

质的差异，安全工作开展得不平衡，矿山安全工作中存在的问题也各有差异，但整体来说具有如下特征。

（一）管理水平差异较大

目前，中央和省属国有矿山企业的管理水平都是较强的。但其他国有矿山在管理上存在不同程度的问题，在执行行业安全规程和规范方面存在很多漏洞。不少矿井采取层层承包的方式，往往以包代管，不做安全检查。而在承包中，片面地追求产量和利润，许多安全措施得不到正确地贯彻执行。乡镇集体矿山的管理就更差一些。目前，仍有很大一部分乡镇集体矿山没有较好的管理制度和手段，安全状况存在很大的改进空间。

（二）装备方面的差异较大

在我国矿山的开采中，有些企业所采用的技术装备接近或达到了世界水平，如中央及部分省属的国有矿山企业和少数县级国有矿山企业。但部分地区的少数煤矿依然采用较落后的开采设备，产量不大，回采率低，资源浪费严重。

（三）人员素质方面的差异极大

矿山井下的作业人员大部分来自农村，文化素质和专业水平极其有限。虽然要求企业对工人在入井前进行安全培训，但往往效果不尽理想。有时即使经过了培训，工人对实际的安全知识仍掌握不足，井下的违章行为经常发生。对于国有矿山的管理人员来讲，绝大部分还是具有相当的专业技术知识和管理水平的。但在乡镇集体以及其他小型矿山企业，管理人员的专业技术知识匮乏，管理水平比较低下，甚至存在矿领导对专业知识一概不懂的情况。

（四）采矿秩序混乱，矿井间关系复杂，给矿山安全带来巨大的隐患

无证开采、越界开采、小矿开采大矿的安全矿柱或煤柱，以及矿与矿间争夺资源的现象还时有存在。这种状况既破坏了矿产资源，又对矿井安全构成了严重的威胁。

（五）非法违法生产经营建设行为引发事故多

一些地方煤矿无证开采或已关闭矿井死灰复燃进行非法生产时有发生；停产整顿矿井有令不行、有禁不止；资源整合和基建、技改矿井证照不齐、手续不全就急于建设和生产，违法组织生产等现象比较突出。2006—2009 年，因非法违法生产、经营和建设行为导致发生较大以上事故 288 起、死亡 2 390 人，分别占较大以上事故的 37.7%和 44%。非法违法行为导致的重特大事故起数和死亡人数分别占重特大事故总起数和总死亡人数的 56.8%和 53.3%。

（六）煤矿安全生产保障能力低

安全基础设施建设薄弱，安全科技水平不高，煤矿灾害防治技术不足，瓦斯治理、防突、火灾机理、高效除尘、防隔爆、地质勘查等技术难题需要攻关解决，不少安全技术推广应用不够，没有转化为安全生产的实际能力。煤矿装备水平两极分化，国有重点煤矿机械化程度较高，个别煤矿已达到世界先进水平，但也存在大量规模小、设施简陋、装备差、效率低、开采方式落后的小煤矿。专业技术人才和通风、地测、安全工程等专业人才短缺，安全人才队伍建设比较滞后。

（七）煤矿安全监管监察能力亟待提升

监管监察机构职能设置与分工不尽合理，地方煤矿安全监管部门的职权和责任划分不够明确，“国家监察”和“地方监管”执法职责部分重复，多头执法、重复执法的现象时有发

生；在监管监察方式上，行政命令、一刀切的方式居多，依法监管落实不到位；对煤矿安全工作采用的考核方法不科学，对中介服务机构的管理严重不到位；基层监管监察机构基础设施建设滞后，装备不足，手段落后，不能适应日益繁重的安全监察监管任务；未能充分发挥社会参与和工人监督的作用，社会参与方面还仅仅停留在政府部门公布举报电话的层面，缺乏其他有效渠道。

（八）煤矿职业危害严重

职业危害防治监管体系不健全，政府监管薄弱，企业责任不落实，粉尘、噪声、高温等防治设施不齐全，职工自我防护意识差，患尘肺病职工人数未得到有效控制，预防与治疗不到位。

三、《矿山安全法》的立法指导思想

根据对我国矿山企业安全现状和在安全工作中存在的主要问题的分析可以看出，我国矿山企业的安全问题仍然严重，为了把党和国家关于矿山企业安全工作的指导方针正确地贯彻执行，《矿山安全法》的颁布和实施为其提供了法律保障，即采用国家强制力来保证其贯彻实施。《矿山安全法》的立法指导思想也是围绕这一基础而建立的。

（一）坚持保护矿山职工生命安全的宗旨

《矿山安全法》立法的目的是保障矿山生产安全，防止矿山事故，保护矿山职工人身安全，促进采矿业的发展。保护矿山职工生命安全这一宗旨贯穿于立法的全过程，并体现在每一条款中。在立法中大多有争议的地方，都是根据这一立法宗旨，把各种不同意见统一起来的。例如，对于乡镇集体矿山企业是否适用本法，有不同的意见，一种意见是乡镇集体矿山企业发展很快，已在我国采矿业中占有重要地位，但国家没有投资，生产条件比较差，如果与国有矿山企业同样要求，将会使很多乡镇集体矿山企业停产，甚至关闭。因此，主张乡镇矿山建设和开采的安全保障不适用本法，由国务院有关部门根据乡镇集体矿山企业的实际情况制定具体的办法。另一种意见是各种矿山都必须重视安全生产，防止矿山事故、保护职工人身安全。既然在立法必要性中多次提到目前乡镇集体矿山企业的事故隐患多、事故率高，而且本法规定的安全要求都是最基本的要求，那么，应当适用于乡镇集体矿山企业，经过广泛征求意见和反复研究论证，使两种不同意见达到了统一。最后将乡镇集体矿山企业纳入本法调整的范围。这样，使本法更加体现了国家坚持保护矿山职工生命安全的宗旨；使所有从事矿业生产的人员，都受到本法的保护，无论是国有矿山企业还是集体矿山企业的职工，他们的人身安全都同等重要。这也体现了宪法规定的公民无论在政治上还是在其他方面都享有同样权利的原则，同时也在国际上避免了不良的政治影响。

（二）强化矿山安全的监督管理

强化矿山安全的监督管理是本法立法的又一重要指导思想，也是本法实施的重要保障。在本法的有关规定中，强调了“两个结合”，有利于充分发挥各方面的监督管理作用。“两个结合”的具体内容如下。

1. 监督与管理相结合

各级劳动行政主管部门对矿山安全工作实施统一监督，是本法的行政执法部门。《矿山安全法》明确规定了劳动行政主管部门对矿山安全监督的地位和具体的监督内容。

管理矿山企业的主管部门是指能源、冶金、化工、建材等行业的主管部门。如煤炭行业的主管部门包括应急管理部、国家矿山安全监察局、省煤炭管理局(厅)、市(县)煤炭管理局等,它们对矿山安全的管理属于本行业的行政管理和行业管理,在本法中同时也赋予这些部门相应的执法权,而且在执法过程中,还强调了劳动行政主管部门与矿山企业主管部门会同工作的规定,即实行监督与管理相结合,以利于充分发挥矿山安全监督管理的作用。《煤炭法》第五十三条规定:"煤炭管理部门和有关部门依法对煤矿企业和煤炭经营企业执行煤炭法律、法规的情况进行监督检查。"第五十四条规定:"煤炭管理部门和有关部门的监督检查人员应当熟悉煤炭法律、法规,掌握有关煤炭专业技术,公正廉洁,秉公执法。"第五十五条规定:"煤炭管理部门和有关部门的监督检查人员进行监督检查时,有权向煤矿企业、煤炭经营企业或者用户了解有关执行煤炭法律、法规的情况,查阅有关资料,并有权进入现场进行检查。煤矿企业、煤炭经营企业和用户对依法执行监督检查任务的煤炭管理部门和有关部门的监督检查人员应当提供方便。"第五十六条规定:"煤炭管理部门和有关部门的监督检查人员对煤矿企业和煤炭经营企业违反煤炭法律、法规的行为,有权要求其依法改正。煤炭管理部门和有关部门的监督检查人员进行监督检查时,应当出示证件。"在上述规定中确定了煤炭管理部门的权力和应尽的责任。

2. 国家监督和民主监督相结合

为了进一步强化矿山安全的监督管理,本法除了规定国家监督之外,还规定了矿山安全的民主监督,即企业内部监督(包括职工代表大会和职工大会的监督、企业工会的监督和职工个人的监督)。国家监督和民主监督相结合,使矿山企业的安全监督体系更加完善。

(三) 突出矿山企业及其主管人员的安全责任

矿山事故是在矿山企业发生的,矿山企业及其主管人员具有不可推卸的责任,因此,必须突出矿山企业及其主管人员的责任,以及需要承担的法律责任。《矿山安全法》在总则中要求矿山企业必须具有保障安全生产的设施,建立健全安全管理制度,采取有效措施改善职工劳动条件,加强矿山安全管理工作和保证企业安全生产,并在分则中对矿山企业和企业主管人员的安全责任作出具体的规定和确定严格的责任制度,强调管生产的同时必须管安全,避免只抓生产而忽视安全,只有领导重视安全,企业的安全生产才有切实的保证。

(四) 坚持积极慎重的方针

《矿山安全法》是一部重要的法律,它关系到几千万矿山职工的生命安全问题,关系到我国采矿业持续、稳定和健康的发展,甚至是国民经济的正常发展。因此,国家对制定《矿山安全法》非常重视,草案经过5年多的调查研究,反复进行修改,在此过程中,认真考虑了我国正处于改革的进程中,即处于一个过渡的时期内,而法律是党和国家政策的定型化,要求具有高度的稳定性和极大的权威性,不仅要考虑到当前国家的具体形势和已获得的改革成功经验,还要考虑到长远的形势发展,以及在发展中可能出现的新情况和新局面。否则,立法不久就要修改,必定影响法律的稳定性和严肃性,或者在实施过程中行不通,从而束缚改革的顺利进行。

本法在立法过程中始终坚持积极慎重的态度,对经实践检验证明是成功的经验,在本法中作出了具体的规定。例如,对矿山安全实行监督和管理相结合、国家监督和民主监督相结合的监督管理体制,既吸取了国外成功的经验,又总结了我国多年实践所证实的成功经验。而对于矿山事故中伤亡职工的劳动保险和人身保险问题,目前正在进行改革探索,尚无比较成功的经验,在法律中难以作出具体规定。因此,只在原则上规定对矿山事故中伤亡职工按照国家当前的规定给予抚恤或者补偿。

四、矿山安全法体系

《矿山安全法》是劳动法体系中的一部重要法律，是属于劳动安全与卫生法律法规群的法律，与《劳动保护法》并列于该法律法规群的首位。《劳动保护法》为一般通用的法律，它调整所有和劳动安全与卫生有关的问题；而《矿山安全法》则是一部具有特殊性的法律，由于矿山的开采生产与其他行业相比具有特殊性，事故隐患和职业危害严重，所以将《矿山安全法》单独列为该法律法规群中的法律。

《矿山安全法》也有自己的一套完整的、相互联系的体系，以保证其贯彻执行，矿山安全法体系从制定法律、法规的部门来看，可分为三个层次四个方面的内容：

(1) 矿山安全法律，即《矿山安全法》，是矿山安全法体系的母法。通常都是先制定母法，其他的法律、法规则是为了贯彻实施母法而制定的，是母法的具体体现；但《矿山安全法》有所不同，在其颁布和实施之前，已经存在着一些有关法规，它是在这些法规贯彻执行过程中，对其执行的经验进行概括而形成的。《矿山安全法》与其他母法一样具有同样的法律效力，其他的矿山安全的法规、规章不得与其相抵触，否则一律废止。

(2) 矿山安全行政法规，主要是指由国务院制定颁发的有关矿山安全的法规和其他法规。主要包括：

① 根据《矿山安全法》第四十九条规定，由国务院劳动行政主管部门制定、由国务院批准施行的《矿山安全法实施条例》。

② 1982 年由国务院颁布的《矿山安全条例》和《矿山安全监察条例》中，凡与《矿山安全法》不相矛盾的有关内容，仍然有效。

③ 国务院根据矿山安全状况制定的单行法规和工矿企业必须共同遵守的有关安全的法规。例如，1991 年国务院颁布的《企业职工伤亡事故报告和处理规定》等。

(3) 地方性法规，即省、自治区、直辖市人大常委会制定的《矿山安全法实施办法》和其他有关矿山安全的法规及单项决定等。

(4) 行政规章，其属于第三个层次，这一层次主要有两个部分的内容：一部分是国务院劳动行政主管部门和矿山企业管理部门所制定的有关矿山安全的规定、规章和规程。这一部分主要包括：

① 有关矿山安全的规定，如：矿井设计审查和竣工验收的有关规定，有关人员培训教育的规定，有关检查劳动条件和安全状况的规定，有关矿山事故的调查和处理的规定等。《煤矿设计规范》就属于这一类行政规章。

② 有关劳动行政主管部门开展矿山安全监督工作的规定，如有关矿山安全监督员的规定和有关进入现场进行安全监督的规定等。

③ 有关矿山通用的安全规程，如《金属非金属矿安全规程》《煤矿安全规程》《冶金矿山安全规程》等。

另一部分是各省、自治区、直辖市政府制定的有关矿山安全的规定等。这些都是根据《矿山安全法》和《矿山安全法实施办法》，并结合本省情况制定的有关矿山安全的特殊规定。

值得说明的是，无论是已有的，还是新制定的行政法规、地方性法规和行政规章等，都必须以《矿山安全法》为依据，否则要将相抵触的条款废止、取缔或修改。

第二节 立法目的、指导思想、基本原则及效力范围

一、立法目的

采矿业是重要的原料和能源工业，在国民经济中占有十分重要的地位。但是采矿业生产环境和生产过程不同于其他行业，具有其特殊性。其特点是受自然条件的制约，危及安全的因素多；采矿作业场所多变，开采过程复杂，矿山事故易于引发恶性事故。这些都严重地影响着矿山的生产安全，并威胁着职工的人身安全。为使党和国家关于安全生产的方针在矿业生产中彻底地贯彻执行，必须借助于国家的强制力，为矿业安全生产制定专门的法律；以确立矿山安全为基本原则，制定有关矿山安全的法律规范。在《矿山安全法》第一条中规定了制定本法的目的，即："为了保障矿山生产安全，防止矿山事故，保护矿山职工人身安全，促进采矿业的发展，制定本法。"

(一) 保障矿山生产安全

矿山生产安全是指在开采矿产资源过程中，消除危险并且保证矿山职工人身不受伤害，不出矿山事故，从而确保生产正常进行。这是直接关系到保护生产力和发展生产的一项重大任务，也是组织矿山生产的一项基本要求。安全和生产是统一的，是密不可分的。安全是生产的先决条件，只有安全才能保证生产。

(二) 保护矿山职工人身安全

保护矿山职工人身安全是《矿山安全法》最重要的立法目的。前面已经讲过，大多数矿山开采场所条件比较差，尤其是井下作业，对矿山人员安全构成威胁的因素多，如冒顶、片帮、水灾、火灾、瓦斯、粉尘等。有关矿山法规都是从大量的经验教训中总结出来的，所以，在采矿过程中做到遵法守法，是避免人身伤亡事故的先决条件。矿山职工人身伤亡事故不仅给矿山职工及其家属造成很大痛苦和难以弥补的损失，而且也会给国家和社会造成重大危害。因此，从保护劳动者权利、保护社会生产力和保护矿山安全生产出发，必须采取一切可以采取的措施，保障矿山职工的人身安全。

(三) 防止矿山事故

造成矿山事故的原因是多方面的。直接原因是物的不安全状态和人的不安全行为。间接原因是管理上的缺陷。物的不安全状态大体上可分为两类：一类是由于自然条件构成的，如地压、地热、地下水、瓦斯、粉尘等；另一类是为了开采而人工设置的设备、设施等的不安全状态，如炸药、电气设备漏电放电等。人的不安全行为大多是指违章作业。而管理上的缺陷通常是指执行各项安全法规不严格，例如：缺乏对职工的安全知识和操作技能的培训，安全管理制度不严，管理人员失职等。

矿山事故的主要危害是造成人身伤亡和破坏矿山生产的设备、设施，以及由此产生的经济损失。因此，防止矿山事故的发生，不仅可以保护矿山职工的人身安全，而且可以避免由此产生的经济损失和不良的社会影响。防止矿山事故是《矿山安全法》立法目的的切实体现。

(四) 促进采矿业的发展

采矿业是国民经济的基础产业。因此，要促进国民经济发展就必须促进采矿业的发

展。制定《矿山安全法》就是要以保护和发展生产力为宗旨，通过实现安全生产，进一步调动矿山职工的生产积极性，从而起到推进采矿业发展的积极作用。

二、指导思想

《矿山安全法》的立法指导思想根据对我国矿山企业安全现状和在安全工作中存在的主要问题的分析可以看出，我国矿山企业的安全问题仍然严重，为了把党和国家关于矿山企业安全工作的指导方针正确地贯彻执行，颁布和实施了《矿山安全法》。该法律的实施为其提供了法律保障，即采用国家强制力来保证其贯彻执行。《矿山安全法》的立法指导思想也是围绕这一基础而建立的。

三、基本原则

《矿山安全法》的基本原则是矿山安全工作中必须遵守的法律原则，是制定、解释、执行《矿山安全法》的基础，也是制定、执行本法的具体行政法规、规章、规程的主要依据。

（一）保护劳动者的权利，坚持生产过程中安全第一

这是制定《矿山安全法》的基本出发点和最重要的原则。它具体体现了广大劳动者的共同利益，直接关系到保护社会生产力和促进社会主义建设事业的发展。《宪法》第四十二条规定："国家通过各种途径，创造劳动就业条件，加强劳动保护，改善劳动条件，并在发展生产的基础上，提高劳动报酬和福利待遇。"《矿山安全法》以保护劳动者的权利和坚持生产过程中安全第一为立法基本原则，是《宪法》有关条款在矿山工作中的具体体现。《矿山安全法》的各项条文无不贯穿着这项基本原则。只有维护矿山职工的合法权益和保障其在生产过程中的人身安全，加强和完备矿山安全的基础工作，减少和防止矿山事故，才能保证和促进采矿业的稳定发展。

（二）完善矿山安全设施

《矿山安全法》第三条规定："矿山企业必须有保障安全生产的设施"。矿山安全设施是指可以有效预防和制止矿山灾害、生产事故的专用建筑、开采设备、安全装置和其他专用品。例如，煤矿中的防爆井盖、防火门、注浆系统、瓦斯抽采系统、水幕、灰棚、洒水降尘系统等。这些安全设施是保障矿山安全生产的物质需要，在矿山建设时必须同时安排、同时建设或置备，且与生产设施相适应。另外，还应积极采用新技术，提高生产的机械化、自动化水平，为生产安全提供物质保证，尽可能减少或避免矿山事故，保护矿山职工人身安全，消除矿山开采中的不安全因素。

针对不同矿种的开采，由于其生产条件和劳动环境不同，对安全设施的要求也不同。而不同规模的开采活动，可能对安全设施要求也不尽相同。但是，设置矿山安全设施的目的是一致的，就是保障安全生产，防止矿山事故，保障矿山职工人身安全，促进采矿业的发展。这就要求有关矿山企业的主管部门根据各种采矿活动的特点，总结经验，分别制定出能达到上述目的的关于设置安全设施的规程、规范等。

（三）加强矿山企业的安全管理

矿山企业的安全管理是指矿山企业对采矿过程中的安全工作进行计划、组织、指挥、控制等一系列的管理活动。《矿山安全法》第三条规定："矿山企业必须具有保障安全生产的设施，建立健全安全管理制度，采取有效措施改善劳动条件，加强矿山安全管理，保证安全生产。"就是说，矿山企业自身要加强矿山安全管理工作。《矿山安全法》第四章为矿山企业

的安全管理作出了具体的规定。由于矿山企业是矿山安全工作的具体执行单位,因此,一个矿山安全状况的好坏,不仅说明上级管理机关和监督机关的工作是否得力,而且说明矿山企业对矿山安全管理的好坏。

在加强矿山安全管理工作过程中,必须坚持管生产的同时要管安全,避免只抓生产和而忽视安全,以达到生产与安全的统一。为了执行好这项基本原则,应当做好以下几项工作:

(1) 要认真贯彻执行有关矿山安全的法律、法规,并将其切实地贯彻到生产实践中去。

(2) 建立严格的矿山安全责任制度,必须将各项安全责任落实到具体的职能部门和人员上,确保每一项安全工作有人抓,严禁出现纰漏。

(3) 建立健全矿山安全管理制度。除了安全责任制度之外,还要建立健全安全培训制度、安全检查制度、伤亡人员统计报告制度、特种作业人员管理制度、安全管理制度、防护用品管理制度等。

(4) 建立和实施对矿山企业安全管理的民主监督制度,充分发挥职工群众、职工代表大会和工会的监督作用。

(四) 鼓励矿山安全科学技术研究

《矿山安全法》第五条规定:"国家鼓励矿山安全科学技术研究,推广先进技术,改进安全设施,提高矿山安全生产水平。"它从立法的高度,充分肯定了现代科学技术对促进和保证矿山安全生产的重要作用。

现代科学技术是发展生产的第一生产力,也是改善目前矿山安全状况的主要手段之一。加强矿山安全科学技术研究,积极推广矿山安全科学技术研究的成果,可以大幅度地提高矿山安全技术装备水平,增强人们预防和处理矿山事故的能力。因此,《矿山安全法》以鼓励矿山安全科学研究作为基本原则之一,就是要求重视科学技术,积极采用为矿山安全而研究出来的新技术、新工艺、新材料,努力消除矿山开采中潜在的不安全因素,提高矿山安全水平。

(五) 奖励在矿山安全生产方面作出贡献的先进单位和个人

为了充分调动一切从事采矿活动人员的积极性,并体现有过必究、有功必奖的原则,《矿山安全法》第六条规定:"对坚持矿山安全生产,防止矿山事故,参加矿山抢险救护,进行矿山安全科学技术研究等方面取得显著成绩的单位和个人,给予奖励。"以法律的形式,十分明确地鼓励和提倡人们为保证矿山安全生产而努力工作。

为了使这项工作取得更好的效果,矿山安全奖励应当贯穿采矿工作全过程的各个方面。

(1) 对于常年坚持执行矿山安全法律法规,在各个有关环节和岗位上一丝不苟地工作,模范地遵守安全规程,及时地采取有效措施,实现了安全生产,防止矿山事故而作出显著成绩的单位和个人,应当进行奖励;

(2) 对于在参加矿山抢险救护中,尽职尽责、见义勇为、不畏艰险、维护社会财富、救护矿山职工而作出贡献的单位和个人,都应予以奖励;

(3) 对于从事矿山安全科学技术研究的单位和个人,只要在解决现实问题方面和提高矿山安全水平方面取得有益成果、作出贡献的,都应予以奖励。

四、效力范围

(一) 时间上的效力

《矿山安全法》第五十条规定:“本法自1993年5月1日起施行。”这就是本法的生效时间。本法没有关于法律条款失去效力的时间规定。

实际上《矿山安全法》也具有一定的溯及力。在第四十一条、第四十二条、第四十三条和第四十四条分别对“矿长不具备安全专业知识的,安全生产的特种作业人员未取得操作资格证书上岗作业的”,“矿山建设工程安全设施的设计未经批准擅自施工的”,“矿山建设工程的安全设施未经验收或者验收不合格擅自投入生产的”和“已经投入生产的矿山企业,不具备安全生产条件而强行开采的”,这些在本法实施之前就存在的行为,同样适用本法,同样按照本法规定的程序进行处理。

(二) 空间上的效力

《矿山安全法》第二条规定:“在中华人民共和国领域和中华人民共和国管辖的其他海域从事矿产资源开采活动,必须遵守本法。”该条文为本法规定了空间上的效力,与《矿产资源法》规定的空间上的效力完全一致。也就是说,凡是在我国进行矿产资源开采的地方,都必须遵照执行《矿山安全法》,两部法律之间的关系是:一个是基础和前提,一个是必备的条件和基本要求。

(三) 法律适用对象的效力

《矿山安全法》适用于一切从事采矿活动的企业法人和公民。就是说,它适用于所有矿种的采矿活动,适用于一切矿山企业和个体采矿活动。采矿活动主要有煤炭开采、石油和天然气开采、金属和非金属矿开采、土砂石和耐火材料的开采等。

根据《矿山安全法》适用的对象,无论是全民所有制的矿山企业、集体所有制的矿山企业,还是在法律、法规许可范围内的个体采矿活动,尽管它们的开采规模、生产条件有所不同,甚至还有较大的差别,以及它们的所有制形式不同,但必须毫无例外地保证矿山安全生产和保障采矿人员的人身安全。就是说,必须严格遵守《矿山安全法》的各项法律条款,并且不管是在任何组织形式的采矿活动中,各个矿山企业法人和组织管理人员,对保护矿山职工的人身安全都有其应履行的法律义务。

五、适用范围

《矿山安全法》第二条规定:“在中华人民共和国领域和中华人民共和国管辖的其他海域从事矿产资源开采活动,必须遵守本法。”所谓矿山,是指在依法批准的矿区范围内从事矿产资源开采活动的场所及其附属设施。煤矿属于矿山的一种。所谓矿产资源开采活动,是指在依法批准的矿区范围内从事的矿产资源勘探和矿山建设、生产、闭坑及有关活动,不能狭义地理解为工作面的采掘活动。中华人民共和国领域包括领土、领海和领空,也包括延伸意义上的领域,如驻外使领馆内、我国飞机军舰上。其他海域是指领海以外的我国专属经济区。

第三节 矿山建设的安全保障

一、矿山安全设施的“三同时”制度

(一)“三同时”原则的概念和意义

《矿山安全法》第七条明确规定了在矿山建设工程设计、施工和投产时所必须遵循的基本原则，也就是“三同时”原则。所谓“三同时”原则，是指矿山建设工程的安全设施必须和主体工程同时设计、同时施工、同时投入生产和使用。在矿山建设中坚持“三同时”原则的重要意义是：

(1) 以法律的形式要求矿山建设工程的安全设施与主体工程同时设计，可以促使矿山企业和管理矿山企业的主管部门按照矿山安全规程和行业技术规范的要求为矿山安全设施投资，避免因投资不足而随意砍掉安全设施。

(2) 以法律的形式要求矿山建设工程的安全设施与主体工程同时施工、同时投入生产和使用，可以保证安全设施保质保量地完成，避免安全设施不完善，为矿山投产后的安全生产提供物质保证。

(二) 矿山建设“三同时”原则的基本要求

(1) 有关部门在组织矿山建设项目论证时，必须同时对矿山开采的安全条件进行论证。不具备安全开采条件的不能立项。

(2) 矿山设计单位编制初步设计文件时，应同时编制安全设施的设计。在设计中应严格执行行业安全规程和设计规范的有关规定，不得随意降低安全设施的标准。

(3) 矿山建设单位在编制建设项目计划和财务计划时，应将安全设施所需的投资一并纳入计划，同时编报。

(4) 管理矿山企业的主管部门在编制或审批建设项目的计划任务书时，应编制或审批为矿山安全生产而采取的相应措施和设施所需的投资，并纳入投资概算。

(5) 施工单位必须严格按照施工图纸和设计要求施工，切实做到同时施工、同时竣工、同时交付使用。

二、矿山建设工程的设计制度

为从源头着手，把住设计关，保证矿山建设工程质量安全，《矿山安全法》和《矿山安全法实施条例》作出了一系列法律规定。

(一) 矿山建设工程的设计文件必须符合矿山安全规程和行业技术规范

《矿山安全法》第八条规定：“矿山建设工程的设计文件，必须符合矿山安全规程和行业技术规范”。

《矿山安全法》第九条进一步规定：“矿山设计下列项目必须符合矿山安全规程和行业技术规范：

“(一) 矿井的通风系统和供风量、风质、风速；

“(二) 露天矿的边坡角和台阶的宽度、高度；

“(三) 供电系统；

“(四) 提升、运输系统；

“(五) 防水、排水系统和防火、灭火系统；

“(六) 防瓦斯系统和防尘系统；

“(七) 有关矿山安全的其他项目。”

(二) 矿山设计所使用的地质勘探报告书必须符合相应要求

为了保证设计的质量，《矿山安全法实施条例》第五条规定：“矿山设计所使用的地质勘探报告书，应当包括下列技术资料：

"(一) 较大的断层、破碎带、滑坡、泥石流的性质和规模;

"(二) 含水层(包括溶洞)和隔水层的岩性、层厚、产状,含水层之间、地面水和地下水之间的水力联系,地下水的潜水位、水质、水量和流向,地面水流系统和有关水利工程的疏水能力以及当地历年降水量和最高洪水位;

"(三) 矿山设计范围内原有小窑、老窑的分布范围、开采深度和积水情况;

"(四) 沼气、二氧化碳赋存情况,矿物自然发火和矿尘爆炸的可能性;

"(五) 对人体有害的矿物组分、含量和变化规律,勘探区至少一年的天然放射性本底数据;

"(六) 地温异常和热水矿区的岩石热导率、地温梯度、热水来源、水温、水压和水量,以及圈定的热害区范围;

"(七) 工业、生活用水的水源和水质;

"(八) 钻孔封孔资料;

"(九) 矿山设计需要的其他资料。"

(三) 设计文件应当经有关部门审查批准

《矿山安全法实施条例》第六条规定:"矿山建设项目的可行性研究报告和总体设计,应当对矿山开采的安全条件进行论证。矿山建设项目的初步设计,应当编制安全专篇。安全专篇的编写要求,由国务院劳动行政主管部门规定。"《矿山安全法实施条例》第七条规定:"根据《矿山安全法》第八条的规定,矿山建设单位在向管理矿山企业的主管部门报送审批矿山建设工程安全设施设计文件时,应当同时报送劳动行政主管部门审查;没有劳动行政主管部门的审查意见,管理矿山企业的主管部门不得批准。经批准的矿山建设工程安全设施设计需要修改时,应当征求原参加审查的劳动行政主管部门的意见。"

三、矿山建设工程施工和验收制度

矿山建设工程必须按照管理矿山企业的主管部门批准的设计文件施工,保证施工质量。

为保证矿山建设工程质量,2001 年 5 月 8 日建设部《工程建设标准的强制性条文》(矿山工程部分)。该条文是现行矿山工程建设国家标准和行业标准中直接涉及人民生命财产安全、人身健康、环境保护和其他公众利益的内容,同时考虑了提高经济效益和社会效益等方面要求的法规。该条文的所有内容都必须严格执行,是参与建设活动各方执行工程建设强制性标准和政府对执行情况实施监督的依据。

矿山建设工程安全设施竣工后,应当按照国家有关规定申请验收。验收由管理矿山企业的主管部门组织,必须有劳动行政主管部门参加。不符合矿山安全规程、行业技术规范的,不得验收,不得投入生产或者使用。

四、安全出口等安全设施的规定

《矿山安全法》和《矿山安全法实施条例》对保障矿山安全生产的有关安全出口等安全设施及有关安全措施作出了全面的规定。《矿山安全法》要求每个矿井必须有两个以上能行人的安全出口,出口之间的直线水平距离必须符合矿山安全规程和行业技术规范;要求矿山必须有与外界相通的、符合安全要求的运输和通信设施。《矿山安全法实施条例》第十条进一步对矿山保障安全生产、预防事故和职业危害的安全设施作出全面的规定,主要包括以下 21 项内容：

(1) 每个矿井至少有两个独立的能行人的直达地面的安全出口。矿井的每个生产水平(中段)和各个采区(盘区)至少有两个能行人的安全出口,并与直达地面的出口相通。

(2) 每个矿井有独立的采用机械通风的通风系统,保证井下作业场所有足够的风量;但是,小型非沼气矿井在保证井下作业场所所需风量的前提下,可以采用自然通风。

(3) 井巷断面能满足行人、运输、通风和安全设施、设备的安装、维修及施工需要。

(4) 井巷支护和采场顶板管理能保证作业场所的安全。

(5) 相邻矿井之间、矿井与露天矿之间、矿井与老窑之间留有足够的安全隔离矿柱。矿山井巷布置留有足够的保障井上和井下安全的矿柱或者岩柱。

(6) 露天矿山的阶段高度、平台宽度和边坡角能满足安全作业和边坡稳定的需要。船采砂矿的采池边界与地面建筑物、设备之间有足够的安全距离。

(7) 有地面和井下的防水、排水系统,有防止地表水泄入井下和露天采场的措施。

(8) 溜矿井有防止和处理堵塞的安全措施。

(9) 有自然发火可能性的矿井,主要运输巷道布置在岩层或者不易自然发火的矿层内,并采用预防性灌浆或者其他有效的预防自然发火的措施。

(10) 矿山地面消防设施符合国家有关消防的规定。矿井有防灭火设施和器材。

(11) 地面及井下供配电系统符合国家有关规定。

(12) 矿山提升运输设备、装置及设施符合下列要求：

① 钢丝绳、连接装置、提升容器以及保险链有足够的安全系数;

② 提升容器与井壁、罐道梁之间及两个提升容器之间有足够的间隙;

③ 提升绞车和提升容器有可靠的安全保护装置;

④ 电机车、架线、轨道的选型能满足安全要求;

⑤ 运送人员的机械设备有可靠的安全保护装置;

⑥ 提升运输设备有灵敏可靠的信号装置。

(13) 每个矿井有防尘供水系统。地面和井下所有产生粉尘的作业地点有综合防尘措施。

(14) 有瓦斯、矿尘爆炸可能性的矿井,采用防爆电气设备,并采取防尘和隔爆措施。

(15) 开采放射性矿物的矿井,符合下列要求：

① 矿井进风量和风质能满足降氡的需要,避免串联通风和污风循环;

② 主要进风道开在矿脉之外,穿矿脉或者岩体裂隙发育的进风巷道有防止氡析出的措施;

③ 采用后退式回采;

④ 能防止井下污水散流,并采取封闭的排放污水系统。

(16) 矿山储存爆破材料的场所符合国家有关规定。

(17) 排土场、矸石山有防止发生泥石流和其他危害的安全措施,尾矿库有防止溃坝等事故的安全设施。

(18) 有防止山体滑坡和因采矿活动引起地表塌陷造成危害的预防措施。

(19) 每个矿井配置足够数量的通风检测仪表和有毒有害气体与井下环境检测仪器。开采有瓦斯突出的矿井,装备监测系统或者检测仪器。

(20) 有与外界相通的、符合安全要求的运输设施和通信设施。

(21) 有更衣室、浴室等设施。

第四节 矿山开采的安全保障

一、矿山采掘作业的规定

(1) 禁止开采保安矿柱、岩柱。矿山设计规定保留的矿柱、岩柱，在规定的期限内，应当予以保护，不得开采或者毁坏。

(2) 编制采掘作业规程。采掘作业应当编制作业规程，规定保证作业人员安全的技术措施和组织措施，并在情况变化时及时予以修改和补充。

(3) 绘制有关图纸资料。矿山开采应当有下列图纸资料：① 地质图(包括水文地质图和工程地质图)；② 矿山总布置图和矿井井上、井下对照图；③ 矿井、巷道、采场布置图；④ 矿山生产和安全保障的主要系统图。

(4) 禁止越层、越界开采。矿山企业应当在采矿许可证批准的范围内开采，禁止越层、越界开采。

二、矿山特殊安全设备、器材、防护用品和检测仪器的规定

《矿山安全法》规定，矿山使用的有特殊安全要求的设备、器材、防护用品和安全检测仪器，必须符合国家安全标准或者行业安全标准；不符合国家安全标准或者行业安全标准的，不得使用。这些设备、器材、防护用品和安全检测仪器包括：

(1) 采掘、支护、装载、运输、提升、通风、排水、瓦斯抽采、压缩空气和起重设备；

(2) 电动机、变压器、配电柜、电器开关、电控装置；

(3) 爆破器材、通信器材、矿灯、电缆、钢丝绳、支护材料、防火材料；

(4) 各种安全卫生检测仪器仪表、设备；

(5) 自救器、安全帽、防尘防毒口罩或者面罩、防护服、防护鞋等防护用品和救护设备；

(6) 经有关主管部门认定的其他有特殊安全要求的设备和器材。矿山企业必须对在役的机电设备及其防护装置、安全检测仪器定期检查、维修，并建立技术档案，保证使用安全。非负责设备运行的人员，不得操作设备。非值班电气人员，不得进行电气作业。操作电气设备的人员，应当有可靠的绝缘保护。检修电气设备时，不得带电作业。

三、安全措施的规定

《矿山安全法》和《矿山安全法实施条例》在有关安全措施方面，作出了比较全面的规定。

(1) 矿山企业必须对下列危害安全的事故隐患采取预防措施：

① 冒顶、片帮、边坡滑落和地表塌陷；

② 瓦斯爆炸、煤尘爆炸；

③ 冲击地压、瓦斯突出、井喷；

④ 地面和井下的火灾、水害；

⑤ 爆破器材和爆破作业发生的危害；

⑥ 粉尘、有毒有害气体、放射性物质和其他有害物质引起的危害；

⑦ 其他危害。

(2) 矿山企业必须对作业场所中的有毒有害物质和井下空气含氧量进行检测，保证符合安全要求。矿山作业场所空气中的有毒有害物质的浓度，不得超过国家标准或者行业标准；矿山企业应当按照国家规定的方法，按照下列要求定期检测：

① 粉尘作业点，每月至少检测两次；

② 三硝基甲苯作业点，每月至少检测一次；

③ 放射性物质作业点，每月至少检测三次；

④ 其他有毒有害物质作业点，井下每月至少检测一次，地面每季度至少检测一次；

⑤ 采用个体采样方法检测呼吸性粉尘的，每季度至少检测一次。

(3) 井下采掘作业，必须按照作业规程的规定管理顶帮。采掘作业通过地质破碎带或者其他顶帮破碎地点时，应当加强支护。露天采剥作业，应当按照设计规定，控制采剥工作面的阶段高度、宽度、边坡角和最终边坡角。采剥作业和排土作业，不得对深部或者邻近井巷造成危害。煤矿和其他有瓦斯爆炸可能性的矿井，应当严格执行瓦斯检查制度，任何人不得携带烟草和点火用具下井。

(4) 矿山企业在下列条件下从事矿山开采，应当编制专门设计文件，并报管理矿山企业的主管部门批准：

① 有瓦斯突出的；

② 有冲击地压的；

③ 在需要保护的建筑物、构筑物和铁路下面开采的；

④ 在水体下面开采的；

⑤ 在地温异常或者有热水涌出的地区开采的。

(5) 开采有自然发火可能性的矿井，应当采取下列措施：

① 及时清出采场浮矿和其他可燃物质，回采结束后及时封闭采空区；

② 采取防火灌浆或者其他有效的预防自然发火的措施；

③ 定期检查井巷和采区封闭情况，测定可能自然发火地点的温度和风量；定期检测火区内的温度、气压和空气成分。

(6) 井下采掘作业遇下列情形之一时，应当探水前进：

① 接近承压含水层或者含水的断层、流砂层、砾石层、溶洞、陷落柱时；

② 接近与地表水体相通的地质破碎带或者接近连通承压层的未封钻孔时；

③ 接近积水的老窑、旧巷或者灌过泥浆的采空区时；

④ 发现有出水征兆时；

⑤ 掘开隔离矿柱或者岩柱放水时。

(7) 井下风量、风质、风速和作业环境的气候，必须符合矿山安全规程的规定。采掘工作面进风风流中，按照体积计算，氧气不得低于20%，二氧化碳不得超过0.5%。井下作业地点的空气温度不得超过28 ℃；超过时，应当采取降温或者其他防护措施。

(8) 开采放射性矿物的矿井，必须采取下列措施，减少氡气析出量：一是及时封闭采空区和已经报废或者暂时不用的井巷；二是用留矿法作业的采场采用下行通风；三是严格管理井下污水。

(9) 矿山的爆破作业和爆破材料的制造、储存、运输、试验及销毁，必须严格执行国家有关规定。矿山企业对地面、井下产生粉尘的作业，应当采取综合防尘措施，控制粉尘危害。井下风动凿岩，禁止干打眼。矿山企业应当建立健全对地面陷落区、排土场、矸石山、尾矿库的检查和维护制度；对可能发生的危害，应当采取预防措施。

第五节　矿山企业的安全管理

一、安全生产责任制

矿山企业必须建立健全安全生产责任制。安全生产责任制包括行政领导岗位安全生产责任制、职能机构安全生产责任制、岗位人员安全生产责任制。

安全生产责任制中首要的责任制就是矿长负责制。矿长（含矿务局局长及矿山公司经理、董事长等，下同）对本企业的安全生产工作负责。

二、矿山安全的民主监督

（一）职工代表大会对矿山安全的民主监督

矿长应当定期向职工代表大会或者职工大会报告安全生产工作，发挥职工代表大会的监督作用，接受民主监督。

矿长向职工代表大会或者职工大会报告的事项应当包括：

（1）企业安全生产重大决策；

（2）企业安全技术措施计划及其执行情况；

（3）职工安全教育、培训计划及其执行情况；

（4）职工提出的改善劳动条件的建议和要求的处理情况；

（5）重大事故处理情况；

（6）有关安全生产的其他重要事项。

职工代表大会和职工大会具有以下职权：

（1）定期听取矿长向职工代表大会或者职工大会所做的关于安全生产的报告，提出建议和意见。矿长必须采纳合理的建议，并对不正确的意见进行解释。

（2）审查通过或者否决矿长提出的劳动保护措施。

（3）对矿山企业各级行政干部进行监督和评议；有对安全工作成绩突出者提出升职和奖励的建议权和对不称职者提出撤职和处分的建议权。

（二）矿山企业工会对矿山安全的民主监督

矿山企业工会依法维护职工生产安全的合法权益，组织职工对矿山安全工作进行监督；矿山企业违反有关安全的法律、法规，工会有权要求企业行政方面或者有关部门认真处理；矿山企业召开讨论有关安全生产的会议，应当有工会代表参加，工会有权提出意见和建议；矿山企业工会发现企业行政方面违章指挥、强令工人冒险作业或者生产过程中发现明显重大事故隐患和职业危害，有权提出解决的建议；工会发现危及职工生命安全的情况时，有权向矿山企业行政方面建议组织职工撤离危险现场，矿山企业行政方面必须及时作出处理决定。

三、矿山企业职工对安全的权利和义务

矿山企业职工享有下列权利：

(1) 有权获得作业场所安全与职业危害方面的信息；

(2) 有权向有关部门和工会组织反映矿山安全状况和存在的问题；

(3) 对任何危害职工安全健康的决定和行为，有权提出批评、检举和控告。

矿山企业职工应当履行下列义务：

(1) 遵守有关矿山安全的法律、法规和企业规章制度；

(2) 维护矿山企业的生产设备、设施；

(3) 接受安全教育和培训；

(4) 及时报告危险情况，参加抢险救护。

四、安全教育和培训

(一) 职工的教育和培训

矿山企业必须对职工进行安全教育、培训，未经安全教育、培训的，不得上岗作业。矿山企业对职工进行安全教育、培训应当符合有关规定。职工安全教育、培训期间，矿山企业应当支付工资。职工安全教育、培训情况和考核结果，应当记录存档。依照《矿山安全法实施条例》第三十六条的规定，矿山企业对职工的安全教育和培训，应当包括以下内容：

(1)《矿山安全法》及本条例赋予矿山职工的权利和义务；

(2) 矿山安全规程及矿山企业有关安全管理的规章制度；

(3) 与职工本职工作有关的安全知识；

(4) 各种事故征兆的识别、发生紧急危险情况时的应急措施和撤退路线；

(5) 自救装备的使用和有关急救方面的知识；

(6) 有关主管部门规定的其他内容。

(二) 特种作业人员的培训

矿山企业的特种作业人员主要有瓦斯检查工、爆破工、通风工、信号工、拥罐工、电工、金属焊接(切割)工、矿井泵工、瓦斯抽采工、主要通风机操作工、主提升机操作工、绞车操作工、输送机操作工、尾矿工、安全检查工和矿内机动车司机等。《矿山安全法》第二十六条第二款规定："矿山企业安全生产的特种作业人员必须接受专门培训，经考核合格取得操作资格证书的，方可上岗作业。"特种作业人员的考核、发证工作按照国家有关规定执行。

(三) 矿长的培训

矿长必须经过考核，具备安全专业知识，具有领导安全生产和处理矿山事故的能力。对矿长安全资格的考核，按照有关国家规定执行。对矿长的考核，应当包括以下内容：

(1)《矿山安全法》和有关法律、法规及矿山安全规程；

(2) 矿山安全知识；

(3) 矿山安全管理能力；

(4) 矿山事故处理能力；

(5) 安全生产业绩。

(四) 安全工作人员的培训

矿山企业安全工作人员必须具备必要的安全专业知识和矿山安全工作经验。对矿山企业安全工作人员的培训，应当专门组织，并符合国家相关规定。

五、劳动防护用品

《矿山安全法》第二十八条规定："矿山企业必须向职工发放保障安全生产所需的劳动

防护用品。"《矿山安全法实施条例》第三十九条规定:"矿山企业向职工发放的劳动防护用品应当是经过鉴定和检验合格的产品。劳动防护用品的发放标准由国务院劳动行政主管部门制定。"

六、未成年工、女职工的特别保护

《矿山安全法》第二十九条规定:"矿山企业不得录用未成年人从事矿山井下劳动。矿山企业对女职工按照国家规定实行特殊劳动保护,不得分配女职工从事矿山井下劳动。"

七、事故防范

《矿山安全法》第三十条规定:"矿山企业必须制定矿山事故的防范措施,并组织落实。"《矿山安全法实施条例》第四十条规定:"矿山企业应当每年编制矿山灾害预防和应急计划;在每季度末,应当根据实际情况对计划及时进行修改,制定相应的措施。矿山企业应当使每个职工熟悉矿山灾害预防和应急计划,并且每年至少组织一次矿山救灾演习。矿山企业应当根据国家有关规定,按照不同作业场所的要求,设置矿山安全标志。"

八、救护和医疗急救制度

《矿山安全法》第三十一规定:"矿山企业应当建立由专职或者兼职人员组成的救护和医疗急救组织,配备必要的装备、器材和药物。"《矿山安全法实施条例》第四十一条规定:"矿山企业应当建立由专职的或者兼职的人员组成的矿山救护和医疗急救组织。不具备单独建立专业救护和医疗急救组织的小型矿山企业,除应当建立兼职的救护和医疗急救组织外,还应当与邻近的有专业的救护和医疗急救组织的矿山企业签订救护和急救协议,或者与邻近的矿山企业联合建立专业救护和医疗急救组织。矿山救护和医疗急救组织应当有固定场所、训练器械和训练场地。矿山救护和医疗急救组织的规模和装备标准,由国务院管理矿山企业的有关主管部门规定。"

九、安全技术措施专项费用制度

《矿山安全法》第三十二条规定:"矿山企业必须从矿产品销售额中按照国家规定提取安全技术措施专项费用。安全技术措施专项费用必须全部用于改善矿山安全生产条件,不得挪作他用。"

《矿山安全法实施条例》第四十二条规定:"矿山企业必须按照国家规定的安全条件进行生产,并安排一部分资金,用于下列改善矿山安全生产条件的项目:

"(一)预防矿山事故的安全技术措施;

"(二)预防职业危害的劳动卫生技术措施;

"(三)职工的安全培训;

"(四)改善矿山安全生产条件的其他技术措施。

"前款所需资金,由矿山企业按矿山维简费的20%的比例据实列支;没有矿山维简费的矿山企业,按固定资产折旧费的20%的比例据实列支。"

第六节　矿山安全监督和管理

《矿山安全法》出台时,国家对矿山安全的监督职责由劳动行政主管部门承担,对矿山企业的行业管理职责由煤炭管理部门承担。目前，政府机构改革后，原劳动行政主管部门的职责由安全生产监督管理部门承担；原煤炭管理部门的职责，有的由发展和改革委员会承担，有的仍由煤炭管理部门承担。

这里讲的监督机构，原指县级以上各级人民政府劳动行政主管部门，现指各级安全生产监督管理部门。他们对矿山安全工作履行监督职责，具体包括：

(1) 检查矿山企业和管理企业的主管部门贯彻执行矿山安全法律、法规的情况；

(2) 参加矿山建设工程安全设施的设计审查和竣工验收；

(3) 检查矿山劳动条件和安全状况；

(4) 检查矿山企业职工安全教育、培训工作；

(5) 监督矿山企业提取和使用安全技术措施专项费用的情况；

(6) 参加并监督矿山事故的调查和处理；

(7) 法律、行政法规规定的其他监督职责。

矿山安全监督人员在执行职务时，有权进入现场检查，参加有关会议，无偿调阅有关资料，向有关单位和人员了解情况。矿山安全监督人员进入现场检查，发现有危及职工安全健康的情况时，有权要求矿山企业立即改正或者限期解决；情况紧急时，有权要求矿山企业立即停止作业，从危险区内撤出作业人员。发现安全生产违法行为时，依法实施行政处罚。矿山安全监督人员执行公务时，应当出示矿山安全监督证件，秉公执法，并遵守有关规定。

第七节　矿山事故处理

矿山事故是指矿山中发生的意外灾害和损失。对矿山事故进行调查处理是减少事故、实现安全生产的重要措施。通过对矿山事故的调查处理，查清事故发生的原因，找出安全隐患和管理方面的漏洞，可以有针对性地采取防范措施，严肃处理事故责任人员，教育广大职工和领导干部从中吸取教训，从而使其增强安全生产的意识和树立执行安全法规的观念。

一、事故的分类

(一) 按事故的性质分类

(1) 责任事故：可以预见、抵御和避免，但由于人的原因没有采取措施预防而造成的事故。

(2) 非责任事故：包括自然灾害事故和技术事故。

自然灾害事故是指现有科学技术和经验不能预见和不可抵御的事故，如地震等。

技术事故是指由于科学技术水平的限制，安全防范知识和技术条件、设备条件达不到应有的水平和性能，因而无法避免的事故，如综采放顶煤采空区瓦斯积聚的问题。

(二) 按伤害程度分类

(1) 一般事故：轻伤事故和重伤事故。轻伤事故是指造成失能损失 1～105 个工作日，无重伤和死亡伤害的事故；重伤事故是指造成失能损失超过 105 个工作日，而无死亡的事故。

(2) 重大事故：死亡事故，又可分为重大伤亡事故和特大伤亡事故。重大伤亡事故是指一次死亡1～2人的事故，而特大伤亡事故是指一次死亡3人以上的事故。

（三）按伤害方式分类

矿山事故按照伤害方式分类，可分为冒顶片帮事故、瓦斯煤尘爆炸事故、透水事故、火灾事故、中毒窒息事故、坠井事故、火药爆炸事故等20余种。

二、事故的报告和事故现场保护

（一）矿山事故的报告与抢救

《矿山安全法》第三十六条规定："发生矿山事故，矿山企业必须立即组织抢救，防止事故扩大，减少人员伤亡和财产损失，对伤亡事故必须立即如实报告劳动行政主管部门和管理矿山企业的主管部门。"这项规定的意义是：可以及时组织抢救，防止事故扩大，减少人员伤亡和财产损失；可以及时对事故进行调查处理，分析事故的原因，并提出防范措施；处理有关责任人员，教育职工和领导干部加强安全管理，保障安全生产。

矿山事故发生后，组织抢救是矿山企业的首要任务，矿长和总工程师必须到现场指挥。组织抢救包括组织矿山救护队抢救和井下矿工自救。矿山救护队是矿山事故抢救的专业队伍。一旦发生事故，救护队必须在15 min之内到达发生事故的矿井，其首要任务是抢救遇难人员，以最快的速度将受伤人员撤离险境，并进行必要的急救，视其受伤的严重程度分别送往各级急救机构。矿工自救是指井下发生事故，现场负责人和有经验的老工人在保证安全的条件下积极投入临场抢救。矿工自救对防止事故扩大、减少人员伤亡和财产损失的作用很大，特别是在救护队到达之前的一段时间内，是矿工自救最合适的时间，也是消灭灾情最好的时刻。

（二）矿山事故现场危险的消除

《矿山安全法》第三十九条规定："矿山事故发生后，应当尽快消除现场危险"，"现场危险消除后，方可恢复生产"。矿山事故现场危险是指事故发生后，事故现场仍存在的隐患。消除现场危险也是事故抢救的重要任务之一，既是防止事故扩大和诱发其他事故的主要工作，又是尽早恢复生产的前提。

（三）矿山事故的调查

《矿山安全法》第三十九条规定："矿山事故发生后，应当尽快消除现场危险，查明事故原因，提出防范措施。现场危险消除后，方可恢复生产。"查明事故原因，从中吸取教训，提出防范措施，防止类似事故重复发生，是进行事故调查分析的目的之一。

1. 矿山事故的调查组织

《矿山安全法》第三十七条规定："发生一般事故，由矿山企业负责调查和处理。发生重大矿山事故，由政府及其有关部门、工会和矿山企业按照行政法规的规定进行调查和处理。"

2. 矿山事故的调查程序

第一，现场处理，即矿山事故发生后，在完成抢救受伤人员和消除现场危险的前提下，要保护好现场。

第二，搜集现场与事故有关的物证。

第三，搜集、记录与事故有关的伤亡人员和有关责任人员的材料。

第四，搜集与事故有关的安全技术方面的事实。

第五，搜集证人材料。

3. 矿山事故的原因分析

矿山事故调查组织应根据调查过程中获得的各种事实材料，分析发生事故的直接原因和间接原因。直接原因是指直接导致事故发生的原因，包括物的不安全状态和人的不安全行为。间接原因是指直接原因得以产生和存在的原因。

4. 矿山事故的责任分析

事故责任分析的目的是分清责任，作出处理，教育矿山企业的干部和职工从中吸取教训。事故责任分析也是追究矿山事故法律责任的基础。事故责任可分为：

直接责任：与事故结果之间有直接因果关系，并对事故结果的产生起决定性作用的责任。

领导责任：企业领导干部未履行其安全生产的职责，从而导致事故发生的责任。

主要责任：对矿山事故发生起主要作用的责任。主要责任者既可能是直接责任者，又可能是领导责任者，抑或两者都可能是主要责任者。

5. 矿山事故的结案处理意见

(1) 对矿山事故的有关责任人员依法提出追究行政责任或法律责任的意见。

(2) 调查的结案及其批复，事故处理结案时间一般不超过 6 个月。特殊情况下，不得超过 1 年。在此期限内，调查组应提交关于事故概况、原因和责任的分析、对事故责任人员的处理意见，以及事故的教训和防范措施等的调查报告。矿山事故处理的审批应根据事故的严重程度由各级劳动行政主管部门和政府机关来进行。

6. 检察机关的调查

发生重大事故，即死亡 1 人以上或重伤 3 人以上或造成重大经济损失的，属于人民检察院直接受理的案件，检察院应参与事故的调查，根据调查结果由检察院作出提起公诉、免予起诉或撤销案件的决定。

三、事故经济损失统计

(一) 基本定义

伤亡事故经济损失是指企业职工在劳动生产过程中发生伤亡事故所引起的一切经济损失，包括直接经济损失和间接经济损失。

(1) 直接经济损失：因事故造成人身伤亡及善后处理支出的费用和毁坏财产的价值。

(2) 间接经济损失：因事故导致产值减少、资源破坏和受事故影响而造成其他损失的价值。

(二) 直接经济损失的统计范围

(1) 人身伤亡后所支出的费用：医疗费用(含护理费用)、丧葬及抚恤费用、补助及救济费用、歇工工资。

(2) 善后处理费用：处理事故的事务性费用、现场抢救费用、清理现场费用、事故罚款和赔偿费用。

(3) 财产损失价值：固定资产损失价值和流动资产损失价值。

(三) 间接经济损失的统计范围

间接经济损失包括停产、减产损失价值，工作损失价值，资源损失价值，处理环境污染的费用，补充新职工的培训费用及其他损失费用。

四、对伤亡职工的抚恤或补偿

《矿山安全法》第三十八条规定："矿山企业对矿山事故中伤亡的职工按照国家规定给

予抚恤或者补偿。"这里所说的"国家规定"是指国家颁布的有关宪法、法律、行政法规和国务院劳动行政主管部门的规章等。我国目前还没有一部适合目前形势的、关于矿山职工抚恤或补偿的法规。因此,《矿山安全法》只能作原则上的规定。虽然《宪法》在第四十五条提出了关于发展社会保险、社会救济和医疗卫生事业的条款,但仍未制定出具体的执行细则。因此到目前为止,对矿山事故中伤亡的矿山职工的抚恤或补偿,仍然依照1951年中央人民政府政务院发布的《劳动保险条例》和1978年国务院发布的《关于工人退休退职的暂行办法》来执行。下面简单介绍一下对全民所有制矿山职工抚恤或补偿的办法:

(1) 职工因矿山事故负伤,医疗费、药费、住院费、就医路费全部由企业负担;住院期间的膳食费由企业负担三分之二,医疗期间工资照发。

(2) 职工因矿山事故致残的,分不同情况,由劳动保险基金项下按月付给致残抚恤费和补助费。

① 完全丧失劳动力不能工作可以退休,饮食起居不需人扶助的,残废抚恤金的数额为本人工资的80%,付至恢复劳动力或死亡为止;饮食起居需人扶助的,残废抚恤金为本人工资的90%,并发给一定数额的护理费,付至死亡为止。

护理费标准按照完全、大部分和部分护理依赖,一般分别为当地平均工资的50%、40%、30%。

② 部分丧失劳动力的,由企业适当分配工作,并由劳动保险基金项下按丧失劳动力程度付给残废补助费,其数额为伤残前本人工资的10%～30%,但与复工时的工资合计不得超过残废前本人的工资。

③ 职工在矿山事故中死亡的,由企业发给丧葬费,其数额相当于企业3个月的平均工资。另由劳动保险基金项下,按其直接供养人员,每月供给直系亲属抚恤费。其数额按供养人数计算,供养1人、2人、3人及以上的,分别按死者生前工资的25%、40%、50%发放。如果生活确有困难的,由企业给予适当补助。

而其他形式的矿山职工,如合同工、农村轮换工、集体矿山企业职工等,也应按上述方法处理。《煤炭法》第三十七条规定:"煤矿企业应当依法为职工参加工伤保险缴纳保险费。鼓励企业为井下作业职工办理意外伤害保险,支付保险费。"根据这一规定可以看出,对伤亡矿山职工的抚恤工作已有很大的进展,意外伤害的抚恤金将由保险公司支付。

第八节 法律责任

(1) 矿山企业有下列行为之一的,由劳动行政主管部门责令改正,可以并处罚款;情节严重的,提请县级以上人民政府决定责令停产整顿;对主管人员和直接责任人员由其所在单位或者上级主管机关给予行政处分:

① 未对职工进行安全教育、培训,分配职工上岗作业的(处4万元以下的罚款);

② 使用不符合国家安全标准或者行业安全标准的设备、器材、防护用品、安全检测仪器的(处5万元以下的罚款);

③ 未按照规定提取或者使用安全技术措施专项费用的(处5万元以下的罚款);

④ 拒绝矿山安全监督人员现场检查或者在被检查时隐瞒事故隐患、不如实反映情况的(处2万元以下的罚款);

⑤ 未按照规定及时、如实报告矿山事故的(处 3 万元以下的罚款)。

(2) 矿长不具备安全专业知识的,安全生产的特种作业人员未取得操作资格证书上岗作业的,由劳动行政主管部门责令限期改正;逾期不改正的,提请县级以上人民政府决定责令停产,调整配备合格人员后,方可恢复生产。

(3) 矿山建设工程安全设施的设计未经批准擅自施工的,由管理矿山企业的主管部门责令停止施工;拒不执行的,由管理矿山企业的主管部门提请县级以上人民政府决定由有关主管部门吊销其采矿许可证和营业执照。

(4) 矿山建设工程的安全设施未经验收或者验收不合格擅自投入生产的,由劳动行政主管部门会同管理矿山企业的主管部门责令停止生产,并由劳动行政主管部门处以罚款(5 万元以上 10 万元以下);拒不停止生产的,由劳动行政主管部门提请县级以上人民政府决定由有关主管部门吊销其采矿许可证和营业执照。

(5) 已经投入生产的矿山企业,不具备安全生产条件而强行开采的,由劳动行政主管部门会同管理矿山企业的主管部门责令限期改进,逾期仍不具备安全生产条件的,由劳动行政主管部门提请县级以上人民政府决定责令停产整顿或者由有关主管部门吊销其采矿许可证和营业执照。

(6) 煤矿企业的机电设备、安全仪器,未按照下列规定操作、检查、维修和建立档案的,责令改正,可以并处 2 万元以下的罚款:

① 未定期对机电设备及其防护装置、安全检测仪器检查、维修和建立技术档案的;

② 非负责设备运行人员操作设备的;

③ 非值班电气人员进行电气作业的;

④ 操作电气设备的人员,没有可靠的绝缘保护和检修电气设备带电作业的。

(7) 煤矿企业作业场所空气中的有毒有害物质浓度,未按照下列规定检测的,责令改正,可以并处 2 万元以下的罚款:

① 粉尘作业点,每月检测少于两次的;

② 其他有毒有害物质作业点,井下每月检测少于一次的。

(8) 煤矿企业井下采掘作业,未按照作业规程的规定管理顶帮;通过地质破碎带或者其他顶帮破碎地点时,未加强支护;露天采剥作业,未按照设计规定,控制采剥工作面的阶段高度、宽度、边坡角和最终边坡角;采剥作业和排土作业,对深部或者邻近井巷造成危害的,责令改正,可以并处 2 万元以下的罚款。

(9) 煤矿企业井下采掘作业遇下列情形之一,未采取探水前进的,责令改正,可以并处 2 万元以下的罚款:

① 接近承压含水层或者含水的断层、流砂层、砾石层、溶洞、陷落柱的;

② 接近与地表水体相通的地质破碎带或者接近连通承压层的未封钻孔的;

③ 接近积水的老窑、旧巷或者灌过泥浆的采空区的;

④ 发现有出水征兆的;

⑤ 掘开隔离矿柱或者岩柱放水的。

第五章 矿产资源法

第一节 基本原则及重要规定

一、矿产资源的国家所有属性

《宪法》第九条规定:“矿藏、水流、森林、山岭、草原、荒地、滩涂等自然资源,都属于国家所有,即全民所有;由法律规定属于集体所有的森林和山岭、草原、荒地、滩涂除外。”

《矿产资源法》重申矿藏,即矿产资源属于国家所有。《矿产资源法》第三条第一款明确规定:“矿产资源属于国家所有,由国务院行使国家对矿产资源的所有权。地表或者地下的矿产资源的国家所有权,不因其所依附的土地的所有权或者使用权的不同而改变。”《煤炭法》第三条规定:“煤炭资源属于国家所有。地表或者地下的煤炭资源的国家所有权,不因其依附的土地的所有权或者使用权的不同而改变。”就是说,我国的所有矿产资源都属于国家所有,这是我国矿产资源管理的根本原则,并且规定代表国家对矿产资源行使所有权的机关是国务院。

矿产资源属于国家所有这一根本原则具有以下几点重要意义。

(一) 是我国的社会主义制度的基础之一

矿产资源是关系到国计民生的生产资料。只有坚持矿产资源属于国家所有,即全民所有这一根本原则,才能巩固社会主义经济制度的基础,才能保证矿产资源的勘查、开发利用和保护工作充分为社会主义建设服务,才能保证国民经济的发展符合国家的整体利益和长远利益。

(二) 以法律的形式保证矿产资源的国家所有权

《宪法》和《矿产资源法》规定了矿产资源的国家所有权,即确定了国家对矿产资源具有行使占有、使用、收益和处分的权利。这说明了中华人民共和国是矿产资源的国家所有权的唯一主体,只能由国家统一行使矿产资源所有权,而不存在矿产资源的集体和个人所有权问题。因此,对下列侵犯矿产资源国家所有权的现象从法律的角度上进行制约。

1. 任意侵占国家矿产资源

例如,有些乡镇矿山和个体矿山,非法进入国营矿山井田范围内,乱采乱掘。借口是“矿产资源既然属于国家所有,那么人人有份”“矿产资源地处我们所辖区域内,矿产资源也归我们所有。国有矿山可以开采,我们也可以开采”。

通过对这些借口的分析,可以得出两种结论:一种是不懂法或对法律认识不清;另一种是故意歪曲法律的基本原则,以达到其非法获利的目的。当然这些都是违法行为。

2. 对矿产资源进行破坏性开采

例如,在有些具有探明矿产资源的地区,一些集体矿山和个体采矿者非法进入勘查作业区“跑马占地”“掘肥弃瘦”，严重破坏了矿产资源的完整性，使其不能正规开采。

3. 随意买卖国家矿产资源

随意买卖国家矿产资源主要有两种情况：一是某些国有矿山干部贪赃枉法，私自允许集体或个体小矿非法进入国有矿山范围内开采，甚至出卖地质资料；二是申请办矿不开矿，出卖采矿权，从中牟取暴利。

由此而知，只有利用国家强制力，即利用法律的手段才能保证矿产资源的国家所有权。

（三）有利于国家对矿产资源的勘查和开发利用实行统一管理

《矿产资源法》规定了对矿产资源实行“统一管理”的原则和主管部门。“统一管理”的主管部门是国务院地质矿产主管部门，它负责矿产资源勘查和开采的监督管理工作，而国务院有关矿业主管部门的任务是协助地质矿产主管部门进行上述工作。例如，各级煤炭管理部门要负责煤炭生产的开发规划与煤矿建设、煤炭生产与煤矿安全等工作。

在省、自治区、直辖市一级的矿产资源管理同样遵循上述原则。

（四）保证对矿产资源实行有偿开采和对重要矿产品实行统一购销

所谓有偿开采，是指开采矿产资源必须依法缴纳资源税和资源补偿费，并且对矿床勘查报告及其他有价值的勘查资料实行有偿使用。

所谓资源税，是指对开发利用我国自然资源的单位和个人，就其产品的销售收入征收的一种税。其税额按照销售利润制定的超额累进税率进行计算。计算方法是把销售利润按数额分为若干等级部分，对每个等级部分，分别制定相应的税率，分别计算税额。

例如，销售利润为 40 万元时，税率及税费计算如表 5-1 所列。

表 5-1 税率及税费计算示例表

利润额级距 X/万元	税率/%	纳税额/万元	余额/万元
$X<10$	10	1(=10×10%)	9
$10<X\leqslant 20$	20	2[=(20−10)×20%]	8
$20<X\leqslant 30$	30	3[=(30−20)×30%]	7
$30<X\leqslant 40$	40	4[=(40−30)×40%]	6

（五）有利于国家对矿产资源开发强度的调控

《矿产资源法》第五条第一款规定：“国家实行探矿权、采矿权有偿取得的制度；但是，国家对探矿权、采矿权有偿取得的费用，可以根据不同情况规定予以减缴、免缴。具体办法和实施步骤由国务院规定。”通过探矿权、采矿权有偿取得的制度，国家可以根据国民经济建设对矿产资源需求的情况和开发利用的难度对矿产资源的开发强度进行调控。其手段是以探矿权、采矿权有偿取得费用的多少为杠杆，既可保证国民经济对矿产资源的需求，又可防止由于开发过度而造成的资源浪费。

《矿产资源法》第三十四条规定：“国务院规定由指定的单位统一收购的矿产品，任何其他单位或者个人不得收购；开采者不得向非指定单位销售。”《煤炭法》第二十一条规定：“对国民经济具有重要价值的特殊煤种或者稀缺煤种，国家实行保护性开采。”这是国家对重要矿产品实行统一管理的重要表现。

二、开发矿产资源的总方针

开发矿产资源实行"放开、搞活、管好"的总方针。

(一)"放开、搞活、管好"总方针的意义

为了体现国家实行的"对内搞活经济,对外实行开放"的发展国民经济的指导方针,国家制定了开发矿产资源的总方针,即"放开、搞活、管好"的总方针。《矿产资源法》全面体现了这一总方针,并为其正确执行提供了法律保障。

开发矿产资源实行"放开、搞活、管好"总方针的基本含义是:坚持发展多种经济形式和多种经营方式,调动一切积极因素,在国家政策和计划的指导下,实行国家、集体、个体一起上的方针,提高矿产资源的开发强度和经济效益,满足社会主义建设的需要。

"放开、搞活"就是使国有矿山企业、集体矿山企业和个体采矿一起上,打破国有矿山企业独家经营的局面,允许不同所有制形式的企业在市场经济中合理竞争,真正做到经济合理,综合开采、综合利用矿产资源。

在"放开、搞活"的基础上,要做到"管好"。就是要对矿产资源的开发利用实行统一规划,合理利用,使其发挥最大的经济效益;并且保障国有矿山企业、集体矿山企业和个体采矿的合法权益,保障正常生产秩序和工作秩序。

(二)发展矿业生产必须充分调动国有、集体、个体三个方面的积极性

在现阶段社会主义经济制度下,存在着社会主义公有制(全民和集体)占有绝对优势前提下的三种不同所有制形式,即全民所有制经济、劳动群众集体所有制经济和劳动者个体所有制经济。在矿业生产中,也已形成分别代表三种不同所有制形式的国有矿山企业、集体矿山企业和个体采矿。为了使矿业健康发展和提高经济效益,使矿产资源在国民经济建设中充分发挥作用,必须认真调整三者在矿业生产中的关系,从而达到充分发挥三个方面积极性的作用。

《矿产资源法》从法律上规定了三者之间的关系,各自的地位、作用和合法权益:"国家保障依法设立的矿山企业开采矿产资源的合法权益。国有矿山企业是开采矿产资源的主体。国家保障国有矿业经济的巩固和发展。""国家保护合法的探矿权和采矿权不受侵犯,保障矿区和勘查作业区的生产秩序、工作秩序不受影响和破坏。"

《煤炭法》第六条第二款和第三款规定:"国家保障国有煤矿的健康发展。国家对乡镇煤矿采取扶持、改造、整顿、联合、提高的方针,实行正规合理开发和有序发展。"

根据上述规定可以看出:

(1) 国有矿山企业是开采矿产资源的主体。就是说它在三种经济形式中处于主导地位,是勘察、开发利用矿产资源的主导力量。这是由社会主义公有制形式决定的。国有矿山企业掌握着国家授予的主要矿种和绝大部分储量的开采权。由它占据主导地位,有利于矿业生产的宏观调控,使矿业生产的发展适应国民经济的发展。另外,国有矿山企业拥有雄厚的经济实力和先进的生产技术手段、宏大的工程技术干部队伍和素质较高的工人队伍,以及丰富的开采经验。它的生产技术水平标志着我国采矿业的生产水平。因此,只有巩固和发展国有矿山企业,才有利于发展采矿业的生产技术水平,只有它才有能力参与世界采矿业的竞争,才能保证集体矿山企业和个体采矿沿着社会主义方向发展,进而巩固和发展我国的社会主义经济基础。

(2) 集体矿山企业是开采矿产资源的重要力量。在占我国人口总数近90%的农村，劳动群众集体所有制经济是主要经济形式。《宪法》规定的我国社会主义制度的全民所有制和劳动群众集体所有制，两者构成了社会主义公有制。这说明集体经济是社会主义经济的重要组成部分。根据《矿产资源法》规定："鼓励集体矿山企业开采国家指定范围内的矿产资源"，"国家指导、帮助集体矿山企业和个体采矿不断提高技术水平、资源利用率和经济效益"。在这一方针的指导下，到目前为止，集体矿山企业已经成为生产中不可缺少的重要组成部分。

集体矿山企业能以持续的、稳定的和较高的增长率发展的原因，可以从两方面进行解释：一是集体矿山企业适合我国矿业生产实际情况和我国生产力发展水平。我国人口众多，经济不太发达，生产力发展不太平衡，因此，开发矿产资源，国家还不能无限地增加投资，大量地建设现代化的国有矿山企业。集体矿山企业投资少，见效快。特别是对于零星边缘和比较分散的矿产资源，国有矿山企业不宜也无力实行正规开采，集体矿山企业却可根据其规模小、比较灵活的特点，因地制宜地进行开发。在不增加国家财力、物力负担的条件下，既提高了矿产资源开发速度和效益，同时又提高了矿产资源的利用率。二是集体矿山企业自负盈亏，容易做到责、权、利相结合，国家、集体、个人利益相统一。它不仅有利于增加国家财政收入，而且有利于安排农村剩余劳动力，以及有利于农村经济发展和农民勤劳致富。

由于近年来集体矿山企业在数量、产量和就业人数上都得到了飞速的发展，这给管理工作带来了很大的困难。另外，大多数集体矿山企业存在着诸如技术水平低、人员素质差、生产手段落后、工作环境和安全条件差，甚至有违章、违法生产等现实情况。为了保证集体矿山企业健康地发展，稳定其在矿产资源开发过程中的地位，《煤炭法》规定对集体矿山企业进行积极"扶持"；对于技术落后、管理水平差、经济效益低的集体矿山企业进行"改造"；对于那些不符合国家各项法律、法规的集体矿山企业进行"整顿"；为了合理集中生产，扩大企业经济效益，增强企业的市场竞争能力，提高技术装备水平，对某些条件合适的集体矿山企业进行"联合"经营，使集体矿山企业在技术、经济以及抗风险能力等诸方面都得到"提高"，"实行正规合理开发和有序发展"。

(3) 个体采矿是国有采矿和集体采矿的必要和有益的补充。根据《宪法》关于"在法律规定范围内的个体经济、私营经济等非公有制经济，是社会主义市场经济的重要组成部分"的规定，《矿产资源法》规定了国家指导、帮助个人依法采矿的原则。将个体采矿作为国有矿山企业、集体矿山企业开采矿产资源的有益补充。这项规定的重要性有两点：

① 有利于发展矿业生产。由于个体采矿具有分散、灵活的特点，对于矿产资源中那些国有矿山企业认为不可采，集体矿山企业认为采了不划算的那部分储量，如零星、分散的矿产和一些只能用作普通建筑材料的砂石、黏土等矿产，由个体矿山企业开采，既促进了矿业生产的发展，又提高了矿产资源的利用率。

② 有利于农村经济的发展和农民勤劳致富。由于农业生产技术的不断发展，农村大批劳动力被解放出来，从事多种经营。允许个体采矿，既坚持了矿产资源属于国家所有的根本原则，又安排了农村剩余劳动力，为农村的发展和农民的勤劳致富开辟了一条新的途径。

总之，开发矿产资源实行"放开、搞活、管好"的总方针，既符合国情和矿业生产的实际，又符合社会主义的基本经济规律。

第二节 取得探矿权和采矿权的法律程序和应尽的义务

《矿产资源法》第三条第三款和第四款明确规定："勘查、开采矿产资源，必须依法分别申请、经批准取得探矿权、采矿权，并办理登记；但是，已经依法申请取得采矿权的矿山企业在划定的矿区范围内为本企业的生产而进行的勘查除外。国家保护探矿权和采矿权不受侵犯，保障矿区和勘查作业区的生产秩序、工作秩序不受影响和破坏。从事矿产资源勘查和开采的，必须符合规定的资质条件。"这就是说，勘查矿产资源必须依法取得探矿权；开采矿产资源必须依法取得采矿权。但取得探矿权和采矿权的先决条件是具备规定的资质条件，主要包括技术条件、安全条件和设备资金条件等。获得的探矿权和采矿权依法得到国家的保护，不受侵犯。《煤炭法》第十条重申："国家维护煤矿矿区的生产秩序、工作秩序，保护煤矿企业设施。"

一、探矿权和采矿权及其相关概念

(一) 矿产资源的国家所有权、经营权、使用权

前面已经讲过，所有权是指财产所有权，即指所有人依法对自己的财产享有占有、使用、收益和处分的权利。矿产资源的国家所有权是指国家对矿产资源行使占有、使用、收益和处分的权利。《矿产资源法》规定："由国务院行使国家对矿产资源的所有权"。

经营权和使用权是所有权的一种权能，它们不变更物的所有制性质，是依法占有、支配、使用所有者财产的权利。显然，经营权和使用权与所有权有密切关系，同时是可以和所有权适当分开的重要的财产所有权。所有权决定经营权和使用权。对于国家所有的矿产资源，由国家授予对其经营管理(勘查或开采)或使用(利用)权利后即可享受其经营权和使用权。

(二) 探矿权和采矿权及其法律义务的关系

这里所讲的探矿权和采矿权是指对国家所有的矿产资源的经营权和使用权。探矿权是由国家授权依法对国家矿产资源进行勘查的权利。采矿权是由国家授权依法开采国家矿产资源的权利。

开发矿产资源必须依法取得探矿权和采矿权，同时也必须认真履行法律规定的义务。所谓法律义务，是指法律规定的公民或法人依法应尽的责任，依靠国家强制力来保证履行。法人是指有独立支配的财物并享有民事权利和承担民事义务的组织。那么，探矿权和采矿权同法律义务之间是什么关系呢？简单地说，其关系是权利和义务的一致性。或者说，公民或法人在依法获得某种权利之后，就必须依法履行规定的义务。《宪法》明确规定："任何公民享受宪法和法律规定的权利，同时必须履行宪法和法律规定的义务。"

公民或法人的权利和义务的一致性的具体体现是：

(1) 公民在享有宪法和法律规定的权利的同时，必须履行宪法和法律规定的义务。

(2) 公民享有的权利受到宪法和法律的保护，同时又负有不得滥用这些权利的义务。

(3) 公民的权利和义务的一致性还表现在某些具体的权利和义务两者的统一上面。例如，年满 22 周岁的男公民和年满 20 周岁的女公民享有组成家庭的权利，但必须履行法律规定的义务，如计划生育、教育子女、赡养老人等。

(4) 公民的权利和义务，两者相辅相成、互相促进。即权利的内容总是通过相适应的义务表现出来的；而义务的内容又总是由权利的实质来决定的。

按照权利和义务不可分离的原则，开发矿产资源，必须依法取得探矿权和采矿权，否则就是违法，必须承担法律责任；取得探矿权和采矿权的同时，还必须认真履行《矿产资源法》规定的法律义务，否则也是违法的，也要承担法律责任。

我国法律为取得探矿权和采矿权的公民和企业法人明确地规定了基本义务。《民法通则》规定，对属于国家所有的矿产资源，依法享有勘探和开发利用权利的公民和企业法人，必须履行对矿产资源"管理、保护、合理利用的义务"。《矿产资源法》第三条进一步规定："国家保障矿产资源的合理开发利用。禁止任何组织或者个人用任何手段侵占或者破坏矿产资源。各级人民政府必须加强矿产资源的保护工作。"《煤炭法》第五条规定："国家依法保护煤炭资源，禁止任何乱采、滥挖破坏煤炭资源的行为。"

二、取得探矿权的法定程序和应尽的义务

(一) 取得探矿权的法定程序及其有关规定

勘查矿产资源，必须依法申请，经国家授权的地质矿产主管部门批准，依法取得合法的探矿权，并办理登记。

关于合法勘查矿产资源的几项规定：

(1) 统一登记。国家对矿产资源勘查实行统一的区块登记管理制度。《矿产资源法》第十二条规定："国家对矿产资源勘查实行统一的区块登记管理制度。矿产资源勘查登记工作，由国务院地质矿产主管部门负责；特定矿种的矿产资源勘查登记工作，可以由国务院授权有关主管部门负责。矿产资源勘查区块登记办法由国务院制定。"统一登记的规定既属于取得探矿权的程序，也属于国家对矿产资源的勘查实行统一管理的范畴。

(2) 统一审批。国家对矿山建设设计使用的勘查报告实行统一审批制度。《矿产资源法》第十三条规定："国务院矿产储量审批机构或者省、自治区、直辖市矿产储量审批机构负责审查批准供矿山建设设计使用的勘探报告，并在规定的期限内批复报送单位。勘探报告未经批准，不得作为矿山建设设计的依据。"统一审批制度是要求有关机关严格把关，对勘探结果的质量进行检查，保证设计投资的可靠程度。

(3) 统一管理。国家对矿产资源勘查工作成果实行统一管理制度。《矿产资源法》第十四条规定："矿产资源勘查成果档案资料和各类矿产储量的统计资料，实行统一的管理制度，按照国务院规定汇交或者填报。"矿产资源勘查成果的统一管理，有利于国家掌握各种矿产资源的储量分布情况，有利于国家根据国民经济发展的需要对矿产资源的开发实行统一规划。

(二) 勘查矿产资源的义务

1. 区域地质调查按照国家统一规划进行

所谓区域地质调查，是指在一定范围内进行的综合性地质调查。它所解决的主要问题是在划分的区域内，通过适当的方法和手段对本区域内是否有矿产资源，有何种矿产资源，大致的分布范围和可能储量作出预测。

国家对区域地质调查实行统一规划的目的是防止无政府状态，防止重复工作，更有利于国家对国民经济建设的统一规划。

2. 必须实行综合普查

《矿产资源法》第二十四条规定："矿产资源普查在完成主要矿种普查任务的同时，应当对工作区内包括共生或者伴生矿产的成矿地质条件和矿床工业远景作出初步综合评价。"所谓共生矿产，是指在由同一成矿作用下形成的矿床里，矿石中主要有用矿物和其共生组合的其他有用矿物。例如，在铜矿床中，由同一成矿作用形成的矿物主要有黄铜矿、黄铁矿、方铅矿、闪锌矿等，其中，主要有用矿物是黄铜矿，而其他矿物则是黄铜矿的共生矿产。所谓伴生矿物，是指在同一矿床内，与主要矿石矿物不是由同一成矿作用生成的其他有用矿物。例如，前述的共生矿物黄铁矿、方铅矿、闪锌矿等，如再经过风化作用在地壳中沉积生成的孔雀石、蓝铜矿等矿物，与黄铜矿虽处于同一矿床，但其成矿作用不同，属于伴生矿产。

实行综合普查，就是不仅要对主要矿种，而且要对共生或伴生矿产在普查区域内的成矿地质条件、矿产储量和工业远景作出初步评价，以利于今后对其进行综合开采和综合利用。

3. 必须实行综合勘探

对于煤炭工业来说，所谓勘探是指对矿区详查和井田精查而言。同样，为了对共生矿产和伴生矿产进行综合开发利用，必须进行综合勘探。《矿产资源法》规定：勘探矿床时，不仅要探明主要矿产，而且还"必须对矿区内具有工业价值的共生和伴生矿产进行综合评价，并计算其储量。未作综合评价的勘探报告不予批准"。

4. 必须遵守各项法规

《矿产资源法》第二十六条规定："普查、勘探易损坏的特种非金属矿产、流体矿产、易燃易爆易熔矿产和含有放射性元素的矿产，必须采用省级以上人民政府有关主管部门规定的普查、勘探方法，并有必要的技术装备和安全措施。"就是说，在勘查上述各类矿产资源时，必须遵守国家有关环境保护、资源保护、劳动卫生和劳动安全等各项法规，以提高勘查的速度、经济效益和社会效益。

另外，还应注意保护文物。《矿产资源法》第二十二条规定："勘查、开采矿产资源时，发现具有重大科学文化价值的罕见地质现象以及文化古迹，应当加以保护并及时报告有关部门。"

5. 必须保护勘查成果

勘查成果不仅是花费大量人力和财力而获得的，而且具有当前和长远的经济价值。因此，"矿产资源勘查的原始地质编录和图件，岩矿心、测试样品和其他实物标本资料，各种勘查标志，应当按照有关规定保护和保存"。

三、取得采矿权的法定程序和应尽的义务

（一）取得采矿权的法定程序及其有关规定

《矿产资源法》明确规定，开采矿产资源，必须申请、经批准取得采矿权，并办理登记。建立了开发矿产资源的申请批准和颁发采矿许可制度。即开采矿产资源，必须依法申请，经国家授权的矿产地质主管部门批准，并颁发采矿许可证，才取得了合法的采矿权。依法取得采矿权的具体规定如下。

1. 严格审查批准

《矿产资源法》第十五条规定："设立矿山企业，必须符合国家规定的资质条件，并依照

法律和国家有关规定，由审批机关对其矿区范围、矿山设计或者开采方案、生产技术条件、安全措施和环境保护措施等进行审查；审查合格的，方予批准。"该规定既规定了建立审查批准的制度，又规定了审查的具体内容。对审查总的要求是统一规划、经济合理、安全可靠、综合开采和综合利用。

2. 严格审批手续

《矿产资源法》按照矿产资源的种类和储量规模规定了颁发采矿许可证的权限，分别由国务院地质矿产主管部门和省级人民政府等机关进行审批。《矿产资源法》第十六条规定："开采下列矿产资源的，由国务院地质矿产主管部门审批，并颁发采矿许可证：

"（一）国家规划矿区和对国民经济具有重要价值的矿区内的矿产资源；

"（二）前项规定区域以外可供开采的矿产储量规模在大型以上的矿产资源；

"（三）国家规定实行保护性开采的特定矿种；

"（四）领海及中国管辖的其他海域的矿产资源；

"（五）国务院规定的其他矿产资源。

"开采石油、天然气、放射性矿产等特定矿种的，可以由国务院授权的有关主管部门审批，并颁发采矿许可证。

"开采第一款、第二款规定以外的矿产资源，其可供开采的矿产的储量规模为中型的，由省、自治区、直辖市人民政府地质矿产主管部门审批和颁发采矿许可证。

"开采第一款、第二款和第三款规定以外的矿产资源的管理办法，由省、自治区、直辖市人民代表大会常务委员会依法制定。

"依照第三款、第四款的规定审批和颁发采矿许可证的，由省、自治区、直辖市人民政府地质矿产主管部门汇总向国务院地质矿产主管部门备案。

"矿产储量规模的大型、中型的划分标准，由国务院矿产储量审批机构规定。"

3. 矿山企业变更矿区范围或者关闭矿山，必须严格审查批准

进行合法采矿的矿山企业，不得任意变更矿区范围，或者任意关闭矿山。《矿产资源法》第十八条第二款规定："矿山企业变更矿区范围，必须报请原审批机关批准，并报请原颁发采矿许可证的机关重新核发采矿许可证。"第二十一条规定："关闭矿山，必须提出矿山闭坑报告及有关采掘工程、不安全隐患、土地复垦利用、环境保护的资料，并按照国家规定报请审查批准。"《煤炭法》第二十六条重申："关闭煤矿和报废矿井，应当依照有关法律、法规和国务院煤炭管理部门的规定办理。"

（二）开采矿产资源的法律义务

我国宪法的一个显著特点是权利和义务的一致性。依法取得合法采矿权的公民或企业法人，在开采矿产资源时，必须承担经济合理、综合开采、综合利用和保护资源的法律义务。

《矿产资源法》对于上述法律义务的具体规定如下。

1. 开采矿产资源必须经济合理

《矿产资源法》第二十九条规定："矿山企业的开采回采率、采矿贫化率和选矿回收率应当达到设计要求。"开采回采率是指采出的矿石量与工业储量的百分比。采矿贫化率是指在开采过程中，采出矿石的品位（矿石中有用组分的含量）比原矿石的品位降低的百分比。

$$\delta=\frac{\alpha-\beta}{\alpha}$$

式中 δ——采矿贫化率，%；

α——原矿石的品位，%；

β——采出矿石的品位，%。

造成原矿石贫化的主要原因有开采过程中混入废石，或高品位矿石、矿粉的流失，或有用组分被氧化、析出等。选矿回收率是指在矿石精选过程中，回收精矿中含有有用矿物的质量与回采出的原矿石中有用矿物质量的百分比。

计算公式为：

$$\text{选矿回收率}=\frac{\text{精矿质量}\times\text{精矿品位}}{\text{入选矿石质量}\times\text{入选矿石品位}}\times 100\%$$

开采回采率、采矿贫化率、选矿回收率这三个经济指标简称“三率”。“三率”是评价一个矿山企业经济效益和矿产资源充分利用水平的重要经济指标。

国家规定了“三率”的一般标准，如表 5-2 所示。

表 5-2 国家规定的“三率”的一般标准

开采方式	三率		
	开采回采率/%	采矿贫化率/%	选矿回收率/%
露天开采	>75	<10	>80
地下开采	>80	<10	>80

提高“三率”的途径是：开采矿产资源，必须采取合理的开采顺序、开采方法和选矿工艺。

《煤炭法》第九条第二款规定：“煤矿企业应当加强和改善经营管理，提高劳动生产率和经济效益。”第二十二条规定：“开采煤炭资源必须符合煤矿开采规程，遵守合理的开采顺序，达到规定的煤炭资源回采率。煤炭资源回采率由国务院煤炭管理部门根据不同的资源和开采条件确定。国家鼓励煤矿企业进行复采或者开采边角残煤和极薄煤。”

2. 开采矿产资源必须实行综合开采和综合利用

《矿产资源法》第三十条规定：“在开采主要矿产的同时，对具有工业价值的共生和伴生矿产应当统一规划，综合开采，综合利用，防止浪费；对暂时不能综合开采或者必须同时采出而暂时还不能综合利用的矿产以及含有有用组分的尾矿，应当采取有效的保护措施，防止损失破坏。”

在我国丰富的矿产资源中，大多数的主要矿产都共生或伴生有其他具有工业价值的矿产。例如，在我国的煤炭资源中经常伴生有锗、镓、铀等矿物。矿产资源具有不能再生的特性，如果在开采过程中只采主要矿种，那么，在大多数情况下，由于技术或经济方面的原因，不能重新组织开采伴生或共生的矿产，将会大量地浪费矿产资源。因此，在开采设计和回采过程中，要根据具体条件，采取相应的措施，将具有工业价值的共生和伴生矿产开采出来，并加以利用。若受当前技术水平或经济因素的影响不能进行综合开采或综合利用，应进行有效保护，以利于条件允许时再加以开采和利用。

《煤炭法》第二十八条规定："国家提倡和支持煤矿企业和其他企业发展煤电联产、炼焦、煤化工、煤建材等，进行煤炭的深加工和精加工。国家鼓励煤矿企业发展煤炭洗选加工，综合开发利用煤层气、煤矸石、煤泥、石煤和泥炭。"

3. 开采矿产资源必须坚持"安全第一，预防为主"的方针

《矿产资源法》第三十一条规定："开采矿产资源，必须遵守国家劳动安全卫生规定，具备保障安全生产的必要条件。"我国是一个在世界上开发矿产资源水平较发达的国家，好多矿产品的产量都名列前茅。矿山企业从业人数近两千万人，因此保证安全生产和保护人身安全是矿业生产中的头等大事。矿山事故不仅给人民的生命安全造成威胁，而且会给国家财产造成巨大损失。因此，无论是在经济上，还是在保障公民生命安全上，都应将安全生产放在首位。《煤炭法》第七条规定："煤矿企业必须坚持安全第一、预防为主的安全生产方针，建立健全安全生产的责任制度和群防群治制度。"第八条规定："各级人民政府及其有关部门和煤矿企业必须采取措施加强劳动保护，保障煤矿职工的安全和健康。国家对煤矿井下作业的职工采取特殊保护措施。"

4. 开采矿产资源必须承担环境保护的义务

《矿产资源法》第三十二条第一款和第二款规定："开采矿产资源，必须遵守有关环境保护的法律规定，防止污染环境。开采矿产资源，应当节约用地。耕地、草原、林地因采矿受到破坏的，矿山企业应当因地制宜地采取复垦利用、植树种草或者其他利用措施。"

《煤炭法》第十一条规定："开发利用煤炭资源，应当遵守有关环境保护的法律、法规，防治污染和其他公害，保护生态环境。"第十九条规定："煤矿建设应当坚持煤炭开发与环境治理同步进行。煤矿建设项目的环境保护设施必须与主体工程同时设计、同时施工、同时验收、同时投入使用。"第二十五条规定："因开采煤炭压占土地或者造成地表土地塌陷、挖损，由采矿者负责进行复垦，恢复到可供利用的状态；造成他人损失的，应当依法给予补偿。"第二十九条规定："国家发展和推广洁净煤技术。国家采取措施取缔土法炼焦。禁止新建土法炼焦窑炉；现有的土法炼焦限期改造。"

5. 开采矿产资源给他人生产、生活造成损失的，应当负责赔偿，并采取必要的补救措施

这项规定是提示取得采矿权的公民和法人，必须依法采矿，不得侵犯他人的合法权利（如探矿权、采矿权等），不得破坏其他企业的生产秩序。例如，某矿排放污水，对农业生产或其他矿井产生影响等。

《煤炭法》第十八条规定："煤矿建设使用土地，应当依照有关法律、行政法规的规定办理。征用土地的，应当依法支付土地补偿费和安置补偿费，做好迁移居民的安置工作。煤矿建设应当贯彻保护耕地、合理利用土地的原则。地方人民政府对煤矿建设依法使用土地和迁移居民，应当给予支持和协助。"

总之，开采矿产资源，必须依法取得探矿权和采矿权，在享有该权利的同时，必须依法履行法律义务。否则，要承担法律责任，受到法律制裁。

第三节 勘查和开发利用矿产资源的具体方针

《矿产资源法》第七条规定："国家对矿产资源的勘查、开发实行统一规划、合理布局、综合勘查、合理开采和综合利用的方针。"

所谓方针，就是国家在一定历史时期内，为达到一定目标而确定的指导原则。勘查和开发矿产资源的根本目标是在提高经济效益的前提下，合理加快勘查和开发矿产资源的速度，保证国民经济建设的当前和长久需要。为了实现这一目标，国家制定了开发矿产资源的"放开，搞活，管好"的总方针。同时，又制定了勘查、开发矿产资源的"统一规划、合理布局、综合勘查、合理开采、综合利用"的具体方针。《煤炭法》第四条重申这一规定："国家对煤炭开发实行统一规划、合理布局、综合利用的方针。"

为了充分体现"科技是第一生产力"的大政方针政策，《矿产资源法》第八条规定："国家鼓励矿产资源勘查、开发的科学技术研究，推广先进技术，提高矿产资源勘查、开发的科学技术水平。"《煤炭法》第九条第一款规定："国家鼓励和支持在开发利用煤炭资源过程中采用先进的科学技术和管理方法。"

一、统一规划和合理布局

（一）统一规划

勘查和开发利用矿产资源实行统一规划，就是国家对矿产资源的勘探和开发工作实行统一的计划管理。虽然我国的矿产资源相当丰富，但矿产资源开采后不能再生。合理地开发矿产资源、珍惜矿产资源、保护矿产资源，既有利于当前国民经济的发展，又有利于子孙后代。不允许只顾局部眼前利益，损害国家长远利益。因此，勘查和开发矿产资源要实行统一规划，即统一的计划管理。实行统一计划管理的保证是坚持国家的统一领导，防止各自为政，盲目地开采矿产资源，造成资源的浪费。

只有坚持统一的计划管理和国家的统一领导，才能使矿产资源的勘查和开发有计划、按比例地发展，才能把局部和整体、当前和长远的经济发展任务结合起来，使矿产资源得到合理的开发利用。实行统一规划，就是要对勘查和开发矿产资源的工作在社会主义市场经济的机制下，实行宏观调控、微观搞活。就是说，国家根据国民经济建设的当前和长远需要，统一作出勘查和开发的规划，而具体的实现，则可根据人力、物力和财力，遵循国有矿山、集体矿山和个体采矿一起上的原则。

《矿产资源法》对勘查和开发矿产资源实行统一规划，作出了以下主要规定：

(1) 第二十三条规定："区域地质调查按照国家统一规划进行。区域地质调查的报告和图件按照国家规定验收，提供有关部门使用。"因此，区域地质调查必须坚持统一领导、统一规划，才能防止开发矿产资源总战略的失误。

(2) 第十八条第一款规定："国家规划矿区的范围、对国民经济具有重要价值的矿区的范围、矿山企业矿区的范围依法划定后，由划定矿区范围的主管机关通知有关县级人民政府予以公告。"即开采矿产资源必须按照国家统一规划来划定开采范围，既不允许超越这一范围，也不允许任意缩小开采范围。

(3) 第十七条规定："国家对国家规划矿区、对国民经济具有重要价值的矿区和国家规定实行保护性开采的特定矿种，实行有计划的开采；未经国务院有关主管部门批准，任何单位和个人不得开采。”就是说，上述关系到国计民生的重要矿产资源的开采，国家将根据经济建设的需要制订计划。超计划开采将造成矿产资源的浪费，而达不到计划指标将会影响经济建设的发展，因此，必须按国家制订的计划进行开采。

《煤炭法》关于开发煤炭资源实行统一规划的规定有：

(1) 第十四条规定：“国务院煤炭管理部门根据全国矿产资源勘查规划编制全国煤炭资源勘查规划。”这为煤炭资源勘查规划的编制提供了法律依据和实施方式。

(2) 第十五条规定：“国务院煤炭管理部门根据全国矿产资源规划规定的煤炭资源，组织编制和实施煤炭生产开发计划。省、自治区、直辖市人民政府煤炭管理部门根据全国矿产资源规划规定的煤炭资源，组织编制和实施本地区煤炭生产开发规划，并报国务院煤炭管理部门备案。”就是说，全国矿产资源规划规定将要开发的煤炭资源分成两部分，分别制订开发计划且分别进行开发。一部分是由国务院煤炭管理部门编制开发规划和实施该规划；而另一部分则由省级煤炭管理部门来完成上述任务，但必须报国务院煤炭管理部门备案。

(3) 第十六条规定：“煤炭生产开发规划应当根据国民经济和社会发展的需要制定，并纳入国民经济和社会发展计划。”这又是国家关于矿产资源的开发利用实行统一规划的具体体现。开发的规模不得超过国民经济和社会发展的需要，否则将造成矿产资源的浪费；也不得低于上述需要，否则将影响国民经济和社会发展的进程。

(4) 第十七条规定：“国家制定优惠政策，支持煤炭工业发展，促进煤矿建设。煤矿建设项目应当符合煤炭生产开发规划和煤炭产业政策。”煤炭工业是我国最重要的基础能源工业，直接影响着我国社会主义经济建设。因此，《煤炭法》以法律的形式制定了国家支持煤炭资源开发和发展的政策。煤炭生产开发规划和煤炭产业政策是按照统一规划的原则制定的，它的执行和实施要不折不扣，不得与之相违背，否则就视为违法。

(二) 合理布局

合理布局是指矿山企业的工业布局要合理，即指矿山企业在全国或一个地区的地理分布要合理。“合理布局”是“统一规划”的重要体现，而“统一规划”是“合理布局”的基础。只有坚持“统一规划”，才能实现“合理布局矿山”。企业布局的主要内容是矿区的分布和地点的选择，矿山基本建设的规模和在地区分布上的布置。根据我国工业布局的原则，矿山企业的合理布局必须做到以下几点：

(1) 在国家的统一规划下，坚持合理开发，充分利用矿产资源，均衡地分布矿山企业。既重视矿业生产重点地区的发展，又重视矿业生产不发达地区的开发。

(2) 根据国家人力、物力和财力的实际情况，有计划地新建矿山企业，扩大生产能力。更要充分利用和合理发展原有的矿山企业，努力探寻新矿体，增加新储量，延长矿山企业的服务年限，即进行老井挖潜。这样，可以充分利用原有矿山企业的设备和设施，减少投资，同样可以达到加强矿产资源开发强度的目的。

(3) 矿区的分布和地点的选择，要尽量接近加工制造工业分布地区，尽量减少重复运输，也有利于环境保护和安全生产。往往矿区的位置是固定的，加工制造业可以根据矿区位置去选择地点。只有在两地区同时都具有所需要的矿产资源时，才有可能选择距加工工业地区较近的地区首先进行开发。

(4) 矿山企业的建设要坚持大、中、小项目一起上，国有矿山企业、集体矿山企业和个体采矿一起上的原则。大型国有矿山具有投资大、建设期长、生产集中、生产能力大、服务年限长等特点，可以作为支柱企业。但中小型矿山企业则具有投资小、见效快的优点，适用于解决当前矿产资源紧张的问题。因此，坚持上述原则，可以在提高经济效益的前提下，加快矿产资源的开发速度。

总之，矿山企业的合理布局，对充分利用矿产资源、提高矿业生产开发的速度和经济效益具有重要的意义。

为此，《矿产资源法》作出了以下规定：

(1) 要合理划定矿区范围和开采范围。

《矿产资源法》第十五条规定："设立矿山企业，必须符合国家规定的资质条件，并依照法律和国家有关规定，由审批机关对其矿区范围、矿山设计或者开采方案、生产技术条件、安全措施和环境保护措施等进行审查；审查合格的，方予批准。"就是说，国家主管机关要对矿区范围是否合理严格把关，划清界限，保障采矿权的合法权益，避免由超界开采引起的纠纷。

(2)《矿产资源法》第二十条规定："非经国务院授权的有关主管部门同意，不得在下列地区开采矿产资源：

"(一) 港口、机场、国防工程设施圈定地区以内；

"(二) 重要工业区、大型水利工程设施、城镇市政工程设施附近一定距离以内；

"(三) 铁路、重要公路两侧一定距离以内；

"(四) 重要河流、堤坝两侧一定距离以内；

"(五) 国家划定的自然保护区、重要风景区，国家重点保护的不能移动的历史文物和名胜古迹所在地；

"(六) 国家规定不得开采矿产资源的其他地区。"

这些法律规定是上述各种建筑物和构筑物及其他特殊地区不受由开采引起损害的法律保障。

(3) 促进民族自治地方的矿业生产发展。

《矿产资源法》第十条规定："国家在民族自治地方开采矿产资源，应当照顾民族自治地方的利益，作出有利于民族自治地方经济建设的安排，照顾当地少数民族群众的生产和生活。民族自治地方的自治机关根据法律规定和国家的统一规划，对可以由本地方开发的矿产资源，优先合理开发利用。"

(4) 在建设铁路、工厂、水库、输油管路、输电线路和各种大型建筑物或者建筑群时，"非经国务院授权的部门批准，不得压覆重要矿床"。

二、综合勘查和综合利用

(一) 综合勘查

矿产资源的勘查工作是为开采设计、矿山建设及开采生产提供依据。一般来说，矿产资源的勘查工作内容都是围绕着主要矿产来进行的。为了充分利用矿产资源，《矿产资源法》规定在勘查主要矿产的同时，加强对共生或伴生的有用矿产及矿体上、下盘围岩或同一含矿岩系中的共生或伴生矿产的勘查和综合评价工作。

(1)《矿产资源法》第二十四条规定:“矿产资源普查在完成主要矿种普查任务的同时,应当对工作区内包括共生或者伴生矿产的成矿地质条件和矿床工业远景作出初步综合评价。”就是说,在进行普查时,不仅要对主要矿种进行普查,对共生或伴生矿种同样要进行普查。通过各种技术论证,评定共生或伴生矿种综合回收的可能性和经济效益。

(2)《矿产资源法》第二十五条规定:“矿床勘探必须对矿区内具有工业价值的共生和伴生矿产进行综合评价,并计算其储量。”即在综合评价的基础上,进一步对共生和伴生矿产的赋存条件、分布范围、地质储量和可利用程度进行查明和评价;同时,还要查明开采范围内和矿体边缘部分的零星小矿体,从而为综合开采和利用、增加储量、延长服务年限提供可靠的地质资料。

(3) 在综合勘查和开采过程中,经直接观察和综合研究的关于共生、伴生矿产或元素的地质资料,应列入综合地质编录,以指导对矿产资源的综合开采和利用。

(二) 综合利用

所谓综合利用,就是对开采范围内有开采价值的其他共生和伴生矿产,实行统一规划、合理安排、综合开采的原则,对采出的矿石及副产品进行利用的过程。

对矿产资源的综合利用是矿山企业提高经济效益,实行多种经营,提高矿产资源回收率,满足国民经济对各类矿产品需要的重要原则。

例如,在我国煤矿中,有近30%的矿井是高瓦斯矿井,瓦斯的涌出不仅会造成矿内空气污染,而且在空气中瓦斯达到一定浓度时,还会引起燃烧或爆炸事故,甚至发生煤与瓦斯突出事故。中华人民共和国成立前,在日本帝国主义侵占下的本溪煤矿,1942 年 4 月 26 日,发生了一次世界上最大的瓦斯与煤尘爆炸事故,在事故中 1 527 人死亡、268 人受伤。即使在现在的煤矿中,仍经常有瓦斯爆炸事故发生。所以说,瓦斯是影响煤矿安全生产的主要隐患之一。但瓦斯又是具有极高工业价值的工业燃料、化工原料和民用燃料。综合开采瓦斯的主要手段是瓦斯的工业抽采。这样做的好处一方面是减少开采时的瓦斯涌出量,改善矿内空气条件,减少或防止瓦斯燃烧和爆炸事故,并可以减小顶底板和煤层的压力,避免或减少瓦斯突出事故;另一方面是可以提供大量的工业燃料、民用燃料和化工原料,为国民经济建设提供新能源和新资源。

因此,对矿产资源进行综合利用,可以给国家和社会带来极大的益处。

三、合理开采

所谓合理开采,就是在矿床开采的各个工作阶段,如开拓、采准和回采阶段等,都必须采取适合于矿床赋存条件的开采方法、开采顺序和回采工艺,使矿井生产取得最优的技术经济指标。达到合理开采的主要途径是提高矿井的生产管理水平。《煤炭法》第九条第二款规定:“煤矿企业应当加强和改善经营管理,提高劳动生产率和经济效益。”

评价开采方法、开采顺序、回采工艺是否合理的主要标准如下。

(一) 安全第一

由于矿山生产条件比较差,工人的工作环境恶劣,且不安全因素多,因此,为了保证工人、设备、设施和整个矿井的安全,以及生产正常地运行,矿山生产必须坚持安全第一的方针。矿山事故直接影响矿山职工的生命安全和身体健康、矿山生产和企业经济效益,以及国家的政治活动等,所以,国家制定了《矿山安全法》和各行业的安全规程,以法律手段来保证矿山的安全生产。

在各类矿山中，煤矿的不安全因素最多，事故隐患大。一次伤亡人数多的事故大多发生在煤矿中。为了贯彻国家安全生产方针，《煤炭法》第七条规定："煤矿企业必须坚持安全第一、预防为主的安全生产方针，建立健全安全生产的责任制度和群防群治制度。"

安全生产是各类矿山的永恒主题。鉴于当前煤矿安全的紧迫性，《煤炭法》规定了申请领取安全生产许可制度，第二十条规定："煤矿投入生产前，煤矿企业应当依照有关安全生产的法律、行政法规的规定取得安全生产许可证。未取得安全生产许可证的，不得从事煤炭生产。"

（二）实现稳产、高产

这是矿业生产的根本任务，也是评价开采方法是否合理的重要准则。为了保证国民经济建设对矿产资源的需要，必须使矿业生产稳定、持久，并且按照国民经济的增长速度，提高矿产资源的生产幅度。

（三）提高效率

采矿生产效率即劳动生产率，是评价开采方法、工艺和设备是否先进合理的主要标准。提高效率的主要途径是不断改革回采工艺，采用先进技术，提高综合机械化水平，提高矿山企业现代化管理水平，提高干部和职工综合素质等。

（四）降低生产成本

成本是矿山生产经济效益的综合反映，是评价开采方法和回采工艺最重要的经济技术指标，也是衡量一个矿山企业是否能够在激烈的生产竞争环境中生存的重要标准之一。降低生产成本的主要方法有尽量减少基本建设投资，降低劳动消耗，提高矿石的品位和质量，提高效率，采用先进的生产管理方法和合理的巷道布置等。

（五）回采率高、贫化率低

这是充分利用矿产资源的一个重要指标，也是评价开采是否合理的重要标准。确定合理的开采顺序，坚持"厚薄搭配、肥瘦搭配"的原则，是提高回采率、降低贫化率的重要途径。

第四节 法律责任

与其他法规一样，《矿产资源法》和《煤炭法》规定了违反两法应承担的法律责任，其作用是强化本法的法律效力，并且有力地鞭策公民或企业法人依法申请取得探矿权和采矿权，依法勘查和开发利用矿产资源，以及认真履行两法规定的法律义务。这是两法实施的法律保障。因此，国家授权的勘查和开发利用矿产资源的主管部门必须带头守法，认真执法，执法必严，违法必究；从事矿产资源勘查和利用的公民或企业法人必须有法必依，自觉守法，认真履行法律义务。对于严重违法构成犯罪者，两法指出了相应的《刑法》条款，并规定应按这些条款对其追究刑事责任。对于构成一般违法行为，《矿产资源法》和《煤炭法》同时也规定了相应的处罚方法，如赔偿损失、行政处罚和纪律处分等。

一、关于违反《矿产资源法》要承担法律责任的规定

（一）无证开采和乱采滥掘应承担的法律责任

无证开采也就是非法擅自采矿，是指未依法申请批准取得采矿权而开采矿产资源。乱

采滥掘主要是指矿山企业或公民未经国家主管部门批准，擅自开采国家统一规划的、计划开采的矿产资源。《矿产资源法》第三十九条规定，未取得采矿许可证擅自采矿的，擅自进入国家规划矿区、对国民经济具有重要价值的矿区范围采矿的，擅自开采国家规定实行保护性开采的特定矿种的，都是违法行为。处理方式是责令停止开采、赔偿损失，没收采出的矿产品和违法所得，可以并处罚款；对于那些拒不停止开采，造成矿产资源破坏的，认为是触犯了刑法，是犯罪行为，应依照《刑法》第二百七十五条的规定，对直接责任人员追究刑事责任。《刑法》第二百七十五条规定："故意毁坏公私财物，数额较大或者有其他严重情节的，处三年以下有期徒刑、拘役或者罚金；数额巨大或者有其他特别严重情节的，处三年以上七年以下有期徒刑。"

（二）越界开采应承担的法律责任

越界开采是指取得采矿权的公民或企业法人，超越批准的矿区范围采矿。越界开采是违法行为。《矿产资源法》第四十条规定应"责令退回本矿区范围内开采、赔偿损失，没收越界开采的矿产品和违法所得，可以并处罚款"。若拒不退回本矿区范围内开采，认为是触犯《刑法》第二百七十五条规定的犯罪行为，应"吊销采矿许可证，依照《刑法》第二百七十五条的规定对直接责任人员追究刑事责任"。

（三）破坏矿业生产应承担的法律责任

《矿产资源法》第四十一条对破坏矿业生产的行为作出了规定，它们主要是："盗窃、抢夺矿山企业和勘查单位矿产品和其他财物的"行为；"破坏采矿、勘查设施的"行为；"扰乱矿区和勘查作业区的生产秩序、工作秩序的"行为等。破坏矿业生产的行为触犯了刑法，是犯罪行为，应分别依照刑法有关规定追究刑事责任。《刑法》的有关规定主要包括：

第二百六十四条："盗窃公私财物，数额较大的，或者多次盗窃、入户盗窃、携带凶器盗窃、扒窃的，处三年以下有期徒刑、拘役或者管制，并处或者单处罚金；数额巨大或者有其他严重情节的，处三年以上十年以下有期徒刑，并处罚金；数额特别巨大或者有其他特别严重情节的，处十年以上有期徒刑或者无期徒刑，并处罚金或者没收财产。"

第二百六十六条："诈骗公私财物，数额较大的，处三年以下有期徒刑、拘役或者管制，并处或者单处罚金；数额巨大或者有其他严重情节的，处三年以上十年以下有期徒刑，并处罚金；数额特别巨大或者有其他特别严重情节的，处十年以上有期徒刑或者无期徒刑，并处罚金或者没收财产。本法另有规定的，依照规定。"

第二百六十七条第一款："抢夺公私财物，数额较大的，或者多次抢夺的处三年以下有期徒刑、拘役或者管制，并处或者单处罚金；数额巨大或者有其他严重情节的，处三年以上十年以下有期徒刑，并处罚金；数额特别巨大或者有其他特别严重情节的，处十年以上有期徒刑或者无期徒刑，并处罚金或者没收财产。"

第二百七十五条："故意毁坏公私财物，数额较大或者有其他严重情节的，处三年以下有期徒刑、拘役或者罚金；数额巨大或者有其他特别严重情节的，处三年以上七年以下有期徒刑。"

对破坏矿业生产"情节显著轻微的"行为，属于违法行为，具体说是属于违反治安管理的行为。所谓违反治安管理的行为，就是扰乱公共秩序，妨碍公共安全，侵犯公民人身权利，损害公私财产，情节轻微，尚不够刑事处分的，即未构成犯罪的，依照《治安管理处罚法》应受到处罚的行为。对这种破坏矿业生产"情节轻微的"违反治安管理的行为，《矿产资源法》规定应依照《治安管理处罚法》有关规定予以处罚，即视其情节分别给予警告、罚款或拘留的处罚。

《煤炭法》第四十八条规定："任何单位或者个人不得危害煤矿矿区的电力、通讯、水源、交通及其他生产设施。禁止任何单位和个人扰乱煤矿矿区的生产秩序和工作秩序。"第四十九条规定："对盗窃或者破坏煤矿矿区设施、器材及其他危及煤矿矿区安全的行为，一切单位和个人都有权检举、控告。"第四十九规定："未经煤矿企业同意，任何单位或者个人不得在煤矿企业依法取得土地使用权的有效期间内在该土地上种植、养殖、取土或者修建建筑物、构筑物。"第五十一条规定："未经煤矿企业同意，任何单位或者个人不得占用煤矿企业的铁路专用线、专用道路、专用航道、专用码头、电力专用线、专用供水管路。"第五十二条规定："任何单位或者个人需要在煤矿采区范围内进行可能危及煤矿安全的作业时，应当经煤矿企业同意，报煤炭管理部门批准，并采取安全措施后，方可进行作业。在煤矿矿区范围内需要建设公用工程或者其他工程的，有关单位应当事先与煤矿企业协商并达成协议后，方可施工。"

《煤炭法》在制定了上述维护煤矿企业正常生产秩序和工作秩序规定的同时，也对破坏煤矿企业生产的行为作出了相应的处罚规定。第五十八条规定："违反本法第二十四条的规定，擅自开采保安煤柱或者采用危及相邻煤矿生产安全的危险方法进行采矿作业的，由劳动行政主管部门会同煤炭管理部门责令停止作业；由煤炭管理部门没收违法所得，并处违法所得一倍以上五倍以下的罚款；构成犯罪的，由司法机关依法追究刑事责任；造成损失的，依法承担赔偿责任。"第六十条规定："违反本法第五十条的规定，未经煤矿企业同意，在煤矿企业依法取得土地使用权的有效期间内在该土地上修建建筑物、构筑物的，由当地人民政府动员拆除；拒不拆除的，责令拆除。"第六十一条规定："违反本法第五十一条的规定，未经煤矿企业同意，占用煤矿企业的铁路专用线、专用道路、专用航道、专用码头、电力专用线、专用供水管路的，由县级以上地方人民政府责令限期改正；逾期不改正的，强制清除，可以并处五万元以下的罚款；造成损失的，依法承担赔偿责任。"第六十二条规定："违反本法第五十二条的规定，未经批准或者未采取安全措施，在煤矿采区范围内进行危及煤矿安全作业的，由煤炭管理部门责令停止作业，可以并处五万元以下的罚款；造成损失的，依法承担赔偿责任。"第六十三条规定："有下列行为之一的，由公安机关依照治安管理处罚法的有关规定处罚；构成犯罪的，由司法机关依法追究刑事责任：(一) 阻碍煤矿建设，致使煤矿建设不能正常进行的；(二) 故意损坏煤矿矿区的电力、通讯、水源、交通及其他生产设施的；(三) 扰乱煤矿矿区秩序，致使生产、工作不能正常进行的；(四) 拒绝、阻碍监督检查人员依法执行职务的。"

(四) 非法转让矿产资源或采矿权应承担的法律责任

非法转让矿产资源主要是指买卖、出租或以其他形式转让矿产资源。买卖、出租采矿权，或者将采矿权用作抵押的，都是违法行为。

《矿产资源法》第六条第一款规定："除按下列规定可以转让外，探矿权、采矿权不得转让：

"(一) 探矿权人有权在划定的勘查作业区内进行规定的勘查作业，有权优先取得勘查作业区内矿产资源的采矿权。探矿权人在完成规定的最低勘查投入后，经依法批准，可以将探矿权转让他人。

“（二）已取得采矿权的矿山企业，因企业合并、分立，与他人合资、合作经营，或者因企业资产出售以及有其他变更企业资产产权的情形而需要变更采矿权主体的，经依法批准可以将采矿权转让他人采矿。”

第三款规定：“禁止将探矿权、采矿权倒卖牟利。”

对于倒卖矿产资源或采矿权的行为，《矿产资源法》作出了相应的处罚规定。《矿产资源法》第四十二条规定：“买卖、出租或者以其他形式转让矿产资源的，没收违法所得，处以罚款。违反本法第六条规定将探矿权、采矿权倒卖牟利的，吊销勘查许可证、采矿许可证，没收违法所得，处以罚款。”

（五）非法购销国家统购统销矿产品应承担的法律责任

《矿产资源法》第三十四条规定：“国务院规定由指定单位统一收购的矿产品，任何其他单位或者个人不得收购；开采者不得向非指定单位销售。”违反上述规定的行为是违法行为，应“没收矿产品和违法所得，可以并处罚款；情节严重的，依照刑法有关规定，追究刑事责任”。

依照《刑法》第一百五十三条的规定：“走私本法第一百五十一条、第一百五十二条、第三百四十七条规定以外的货物、物品的，根据情节轻重，分别依照下列规定处罚：

“（一）走私货物、物品偷逃应缴税额较大或者一年内曾因走私被给予二次行政处罚后又走私的，处三年以下有期徒刑或者拘役，并处偷逃应缴税额一倍以上五倍以下罚金。

“（二）走私货物、物品偷逃应缴税额巨大或者有其他严重情节的，处三年以上十年以下有期徒刑，并处偷逃应缴税额一倍以上五倍以下罚金。

“（三）走私货物、物品偷逃应缴税额特别巨大或者有其他特别严重情节的，处十年以上有期徒刑或者无期徒刑，并处偷逃应缴税额一倍以上五倍以下罚金或者没收财产。

“单位犯前款罪的，对单位判处罚金，并对其直接负责的主管人员和其他直接责任人员，处三年以下有期徒刑或者拘役；情节严重的，处三年以上十年以下有期徒刑；情节特别严重的，处十年以上有期徒刑。

“对多次走私未经处理的，按照累计走私货物、物品的偷逃应缴税额处罚。”

（六）破坏性开采应承担的法律责任

违反《矿产资源法》的规定，“采取破坏性的开采方法开采矿产资源的”行为，应“处以罚款，可以吊销采矿许可证”；“造成矿产资源严重破坏的”，依照《刑法》第二百七十五条的规定对直接责任人员追究刑事责任。

对以上各种违法行为追究法律责任的执法机关主要是适用法律的专门机关，即公安机关、检察机关与人民法院和各级行政机关。对于严重违反《矿产资源法》和《煤炭法》规定的行为，即构成犯罪的行为，由专门的执法机关，即“公、检、法”三个机关依法追究刑事责任。而对于《矿产资源法》和《煤炭法》的一般违法行为，即行政违法行为，由法律授权的各级有关行政机关，在其职权范围内适用相应的行政法规，给予行政处罚或纪律处分。《矿产资源法》中第三十九条、第四十条和第四十二条所规定的无证开采、乱采滥掘、越界开采、非法转让矿产资源或采矿权等行政违法行为，由“县级以上人民政府负责地质矿产管理工作的部门按照国务院地质矿产主管部门规定的权限决定”给予行政处罚。第四十三条规定的非法购售国家统购矿产品的行政违法行为，由“县级以上工商行政管理部门决定”给予行政处罚。违反第四十四条规定的采取破坏性开采方式开采矿产资源，造成矿产资源严重破坏的行政违法行为，由“省、自治区、直辖市人民政府地质矿产主管部门决定”给予行政处罚。“给予吊销勘查许可证或者采矿许可证处罚的，须由原发证机关决定”。为了严格执法，《矿产资源法》还规定，对于“应给予行政处罚而不给予行政处罚的”行为，“上级人民政府地质矿产主管部门有权责令改正或者直接给予行政处罚”。《矿产资源法》第四十七条规定：“负责矿产资源勘查、开采监督管理工作的国家工作人员和其他有关国家工作人员徇私舞弊、滥用职权或者玩忽职守，违反本法规定批准勘查、开采矿产资源和颁发勘查许可证、采矿许可证，或者对违法采矿行为不依法予以制止、处罚，构成犯罪的，依法追究刑事责任；不构成犯罪的，给予行政处分。违法颁发的勘查许可证、采矿许可证，上级人民政府地质矿产主管部门有权予以撤销。”

另外，为了充分体现社会主义法律保障公民依法享有“申诉”权利，保障受到行政处罚的人依法享有“诉讼”权利，并有利于司法机关和各级行政机关正确、合理、及时地适用法律，《矿产资源法》第四十六条规定：“当事人对行政处罚决定不服的，可以依法申请复议，也可以依法直接向人民法院起诉。当事人逾期不申请复议也不向人民法院起诉，又不履行处罚决定的，由作出处罚决定的机关申请人民法院强制执行。”就是说，对于行政处罚期满不起诉的，即认为承认所给予的处罚是公正的；但仍不履行处罚规定的，要求助于人民法院，即借助国家强制力强制执行，保证法律的实施。

二、矿山企业之间矿区范围争议的处理程序

矿山企业之间矿区范围争议，实质是国有矿山企业、集体矿山企业和个体采矿之间，或同种所有制形式各矿山企业之间，对属于国家所有的矿产资源依法行使经营权和使用权时产生的矛盾。主要表现形式为争夺资源的纠纷和维护合法权益的争议。《矿产资源法》的颁布和实施，对于调整矿山企业之间的矿区范围争议提供了法律依据和保障。对于依法取得探矿权和采矿权的公民或企业法人，平等地享受国家授予的权益，国家保障其合法权益不受侵犯。为了尽量避免和减少这类争议，探矿权和采矿权的审批机关要认真审查和划清矿区范围，使之有利于合理地处理由此而产生的争议。当出现此类争议时，各级行政机关必须兼顾国家、集体、个人三者利益。在保证不损伤各有关矿山企业开发矿产资源积极性的前提下，正确处理好矿区范围的争议。

《矿产资源法》为处理矿区范围争议制定了法律程序：

(1) 矿山企业之间矿区范围的争议，由当事人协商解决。

(2) 当事人协商不成的，由有关县级以上地方人民政府根据依法核定的矿区范围处理。

(3) 跨省、自治区、直辖市的矿区范围争议，由有关省、自治区、直辖市人民政府协商解决，协商不成的，由国务院处理。

第六章 煤矿安全生产行政法规

第一节 煤矿安全监察条例

《煤矿安全监察条例》于2000年11月7日中华人民共和国国务院令第296号公布，自2000年12月1日起施行，并根据2013年7月18日《国务院关于废止和修改部分行政法规的决定》修订。

一、安全监察的基本规定

（一）国家建立煤矿安全监察制度

《煤矿安全监察条例》第二条规定："国家对煤矿安全实行监察制度。国务院决定设立的煤矿安全监察机构按照国务院规定的职责，依照本条例的规定对煤矿实施安全监察。"煤矿安全监察制度是国家确立的一项基本制度。

（二）煤矿安全监察必须依法进行

为了保证煤矿安全监察机构或煤矿安全监察员依法行政、依法监察，做到公正、公平，《煤矿安全监察条例》第三条规定："煤矿安全监察机构依法行使职权，不受任何组织和个人的非法干涉。煤矿及其有关人员必须接受并配合煤矿安全监察机构依法实施的安全监察，不得拒绝、阻挠。"第七条又规定："煤矿安全监察机构及其煤矿安全监察人员应当依法履行安全监察职责。任何单位和个人对煤矿安全监察机构及其煤矿安全监察人员的违法违纪行为，有权向上级煤矿安全监察机构或者有关机关检举和控告。"

（三）煤矿安全监察机构和地方政府的关系

煤矿安全监察机构与地方政府部门都是行政机关，在搞好煤矿安全生产上方向和目标是一致的，仅是工作性质、任务、职责和工作侧重点的不同。前者主要是监察执法，后者重在安全管理。煤矿安全监察机构和地方政府的关系是相互协调、相互配合。《煤矿安全监察条例》第四条规定："地方各级人民政府应当加强煤矿安全管理工作，支持和协助煤矿安全监察机构依法对煤矿实施安全监察。煤矿安全监察机构应当及时向有关地方人民政府通报煤矿安全监察的有关情况，并可以提出加强和改善煤矿安全管理的建议。"第十七条规定："煤矿安全监察机构在实施安全监察过程中，发现煤矿存在的安全问题涉及有关地方人民政府或其有关部门的，应当向有关地方人民政府或其有关部门提出建议，并向上级人民政府或其有关部门报告。"

（四）煤矿安全监察工作原则

《煤矿安全监察条例》第五条规定："煤矿安全监察应当以预防为主，及时发现和消除事故隐患，有效纠正影响煤矿安全的违法行为，实行安全监察与促进安全管理相结合、教育与惩处相结合。"

二、煤矿安全监察机构的职责

（一）煤矿安全监察机构的设置

《煤矿安全监察条例》第八条规定："本条例所称煤矿安全监察机构，是指国家煤矿安全监察机构和在省、自治区、直辖市设立的煤矿安全监察机构(以下简称地区煤矿安全监察机构)及其在大中型矿区设立的煤矿安全监察办事处。"国家煤矿安全监察机构是指国家煤矿安全监察局，地区煤矿安全监察机构是指省、自治区、直辖市煤矿安全监察局，煤矿安全监察办事处是指地区煤矿安全监察分局。

同时，《煤矿安全监察条例》第四十九条又规定："未设立地区煤矿安全监察机构的省、自治区、直辖市，省、自治区、直辖市人民政府可以指定有关部门依照本条例的规定对本行政区域内的煤矿实施安全监察。"

（二）煤矿安全监察机构的职权

1. 行政处罚权

地区煤矿安全监察机构及其煤矿安全监察办事处负责对划定区域内的煤矿实施安全监察；煤矿安全监察办事处在国家煤矿安全监察局规定的权限范围内，可以对违法行为实施行政处罚。

2. 安全检查权

地区煤矿安全监察机构、煤矿安全监察办事处应当对煤矿实施经常性的安全检查；对事故多发地区的煤矿，应当实施重点安全检查。国家煤矿安全监察机构根据煤矿安全工作的实际情况，组织对全国煤矿的全面安全检查或重点安全抽查。

地区煤矿安全监察机构、煤矿安全监察办事处应当对每个煤矿建立煤矿安全监察档案。煤矿安全监察人员对每次检查的内容、发现的问题及其处理情况，应当进行详细记录，并由参加检查的煤矿安全监察人员签名后归档。

3. 建议报告权

地区煤矿安全监察机构、煤矿安全监察办事处每15日分别向上级煤矿安全监察机构报告一次煤矿安全监察情况；有重大煤矿安全问题的，要及时采取措施并随时报告；国家煤矿安全监察机构要定期公布煤矿安全监察情况。煤矿安全监察机构在实施安全监察过程中，发现煤矿存在的安全问题涉及有关人民政府或其有关部门的，应当向有关人民政府或其有关部门提出建议，并向上级人民政府或其有关部门报告。

4. 事故调查处理权

关于煤矿调查处理，《煤矿安全监察条例》作了原则规定。煤矿发生伤亡事故的，由煤矿安全监察机构负责组织调查处理。煤矿安全监察机构组织调查处理事故，应当依照国家规定的事故调查程序和处理办法进行。

三、煤矿安全监察员的职权

（一）煤矿安全监察员资格条件

煤矿安全监察员是具体负责煤矿安全监察和行政执法工作的国家公务人员。煤矿安全监察员的素质对其能否秉公执法关系极大。《煤矿安全监察条例》第十条第一款规定："煤矿安全监察机构设煤矿安全监察员。煤矿安全监察员应当公道、正派，熟悉煤矿安全法律、法规和规章，具有相应的专业知识和相关的工作经验，并经考试录用。2003年6月13

日，国家安全生产监督管理局、国家煤矿安全监察局颁布的《煤矿安全监察员管理暂行办法》，规定了煤矿安全监察员任职的5项条件，并由国家煤矿安全监察机构任命：

(1) 热爱煤矿安全监察工作，熟悉国家有关煤矿安全的方针、政策、法律、法规、规章、标准、规程；

(2) 熟悉煤矿安全监察业务，具有煤矿安全方面的专业知识；

(3) 具有大学专科以上学历；

(4) 符合国家煤矿安全监察机构规定的工作经历和年龄要求；

(5) 身体健康，适应煤矿安全监察工作需要。

(二) 煤矿安全监察员的职权

依照《煤矿安全监察条例》和《煤矿安全监察员管理暂行办法》的规定，煤矿安全监察员履行安全监察职责，具有下列权力：

(1) 有权随时进入煤矿作业现场进行检查，调阅有关资料，参加煤矿安全生产会议，向有关单位或者人员了解情况。

(2) 在检查中发现影响煤矿安全的违法行为，有权当场予以纠正或者要求限期改正。

(3) 进行现场检查时，发现存在事故隐患的，有权要求煤矿立即消除或者限期解决；发现危胁职工生命安全的紧急情况时，有权要求立即停止作业，下达立即从危险区域内撤出作业人员的命令，并将紧急情况和处理措施立即报告煤矿安全监察机构。

(4) 发现煤矿作业场所的瓦斯、粉尘或者其他有毒有害气体的浓度超过国家安全标准或者行业安全标准的，煤矿擅自开采保安煤柱的，或者采用危及相邻煤矿生产安全的决水、爆破、贯通巷道等危险方法进行采矿作业的，有权责令立即停止作业，并将有关情况报告煤矿安全监察机构。

(5) 发现煤矿矿长或者其他主管人员违章指挥工人或者强令工人违章、冒险作业，或者发现工人违章作业的，有权立即责令纠正或者责令立即停止作业。

(6) 发现煤矿使用的设施、设备、器材、劳动防护用品不符合国家安全标准或者行业安全标准的，有权责令其停止使用；需要查封或者扣押的，应当及时报告煤矿安全监察机构依法处理。

(7) 法律、法规赋予的其他权力。

四、煤矿安全监察的基本内容

(1) 煤矿安全生产责任制。煤矿安全监察机构发现煤矿未依法建立安全生产责任制的，有权责令限期改正。

(2) 矿长安全任职资格。煤矿安全监察机构发现煤矿矿长不具备安全专业知识的，有权责令限期改正。

(3) 安全技术措施专项费用的提取和使用。煤矿安全监察机构对煤矿安全技术措施专项费用的提取和使用情况进行监督，对未依法提取或者使用的，应当责令限期改正。

(4) 安全设施设计审查。煤矿建设工程设计必须符合《煤矿安全规程》和行业技术规范的要求。煤矿建设工程安全设施设计必须经煤矿安全监察机构审查同意；未经审查同意的，不得施工。煤矿安全监察机构审查煤矿建设工程安全设施设计，应当自收到申请审查的设计资料之日起30日内审查完毕，签署同意或者不同意的意见，并书面答复。

(5) 安全设施验收和安全条件审查。煤矿建设工程竣工后或者投产前,应当经煤矿安全监察机构对其安全设施和条件进行验收;未经验收或者验收不合格的,不得投入生产。煤矿安全监察机构对煤矿建设工程安全设施和条件进行验收,应当自收到申请验收文件之日起 30 日内验收完毕,签署合格或者不合格的意见,并书面答复。

(6) 作业现场检查和复查。煤矿安全监察机构发现煤矿矿井通风、防火、防水、防瓦斯、防毒、防尘等安全设施和条件不符合国家安全标准、行业安全标准、《煤矿安全规程》和行业技术规范要求的,应当责令立即停止作业或者责令限期达到要求。

煤矿安全监察机构发现作业场所有未使用专用防爆电气设备、专用发爆器、人员专用升降容器,以及使用明火明电等违法行为的,有权责令立即停止作业,限期改正;有关煤矿或者作业场所经复查合格的,方可恢复作业。

煤矿安全监察机构依照《煤矿安全监察条例》的规定,责令煤矿限期解决事故隐患、限期改正影响煤矿安全的违法行为或者限期使安全设施和条件达到要求的,应当在限期届满时及时对煤矿执行情况进行复查并签署复查意见;经有关煤矿申请,也可以在限期内进行复查并签署复查意见。

煤矿安全监察机构及其煤矿安全监察人员依照《煤矿安全监察条例》的规定,责令煤矿立即停止作业、停止使用不符合国家安全标准或者行业安全标准的设备、器材、仪器、仪表、防护用品或责令关闭矿井的,应当对煤矿的执行情况随时进行检查。

(7) 专用设备检查。煤矿安全监察机构发现煤矿矿井使用的设备、器材、仪器、仪表、防护用品不符合国家安全标准或者行业安全标准的,应当责令限期改正。

五、法律责任

(一) 煤矿建设阶段的处罚

煤矿建设工程安全设施设计未经煤矿安全监察机构审查同意,擅自施工的,由煤矿安全监察机构责令停止施工;拒不执行的,由煤矿安全监察机构移送地质矿产主管部门依法吊销采矿许可证。

煤矿建设工程安全设施和条件未经验收或者验收不合格,擅自投入生产的,由煤矿安全监察机构责令停止生产,处 5 万元以上 10 万元以下的罚款;拒不停止生产的,由煤矿安全监察机构移送地质矿产主管部门依法吊销采矿许可证。

(二) 煤矿生产阶段的处罚

煤矿矿井通风、防火、防水、防瓦斯、防毒、防尘等安全设施和条件不符合国家安全标准、行业安全标准、《煤矿安全规程》和行业技术规范的要求,经煤矿安全监察机构责令限期达到要求,逾期仍达不到要求的,由煤矿安全监察机构责令停产整顿;经停产整顿仍不具备安全生产条件的,由煤矿安全监察机构决定吊销安全生产许可证,并移送地质矿产主管部门依法吊销采矿许可证。

煤矿作业场所未使用专用防爆电气设备、专用发爆器、人员专用升降容器或者使用明火明电照明,经煤矿安全监察机构限期改正,逾期不改正的,由煤矿安全监察机构责令停产整顿,并可以处 3 万元以下的罚款。

煤矿未依法提取或者使用煤矿安全技术措施专项费用,或者使用不符合安全标准的设备、器材、仪器、仪表、防护用品,经煤矿安全监察机构责令限期改正或者责令立即停止使用，逾期不改正或者不立即停止使用的，由煤矿安全监察机构处 5 万元以下的罚款；情节严重的，由煤矿安全监察机构责令停产整顿；对直接负责的主管人员和其他直接人员，依法给予纪律处分。

煤矿作业场所的瓦斯、粉尘或者其他有毒有害气体的浓度超过国家安全标准或者行业安全标准，经煤矿安全监察机构责令立即停止作业，拒不停止作业的，由煤矿安全监察机构责令停产整顿，可以处 10 万元以下的罚款。

煤矿擅自开采保安煤柱，或者采用危及相邻煤矿生产安全的决水、爆破、贯通巷道等危险方法进行采矿作业，经煤矿安全监察人员责令立即停止作业，拒不停止作业的，由煤矿安全监察机构决定吊销安全生产许可证，并移送地质矿产主管部门吊销采矿许可证；构成犯罪的，依法追究刑事责任；造成损失的，依法承担赔偿责任。

（三）煤矿安全培训方面的处罚

煤矿矿长不具备安全专业知识，或者特种作业人员未取得操作资格证书上岗作业，经煤矿安全监察机构责令限期改正，逾期不改正的，责令停产整顿；调整配备合格人员并经复查合格后，方可恢复生产。

煤矿分配职工上岗作业前未进行安全教育、培训，经煤矿安全监察机构责令限期改正，逾期不改正的，由煤矿安全监察机构处 4 万元以下的罚款；情节严重的，由煤矿安全监察机构责令停产整顿；对直接负责的主管人员和其他直接责任人员，依法给予纪律处分。

（四）违章指挥方面的处罚

煤矿矿长或者有关主管人员违章指挥工人或者强令工人违章、冒险作业的，对工人屡次违章作业熟视无睹，不加制止的，对重大事故预兆或者已发现的事故隐患不及时采取措施的，拒不执行煤矿安全监察机构及其煤矿安全监察人员的安全监察指令的，由煤矿安全监察机构给予警告；造成严重后果，构成犯罪的，依法追究刑事责任。

（五）拒绝检查、提供虚假情况和隐瞒事故隐患的处罚

煤矿有关人员拒绝、阻碍煤矿安全监察机构及其煤矿安全监察人员现场检查，或者提供虚假情况，或者隐瞒存在的事故隐患及其他安全问题的，由煤矿安全监察机构给予警告，可以并处 5 万元以上 10 万元以下的罚款；情节严重的，由煤矿安全监察机构责令停产整顿；对直接负责的主管人员和其他直接责任人员，依法给予撤职直至开除的纪律处分。

（六）妨碍事故调查处理的处罚

煤矿发生事故，有不按规定及时、如实报告煤矿事故的，伪造、故意破坏煤矿事故现场的，阻碍、干涉煤矿事故调查工作，拒绝接受调查取证、提供有关情况和资料的，由煤矿安全监察机构给予警告，可以并处 3 万元以上 15 万元以下的罚款；情节严重的，由煤矿安全监察机构责令停产整顿；对直接负责的主管人员和其他直接责任人员，依法给予降级直至开除的纪律处分；构成犯罪的，依法追究刑事责任。

（七）安全监察人员违法行政的处罚

煤矿安全监察人员滥用职权、玩忽职守、徇私舞弊，应当发现而没有发现煤矿事故隐患或者影响煤矿安全的违法行为，或者发现事故隐患，或者影响煤矿安全的违法行为不及时处理或者报告，或者有违反《煤矿安全监察条例》第十九条规定行为之一，构成犯罪的，依法追究刑事责任；尚不构成犯罪的，依法给予行政处分。

第二节 国务院关于预防煤矿生产安全事故的特别规定

《国务院关于预防煤矿生产安全事故的特别规定》(以下简称《特别规定》)于2005年9月3日中华人民共和国国务院令第446号公布,自公布之日起施行,且根据2013年7月18日《国务院关于废止和修改部分行政法规的决定》修订。

一、《特别规定》的指导原则

(一)采取综合措施,建立预防煤矿生产安全事故的长效机制

遏制煤矿生产安全事故必须采取综合措施,增强煤矿企业安全生产的责任意识。《特别规定》明确容易引发事故的主要隐患,加强证照管理,保证煤矿职工教育培训,强化停产整顿和关闭措施,发挥社会舆论监督作用,加重对违法行为的处罚,为预防煤矿生产安全事故提供制度保障。

(二)强化源头监管,突出对煤矿生产安全事故的预防

"安全第一、预防为主、综合治理"是搞好安全生产的治本之策。《特别规定》在煤矿安全监督管理的事前预防、事中应急和事后惩处的整个过程中,重视和加强事前预防,及时消除事故隐患,防患于未然,是最为关键的环节。

(三)抓住关键环节,落实安全生产责任

遏制煤矿生产安全事故的发生,必须落实有关方面的安全生产责任,特别是突出煤矿企业在预防煤矿生产安全事故中的主体责任,《特别规定》明确和加重地方人民政府及其煤矿安全监管部门和煤矿安全监察机构在预防事故中的责任,实行严格的责任追究制度。

(四)严肃惩处煤矿安全生产领域的腐败行为

从已经查处的案件看,相当一些重大事故的背后都存在着腐败行为,有的领导干部、执法人员与矿主搞权钱交易,充当非法矿主的保护伞,有的甚至直接参与办矿。《特别规定》在惩治腐败方面作出了相应的规定。

二、煤矿企业的职责

煤矿企业及其主要负责人作为煤炭生产者和主要经营管理人员,负有安全生产的义务,对预防煤矿生产安全事故承担主要责任。

(一)煤矿企业是预防煤矿生产安全事故的责任主体

《特别规定》第二条规定:"煤矿企业是预防煤矿生产安全事故的责任主体。煤矿企业负责人(包括一些煤矿企业的实际控制人,下同)对预防煤矿生产安全事故负主要责任。"这里讲的煤矿企业负责人包括一些煤矿企业的实际控制人,他们对预防煤矿生产安全事故负主要责任。

(二)煤矿企业应当建立健全安全生产隐患排查、治理和报告制度

《特别规定》第九条第一款规定:"煤矿企业应当建立健全安全生产隐患排查、治理和报告制度。煤矿企业应当对本规定第八条第二款所列情形定期组织排查,并将排查情况每季度向县级以上地方人民政府负责煤矿安全生产监督管理的部门、煤矿安全监察机构写出书面报告。报告应当经煤矿企业负责人签字。"

(三)加强井下作业人员的安全生产教育和培训

《特别规定》第十六条第一款规定:"煤矿企业应当依照国家有关规定对井下作业人员

进行安全生产教育和培训，保证井下作业人员具有必要的安全生产知识，熟悉有关安全生产规章制度和安全操作规程，掌握本岗位的安全操作技能，并建立培训档案。未进行安全生产教育和培训或者经教育和培训不合格的人员不得下井作业。”

（四）煤矿企业负责人和生产经营管理人员下井带班

《特别规定》第二十一条第一款规定：“煤矿企业负责人和生产经营管理人员应当按照国家规定轮流带班下井，并建立下井登记档案。”

（五）免费发放职工安全手册

《特别规定》第二十二条规定：“煤矿企业应当免费为每位职工发放煤矿职工安全手册。煤矿职工安全手册应当载明职工的权利、义务，煤矿重大安全生产隐患的情形和应急保护措施、方法以及安全生产隐患和违法行为的举报电话、受理部门。”

（六）严格执行执法部门的指令

《特别规定》第十八条规定：“煤矿拒不执行县级以上地方人民政府负责煤矿安全生产监督管理的部门或者煤矿安全监察机构依法下达的执法指令的，由颁发证照的部门吊销矿长资格证和矿长安全资格证；构成违反治安管理行为的，由公安机关依照治安管理的法律、行政法规的规定处罚；构成犯罪的，依法追究刑事责任。”

三、政府部门履行安全生产监督管理的职责

地方人民政府和有关部门在预防煤矿生产安全事故方面起着十分重要的作用，必须将监管的重点放在预防事故发生上，从源头上负起监管的责任。

（一）建立责任制，加强监督检查，及时解决重大问题

《特别规定》第三条规定：“国务院有关部门和地方各级人民政府应当建立并落实预防煤矿生产安全事故的责任制，监督检查煤矿企业预防煤矿生产安全事故的情况，及时解决煤矿生产安全事故预防工作中的重大问题。”

（二）依法查处煤矿重大安全生产隐患和违法行为

《特别规定》第四条第一款规定：“县级以上地方人民政府负责煤矿安全生产监督管理的部门、国家煤矿安全监察机构设在省、自治区、直辖市的煤矿安全监察机构（以下简称煤矿安全监察机构），对所辖区域的煤矿重大安全生产隐患和违法行为负有检查和依法查处的职责。”

（三）依法履行煤矿安全生产行政许可职责

《特别规定》第六条规定：负责颁发采矿许可证、安全生产许可证、营业执照和矿长资格证、矿长安全资格证的部门，应当加强对取得证照煤矿的日常监督管理，促使煤矿持续符合取得证照应当具备的条件。

（四）组织煤矿关闭的实施

《特别规定》第十三条第一款规定：“对提请关闭的煤矿，县级以上地方人民政府负责煤矿安全生产监督管理的部门或者煤矿安全监察机构应当责令立即停止生产；有关地方人民政府应当在7日内作出关闭或者不予关闭的决定，并由其主要负责人签字存档。对决定关闭的，有关地方人民政府应当立即组织实施。”

（五）停产整顿和关闭煤矿的公告

《特别规定》第十九条第一款和第二款规定：“县级以上地方人民政府负责煤矿安全生

产监督管理的部门、煤矿安全监察机构对被责令停产整顿或者关闭的煤矿,应当自煤矿被责令停产整顿或者关闭之日起3日内在当地主要媒体公告。被责令停产整顿的煤矿经验收合格恢复生产的,县级以上地方人民政府负责煤矿安全生产监督管理的部门、煤矿安全监察机构应当自煤矿验收合格恢复生产之日起3日内在同一媒体公告。”

(六) 不得投资入股煤矿

《特别规定》第二十条第一款规定:“国家机关工作人员和国有企业负责人不得违反国家规定投资入股煤矿(依法取得上市公司股票的除外),不得对煤矿的违法行为予以纵容、包庇。”

(七) 及时处理举报事项

《特别规定》第二十三条第一款和第二款规定:“任何单位和个人发现煤矿有本规定第五条第一款和第八条第二款所列情形之一的,都有权向县级以上地方人民政府负责煤矿安全生产监督管理的部门或者煤矿安全监察机构举报。受理的举报经调查属实的,受理举报的部门或者机构应当给予最先举报人1 000元至1万元的奖励,所需费用由同级财政列支。”

四、停产整顿和关闭煤矿的标准与程序

(一) 煤矿企业应当立即停止生产并排除的十五类隐患

《特别规定》第八条规定:“煤矿的通风、防瓦斯、防水、防火、防煤尘、防冒顶等安全设备、设施和条件应当符合国家标准、行业标准,并有防范生产安全事故发生的措施和完善的应急处理预案。

“煤矿有下列重大安全生产隐患和行为的,应当立即停止生产,排除隐患:

“(一) 超能力、超强度或者超定员组织生产的;

“(二) 瓦斯超限作业的;

“(三) 煤与瓦斯突出矿井,未依照规定实施防突措施的;

“(四) 高瓦斯矿井未建立瓦斯抽放系统和监控系统,或者瓦斯监控系统不能正常运行的;

“(五) 通风系统不完善、不可靠的;

“(六) 有严重水患,未采取有效措施的;

“(七) 超层越界开采的;

“(八) 有冲击地压危险,未采取有效措施的;

“(九) 自然发火严重,未采取有效措施的;

“(十) 使用明令禁止使用或者淘汰的设备、工艺的;

“(十一) 年产6万吨以上的煤矿没有双回路供电系统的;

“(十二) 新建煤矿边建设边生产,煤矿改扩建期间,在改扩建的区域生产,或者在其他区域的生产超出安全设计规定的范围和规模的;

“(十三) 煤矿实行整体承包生产经营后,未重新取得安全生产许可证,从事生产的,或者承包方再次转包的,以及煤矿将井下采掘工作面和井巷维修作业进行劳务承包的;

“(十四) 煤矿改制期间,未明确安全生产责任人和安全管理机构的,或者在完成改制后,未重新取得或者变更采矿许可证、安全生产许可证和营业执照的;

"（十五）有其他重大安全生产隐患的。"

（二）煤矿企业停产整顿的条件

（1）煤矿企业存在上述15类重大安全生产隐患和行为，未按照规定定期组织排查并将排查情况每季度向县级以上地方人民政府负责煤矿安全生产监督管理的部门、煤矿安全监察机构写出书面报告，或者报告未经煤矿企业负责人签字的，由县级以上地方人民政府负责煤矿安全生产监督管理的部门或者煤矿安全监察机构责令限期改正；逾期未改正的，责令停产整顿，并对煤矿企业负责人处3万元以上15万元以下的罚款。

（2）煤矿企业存在上述15类重大安全生产隐患和行为之一，仍然进行生产的，由县级以上地方人民政府负责煤矿安全生产监督管理的部门或者煤矿安全监察机构责令停产整顿，提出整顿的内容、时间等具体要求，处50万元以上200万元以下的罚款；对煤矿企业负责人处3万元以上15万元以下的罚款。

（3）煤矿企业未依照国家有关规定对井下作业人员进行安全生产教育和培训或者特种作业人员无证上岗的，应当责令限期改正，处10万元以上50万元以下的罚款；逾期未改正的，责令停产整顿。

（三）煤矿关闭的标准

（1）《特别规定》第五条第一款规定："煤矿未依法取得采矿许可证、安全生产许可证、营业执照和矿长未依法取得矿长资格证、矿长安全资格证的，煤矿不得从事生产。擅自从事生产的，属非法煤矿。"对于非法煤矿，负责颁发证照的部门，应于发现后2日内提请当地县级以上地方人民政府予以关闭。

（2）《特别规定》第十条规定：煤矿存在本规定第八条的15类安全生产隐患和行为，在3个月内发现2次或者2次以上仍然进行生产的，县级以上地方人民政府负责煤矿安全生产监督管理的部门、煤矿安全监察机构应当提请有关地方人民政府关闭该煤矿。

（3）《特别规定》第十一条规定：被责令停产整顿的煤矿整改结束要求恢复生产的，由县级以上地方人民政府负责煤矿安全生产监督管理的部门组织验收。验收合格的，经组织验收的地方人民政府负责煤矿安全生产监督管理的部门的主要负责人签字，并经有关煤矿安全监察机构审核同意，报请有关地方人民政府主要负责人签字批准，颁发证照的部门发还证照，方可恢复生产；验收不合格的，由有关地方人民政府予以关闭。

（4）《特别规定》第十一条规定：被责令停产整顿的煤矿擅自从事生产的，县级以上地方人民政府负责煤矿安全生产监督管理的部门、煤矿安全监察机构应当提请有关地方人民政府予以关闭。

（5）《特别规定》第十七条规定："县级以上地方人民政府负责煤矿安全生产监督管理的部门、煤矿安全监察机构在监督检查中，1个月内3次或者3次以上发现煤矿企业未依照国家有关规定对井下作业人员进行安全生产教育和培训或者特种作业人员无证上岗的，应当提请有关地方人民政府对该煤矿予以关闭。"

（四）关闭煤矿应达到的要求

关闭煤矿应当达到下列要求：吊销相关证照；停止供应并处理火工用品；停止供电，拆除矿井生产设备、供电、通信线路；封闭、填实矿井井筒，平整井口场地，恢复地貌；妥善遣散从业人员。

（五）停产和关闭的特殊规定

《特别规定》第十五条规定："煤矿存在瓦斯突出、自然发火、冲击地压、水害威胁等重大安全生产隐患，该煤矿在现有技术条件下难以有效防治的，县级以上地方人民政府负责煤矿安全生产监督管理的部门、煤矿安全监察机构应当责令其立即停止生产，并提请有关地方人民政府组织专家进行论证。专家论证应当客观、公正、科学。有关地方人民政府应当根据论证结论，作出是否关闭煤矿的决定，并组织实施。"

（六）煤矿关闭的程序和要求

(1) 立即停止生产。对提请关闭的煤矿，县级以上地方人民政府负责煤矿安全生产监督管理的部门或者煤矿安全监察机构应当责令立即停止生产。

(2) 作出是否关闭的决定。有关地方人民政府应当在 7 日内作出关闭或者不予关闭的决定，并由其主要负责人签字存档。

(3) 组织实施。对决定关闭的煤矿，有关地方人民政府应当立即组织实施。

(4) 达到关闭要求。

五、法律责任

(1)《特别规定》第四条规定：县级以上地方人民政府负责煤矿安全生产监督管理的部门、煤矿安全监察机构不依法履行职责，不及时查处所辖区域的煤矿重大安全生产隐患和违法行为的，对直接责任人和主要负责人，根据情节轻重，给予记过、记大过、降级、撤职或者开除的行政处分。

(2)《特别规定》第五条规定：煤矿未依法取得采矿许可证、安全生产许可证、营业执照和矿长未依法取得矿长资格证、矿长安全资格证的，煤矿不得从事生产。擅自从事生产的，属非法煤矿。负责颁发证照的部门发现煤矿无证照或者证照不全从事生产的，应当责令该煤矿立即停止生产，没收违法所得和开采出的煤炭及采掘设备，并处违法所得 1 倍以上 5 倍以下的罚款。

(3)《特别规定》第六条规定：负责颁发采矿许可证、安全生产许可证、营业执照和矿长未依法取得矿长资格证、矿长安全资格证的部门，向不符合法定条件的煤矿或者矿长颁发有关证照的，对直接责任人和主要负责人，根据情节轻重，给予记过、记大过、降级、撤职或者开除的行政处分。颁发证照的部门不依法履行日常监督管理职责的，对主要负责人，根据情节轻重，给予记过、记大过、降级、撤职或者开除的行政处分。

(4)《特别规定》第七条规定：在乡、镇人民政府所辖区域内发现有非法煤矿并且没有采取有效制止措施的，对乡、镇人民政府的主要负责人及负有责任的相关负责人，根据情节轻重，给予降级、撤职或者开除的行政处分；在县级人民政府所辖区域内 1 个月内发现 2 处或者 2 处以上非法煤矿并且没有采取有效制止措施的，对县级人民政府的主要负责人及负有责任的相关负责人，根据情节轻重，给予降级、撤职或者开除的行政处分。其他有关机关和部门对存在非法煤矿负有责任的，对主要负责人，属于行政机关人员的，根据情节轻重，给予记过、记大过、降级或者开除的行政处分；不属于行政机关工作人员的，建议有关机关和部门给予相应的处分。

(5)《特别规定》第九条规定：煤矿企业应当建立健全安全生产隐患排查、治理和报告制度。煤矿应当对本规定第八条第二款所列情形定期组织排查，并将排查情况每季度向县级以上地方人民政府负责煤矿安全生产监督管理的部门、煤矿安全监察机构写出书面报告，且报告应当经煤矿企业负责人签字。煤矿企业未依照前款规定排查和报告的，由县级以上地方人民政府负责煤矿安全生产监督管理的部门或者煤矿安全监察机构责令限期改正；逾期未改正的，责令停产整顿，并对煤矿企业负责人处3万元以上15万元以下的罚款。

(6)《特别规定》第十条规定：煤矿有本规定第八条第二款所列情形之一，仍然进行生产的，由县级以上地方人民政府负责煤矿安全生产监督管理的部门或者煤矿安全监察机构责令停产整顿，提出整顿的内容、时间等具体要求，处50万元以上200万元以下的罚款；对煤矿企业负责人处3万元以上15万元以下的罚款。对3个月内2次或者2次以上发现有重大安全生产隐患，仍然进行生产的煤矿，县级以上地方人民政府负责煤矿安全生产监督管理的部门、煤矿安全监察机构应当提请有关地方人民政府关闭该煤矿，并由颁发证照的部门立即吊销矿长资格证和矿长安全资格证，该煤矿的法定代表人和矿长5年内不得再担任任何煤矿的法定代表人或者矿长。

(7)《特别规定》第十一条规定：对被责令停产整顿的煤矿，颁发证照的部门应当暂扣采矿许可证、安全生产许可证、营业执照和矿长资格证、矿长安全资格证。被责令停产整顿的煤矿应当制定整改方案，落实整改措施和安全技术规定；整改结束后要求恢复生产的，应当由县级以上地方人民政府负责煤矿安全生产监督管理的部门自收到恢复生产申请之日起60日内组织验收完毕；验收合格的，经组织验收的地方人民政府负责煤矿安全生产监督管理的部门的主要负责人签字，并经有关煤矿安全监察机构审核同意，报请有关地方人民政府主要负责人签字批准，颁发证照的部门发还证照，煤矿方可恢复生产；验收不合格的，由有关地方人民政府予以关闭。被责令停产整顿的煤矿擅自从事生产的，县级以上地方人民政府负责煤矿安全生产监督管理的部门、煤矿安全监察机构应当提请有关地方人民政府予以关闭，没收违法所得，并处违法所得1倍以上5倍以下的罚款；构成犯罪的，依法追究刑事责任。

(8)《特别规定》第十二条规定：对被责令停产整顿的煤矿，在停产整顿期间，由有关地方人民政府采取有效措施进行监督检查。因监督检查不力，煤矿在停产整顿期间继续生产的，对直接责任人，根据情节轻重，给予降级、撤职或者开除的行政处分；对有关负责人，根据情节轻重，给予记大过、降级、撤职或者开除的行政处分。

(9)《特别规定》第十三条规定：关闭煤矿未达到前款规定要求的，对组织实施关闭的地方人民政府及其有关部门的负责人和直接责任人给予记过、记大过、降级、撤职或者开除的行政处分；构成犯罪的，依法追究刑事责任。

(10)《特别规定》第十六条规定：县级以上地方人民政府负责煤矿安全生产监督管理的部门应当对煤矿井下作业人员的安全生产教育和培训情况进行监督检查；煤矿安全监察机构应当对煤矿特种作业人员持证上岗情况进行监督检查。发现煤矿企业未依照国家有关规定对井下作业人员进行安全生产教育和培训或者特种作业人员无证上岗的，应当责令限期改正，处10万元以上50万元以下的罚款；逾期未改正的，责令停产整顿。县级以上地方人民政府负责煤矿安全生产监督管理的部门、煤矿安全监察机构未履行前款规定的监督检查职责的，对主要负责人，根据情节轻重，给予警告、记过或者记大过的行政处分。

(11)《特别规定》第十七条规定：县级以上地方人民政府负责煤矿安全生产监督管理的部门、煤矿安全监察机构在监督检查中，1个月内3次或者3次以上发现煤矿企业未依照国家有关规定对井下作业人员进行安全生产教育和培训或者特种作业人员无证上岗的，应当提请有关地方人民政府对该煤矿予以关闭。

(12)《特别规定》第十八条规定：煤矿拒不执行县级以上地方人民政府负责煤矿安全生产监督管理的部门或者煤矿安全监察机构依法下达的执法指令的，由颁发证照的部门吊销矿长资格证和矿长安全资格证。

(13)《特别规定》第十九条规定：县级以上地方人民政府负责煤矿安全生产监督管理的部门、煤矿安全监察机构对被责令停产整顿或者关闭的煤矿，应当自煤矿被责令停产整顿或者关闭之日起3日内在当地主要媒体公告。被责令停产整顿的煤矿经验收合格恢复生产的，县级以上地方人民政府负责煤矿安全生产监督管理的部门、煤矿安全监察机构应当自煤矿验收合格恢复生产之日起3日内在同一媒体公告。县级以上地方人民政府负责煤矿安全生产监督管理的部门、煤矿安全监察机构未依照本条第一款、第二款规定进行公告的，对有关负责人，根据情节轻重，给予警告、记过、记大过或者降级的行政处分。

(14)《特别规定》第二十条规定：国家机关工作人员和国有企业负责人不得违反国家规定投资入股煤矿(依法取得上市公司股票的除外)，不得对煤矿的违法行为予以纵容、包庇。国家行政机关工作人员和国有企业负责人违反前款规定的，根据情节轻重，给予降级、撤职或者开除的处分；构成犯罪的，依法追究刑事责任。

(15)《特别规定》第二十一条规定：煤矿企业负责人和生产经营管理人员应当按照国家规定轮流带班下井，并建立下井登记档案。县级以上地方人民政府负责煤矿安全生产监督管理的部门或者煤矿安全监察机构发现煤矿企业在生产过程中，1周内其负责人或者生产经营管理人员没有按照国家规定带班下井，或者下井登记档案虚假的，责令改正，并对该煤矿企业处3万元以上15万元以下的罚款。

(16)《特别规定》第二十二条规定：煤矿企业应当免费为每位职工发放煤矿职工安全手册。煤矿企业没有为每位职工发放符合要求的职工安全手册的，由县级以上地方人民政府负责煤矿安全生产监督管理的部门或者煤矿安全监察机构责令限期改正；逾期未改正的，处5万元以下的罚款。

(17)《特别规定》第二十三条规定：任何单位和个人发现煤矿有本规定第五条第一款和第八条第二款所列情形之一的，都有权向县级以上地方人民政府负责煤矿安全生产监督管理的部门或者煤矿安全监察机构举报。县级以上地方人民政府负责煤矿安全生产监督管理的部门或者煤矿安全监察机构接到举报后，应当及时调查处理；不及时调查处理的，对有关责任人，根据情节轻重，给予警告、记过、记大过或者降级的行政处分。

第三节 国务院关于特大安全事故行政责任追究的规定

《国务院关于特大安全事故行政责任追究的规定》(以下简称《行政责任追究规定》)于2001年4月21日以中华人民共和国国务院令第302号公布，自公布之日起施行。

一、责任追究的主体

《行政责任追究规定》确定的有关行政责任人包括地方人民政府的主要领导人，地方政府负责安全事项行政审批和安全监督管理的有关部门、机构的正职负责人，国务院有关部门的正职负责人。地方人民政府和有关部门对特大安全事故的防范、发生直接负责的主管人员和其他直接责任人员，比照上述人员追究行政责任。

二、责任追究的事故种类

《行政责任追究规定》确定的特大安全事故行政责任追究的范围为：特大火灾事故，特大交通安全事故，特大建筑质量安全事故，民用爆炸物品和化学危险品特大安全事故，煤矿和其他矿山特大安全事故，锅炉、压力容器、压力管道和特种设备特大安全事故，其他特大安全事故。

《行政责任追究规定》指出：特大安全事故的具体标准，由国务院安全生产监督管理部门会同国务院有关部门，根据不同行业的事故发生情况具体确定，报国务院批准后执行。

三、地方各级人民政府的安全职责

依据《行政责任追究规定》，各级地方人民政府及有关部门应当履行下列安全职责：

(1) 地方各级人民政府应当每个季度至少召开一次防范特大安全事故工作会议，由政府主要领导人或者政府主要领导人委托政府分管领导人召集有关部门正职负责人参加，分析、布置、督促、检查本地区防范特大安全事故的工作。会议应当作出决定并形成纪要，会议确定的各项防范措施必须严格实施。

(2) 市(地、州)、县(市、区)人民政府应当组织有关部门按照职责分工对本地区容易发生特大安全事故的单位、设施和场所安全事故的防范明确责任、采取措施，并组织有关部门对上述单位、设施和场所进行严格检查。

(3) 市(地、州)、县(市、区)人民政府必须制定本地区特大安全事故应急处理预案。本地区特大安全事故应急处理预案经政府主要领导人签署后，报上一级人民政府备案。

(4) 市(地、州)、县(市、区)人民政府应当组织有关部门对本规定第二条所列各类特大安全事故的隐患进行查处；发现特大安全事故隐患的，责令立即排除；特大安全事故隐患排除前或者排除过程中，无法保证安全的，责令暂时停产、停业或者停止使用。法律、行政法规对查处机关另有规定的，依照其规定。

(5) 市(地、州)、县(市、区)人民政府及其有关部门对本地区存在的特大安全事故隐患，超出其管辖或者职责范围的，应当立即向有管辖权或者负有职责的上级人民政府或者政府有关部门报告；情况紧急的，可以立即采取包括责令暂时停产、停业在内的紧急措施，同时报告；有关上级人民政府或者政府有关部门接到报告后，应当立即组织查处。

(6) 特大安全事故发生后，有关地方人民政府应当迅速组织救助，有关部门应当服从指挥、调度，参加或者配合救助，将事故损失降到最低限度。

(7) 特大安全事故发生后，省、自治区、直辖市人民政府应当按照国家有关规定迅速、如实发布事故消息。

四、行政审批部门、机构及有关负责人的职责及责任追究规定

(1)《行政责任追究规定》第十一条规定："依法对涉及安全生产事项负责行政审批(包括批准、核准、许可、注册、认证、颁发证照、竣工验收等，下同)的政府部门或者机构，必须严格依照法律、法规和规章规定的安全条件和程序进行审查；不符合法律、法规和规章规定的安全条件的，不得批准；不符合法律、法规和规章规定的安全条件，弄虚作假，骗取批准或者勾结串通行政审批工作人员取得批准的，负责行政审批的政府部门或者机构除必须立即撤

销原批准外，应当对弄虚作假骗取批准或者勾结串通行政审批工作人员的当事人依法给予行政处罚；构成行贿罪或者其他罪的，依法追究刑事责任。

“负责行政审批的政府部门或者机构违反前款规定，对不符合法律、法规和规章规定的安全条件予以批准的，对部门或者机构的正职负责人，根据情节轻重，给予降级、撤职直至开除公职的行政处分；与当事人勾结串通的，应当开除公职；构成受贿罪、玩忽职守罪或者其他罪的，依法追究刑事责任。”

(2)《行政责任追究规定》第十二条规定：“对依照本规定第十一条第一款的规定取得批准的单位和个人，负责行政审批的政府部门或者机构必须对其实施严格监督检查；发现其不再具备安全条件的，必须立即撤销原批准。

“负责行政审批的政府部门或者机构违反前款规定，不对取得批准的单位和个人实施严格监督检查，或者发现其不再具备安全条件而不立即撤销原批准的，对部门或者机构的正职负责人，根据情节轻重，给予降级或者撤职的行政处分；构成受贿罪、玩忽职守罪或者其他罪的，依法追究刑事责任。”

(3)《行政责任追究规定》第十三条规定：“对未依法取得批准，擅自从事有关活动的，负责行政审批的政府部门或者机构发现或者接到举报后，应当立即予以查封、取缔，并依法给予行政处罚；属于经营单位的，由工商行政管理部门依法相应吊销营业执照。

“负责行政审批的政府部门或者机构违反前款规定，对发现或者举报的未依法取得批准而擅自从事有关活动的，不予查封、取缔、不依法给予行政处罚，工商行政管理部门不予吊销营业执照的，对部门或者机构的正职负责人，根据情节轻重，给予降级或者撤职的行政处分；构成受贿罪、玩忽职守罪或者其他罪的，依法追究刑事责任。”

五、发生特大事故的责任追究规定

《行政责任追究规定》第十四条规定：“市(地、州)、县(市、区)人民政府依照本规定应当履行职责而未履行，或者未按照规定的职责和程序履行，本地区发生特大安全事故的，对政府主要领导人，根据情节轻重，给予降级或者撤职的行政处分；构成玩忽职守罪的，依法追究刑事责任。

“负责行政审批的政府部门或者机构、负责安全监督管理的政府有关部门，未依照本规定履行职责，发生特大安全事故的，对部门或者机构的正职负责人，根据情节轻重，给予撤职或者开除公职的行政处分；构成玩忽职守罪或者其他罪的，依法追究刑事责任。”

《行政责任追究规定》第十五条规定：“发生特大安全事故，社会影响特别恶劣或者性质特别严重的，由国务院对负有领导责任的省长、自治区主席、直辖市市长和国务院有关部门正职负责人给予行政处分。”

《行政责任追究规定》第十六条规定：“特大安全事故发生后，有关县(市、区)、市(地、州)和省、自治区、直辖市人民政府及政府有关部门应当按照国家规定的程序和时限立即上报，不得隐瞒不报、谎报或者拖延报告，并应当配合、协助事故调查，不得以任何方式阻碍、干涉事故调查。

“特大安全事故发生后，有关地方人民政府及政府有关部门违反前款规定的，对政府主要领导人和政府部门正职负责人给予降级的行政处分。”

《行政责任追究规定》第二十条规定：“地方人民政府或者政府部门阻挠、干涉对特大安全事故有关责任人员追究行政责任的，对该地方人民政府主要领导人或者政府部门正职负责人，根据情节轻重，给予降级或者撤职的行政处分。”

第四节 生产安全事故报告和调查处理条例

《生产安全事故报告和调查处理条例》经 2007 年 3 月 28 日国务院第 172 次常务会议通过，自 2007 年 6 月 1 日起施行。

一、事故报告和调查处理的基本规定

（一）事故调查处理的原则

《生产安全事故报告和调查处理条例》规定：“事故调查处理应当坚持实事求是、尊重科学的原则”。事故调查是一项严肃的工作，必须以尊重事实、尊重科学的态度对事故发生的经过、伤亡和经济损失的情况、事故原因、事故性质、事故责任进行全面深入和完整准确地调查，搜集证据材料，去伪存真，得出真实、科学的事故调查结论。该条例对事故调查处理原则的规定体现在 4 个方面：及时、准确地查清事故经过、事故原因和事故损失；查明事故性质，认定事故责任；总结事故教训，提出整改措施；对事故责任者依法追究责任。

（二）《生产安全事故报告和调查处理条例》的适用范围

1. 普遍适用

《生产安全事故报告和调查处理条例》第二条规定：“生产经营活动中发生的造成人身伤亡或者直接经济损失的生产安全事故的报告和调查处理，适用本条例”。鉴于《生产安全事故报告和调查处理条例》是《安全生产法》的配套行政法规，因此其适用的空间范围、主体范围和行为范围与上位法是一致的。

2. 衔接适用

《生产安全事故报告和调查处理条例》第四十五条规定：“特别重大事故以下等级事故的报告和调查处理，有关法律、行政法规或者国务院另有规定的，依照其规定。”为了体现某些事故的报告和调查处理工作的特殊性，并与相关法律、行政法规相衔接，在保证国家行使对各类特别重大事故调查处理的最高行政权和普遍适用本条例关于事故报告、调查和处理程序基本规定的前提下，允许一些特殊行业依照有关法律、行政法规和国务院的特别规定报告和调查处理重大事故、较大事故和一般事故。这样规定，解决了不同种类事故的报告和调查处理是适用普通法还是适用特别法的问题。

3. 选择适用

《生产安全事故报告和调查处理条例》第四十四条第一款规定：“没有造成人员伤亡，但是社会影响恶劣的事故，国务院或者有关地方人民政府认为需要调查处理的，依照本条例的有关规定执行。”在实践中也有一些没有造成人员伤亡或者人员伤亡达不到相应等级，但是社会影响恶劣的事故，这类事故是否需要调查处理，其选择决定权属于国务院和有关地方人民政府。如果决定调查处理的，由有关人民政府依照该条例关于该级人民政府组织事故调查处理的规定执行。

4. 参照适用

《生产安全事故报告和调查处理条例》第四十四条第二款规定：“国家机关、事业单位、

人民团体发生的事故的报告和调查处理，参照本条例的规定执行。”各类事故中也有一些发生在国家机关、事业单位和人民团体等社会组织，这些事故发生单位虽不同于生产经营单位，但也会造成人身伤亡、直接经济损失或恶劣的社会影响，具有危害性和违法性，应当依法报告和调查处理。

5. 排除适用

《生产安全事故报告和调查处理条例》第二条规定：“环境污染事故、核设施事故、国防科研生产事故的报告和调查处理不适用本条例”。鉴于上述事故的报告和调查处理非常特殊，并且国家已有相关法律规定，所以该条例对其作出了排除适用的规定。

（三）生产安全事故分级

1. 事故定级的要素

事故定级要素的界定必须从各类事故侵犯的相关主体、社会关系和危害后果等方面来考虑。《生产安全事故报告和调查处理条例》规定的事故分级要素有3个，可以单独适用。

(1) 人员伤亡的数量(人身要素)。安全生产和事故调查处理都要以人为本，最大限度地保护从业人员的生命安全。事故危害的最严重后果，就是造成人员死亡、重伤(中毒)。因此《生产安全事故报告和调查处理条例》将人员伤亡的数量列为事故分级的第一要素。

(2) 直接经济损失的数额(经济要素)。事故不仅造成人员伤亡，而且经常造成直接经济损失。要保护国家、企业和人民群众的财产权，必须根据造成直接经济损失的多少来区分事故等级。

(3) 社会影响(社会要素)。有些事故的伤亡人数、直接经济损失数额达不到法定标准，但具有恶劣的社会影响、政治影响和国际影响，也必须列为特殊事故进行调查处理，这是维护社会稳定的需要。

2. 通用的事故分级的规定

(1) 特别重大事故，是指造成30人以上死亡，或者100人以上重伤(包括急性工业中毒，下同)，或者1亿元以上直接经济损失的事故。

(2) 重大事故，是指造成10人以上30人以下死亡，或者50人以上100人以下重伤，或者5 000万元以上1亿元以下直接经济损失的事故。

(3) 较大事故，是指造成3人以上10人以下死亡，或者10人以上50人以下重伤，或者1 000万元以上5 000万元以下直接经济损失的事故。

(4) 一般事故，是指造成3人以下死亡，或者10人以下重伤，或者1 000万元以下直接经济损失的事故。

以上规定中的“以上”包括本数，“以下”不包括本数。

3. 特殊的事故分级的规定

(1) 补充分级。除了对事故分级的一般性规定之外，考虑到某些行业事故分级的特点，《生产安全事故报告和调查处理条例》第三条第二款规定：“国务院安全生产监督管理部门可以会同国务院有关部门，制定事故等级划分的补充性规定。”

(2) 社会影响恶劣事故。《生产安全事故报告和调查处理条例》第四十四条关于社会影响恶劣事故报告和调查处理的规定没有明确其事故等级，在实践中可以根据影响大小和危害程度，比照相应等级的事故进行调查处理。

二、生产安全事故报告的规定

（一）报告事故是政府和企业的法定义务和责任

虽然有关地方人民政府及其职能部门和事故发生单位在事故报告和调查处理工作的法律地位、各自的义务和责任不同，但其报告事故的法定义务和责任是共同的。作为监管主体，政府及其职能部门的义务和责任主要是及时掌握并报送事故信息，组织事故应急救援和调查处理。作为生产经营主体，事故发生单位的义务和责任主要是及时、如实报告其事故情况，组织自救，配合和接受事故调查。

（二）事故报告主体

要做到及时报告事故情况，必须明确法定的事故报告主体（义务人）。《生产安全事故报告和调查处理条例》明确的负有事故报告义务的主体主要有5类：

（1）事故发生单位现场人员。从事生产经营作业的从业人员或者其他相关人员，只要发现发生了事故，应当立即报告本单位负责人。

（2）事故单位负责人。事故发生单位主要负责人或者有关负责人接到事故报告后，必须依照《生产安全事故报告和调查处理条例》的规定向有关政府职能部门报告。

（3）有关政府职能部门。县级以上人民政府安全生产综合监督管理部门、负有安全生产监督管理职责的有关部门负有报告事故情况的义务。

（4）有关地方人民政府。不论是哪一级地方人民政府的哪一个有关部门，接到事故报告后都要按照程序向本级人民政府报告。有关地方人民政府负有向上级人民政府报告事故情况的义务。

（5）其他报告义务人。

（三）事故报告对象

发生事故后，作为不同的事故报告主体应当履行各自的报告义务。因此向谁报告，即事故报告的对象必须明确。《生产安全事故报告和调查处理条例》规定的事故报告对象，有事故发生单位和有关行政机关两类。

（1）事故发生单位。发生事故后，现场有关人员应当立即向本单位负责人（包括主要负责人或者有关负责人）报告。单位负责人接到报告后，应当立即报告事故发生地县级以上人民政府安全生产监督管理部门。对于有关人民政府设有负责监管事故发生单位的行业主管部门的，事故发生单位除向安全生产监督管理部门报告外，还要向负有安全生产监督管理职责的有关部门报告。

（2）有关行政机关。按照逐级报告的程序，县级以上人民政府安全生产监督管理部门、负有安全生产监督管理职责的有关部门接到事故发生单位的报告后，其报告对象有两个，一是上一级人民政府安全生产监督管理部门、负有安全生产监督管理职责的有关部门，二是本级人民政府。

（四）事故通知对象

为了便于组织事故调查和开展善后工作，《生产安全事故报告和调查处理条例》除了规定事故报告主体之外，还规定了安全生产监督管理部门、负有安全生产监督管理职责的有关部门接到事故报告后，应当通知同级公安机关、劳动保障行政部门、工会和人民检察院。

（五）事故报告的程序

1. 事故发生单位向政府职能部门报告

《生产安全事故报告和调查处理条例》第九条第一款规定："事故发生后，事故现场有关人员应当立即向本单位负责人报告；单位负责人接到报告后，应当于1小时内向事故发生地县级以上人民政府安全生产监督管理部门和负有安全生产监督管理职责的有关部门报告。"

2. 政府职能部门报告的程序

（1）特别重大事故、重大事故逐级上报至国务院安全生产监督管理部门和负有安全生产监督管理职责的有关部门。

（2）较大事故逐级上报至省、自治区、直辖市人民政府安全生产监督管理部门和负有安全生产监督管理职责的有关部门。

（3）一般事故上报至设区的市级人民政府安全生产监督管理部门和负有安全生产监督管理职责的有关部门。

安全生产监督管理部门和负有安全生产监督管理职责的有关部门依照上面规定上报事故情况后，应当同时报告本级人民政府。国务院安全生产监督管理部门和负有安全生产监督管理职责的有关部门以及省级人民政府接到发生特别重大事故、重大事故的报告后，应当立即报告国务院。

3. 越级报告

（1）事故发生单位越级报告。情况紧急时，事故现场有关人员可以直接向事故发生地县级以上人民政府安全生产监督管理部门和负有安全生产监督管理职责的有关部门报告。

（2）安全生产监督管理部门和有关部门越级报告。必要时，安全生产监督管理部门和负有安全生产监督管理职责的有关部门可以越级上报事故情况。

4. 事故续报、补报

事故报告后出现新情况，事故发生单位、安全生产监督管理部门和负有安全生产监督管理职责的有关部门应当及时补报。自事故发生之日起30日内，事故造成的伤亡人数发生变化的，事故发生单位、安全生产监督管理部门和负有安全生产监督管理职责的有关部门应当及时补报。

（六）事故报告的内容

《生产安全事故报告和调查处理条例》第十二条规定：报告事故应当包括事故发生单位概况；事故发生的时间、地点及事故现场情况；事故的简要经过；事故已经造成或者可能造成的伤亡人数（包括下落不明的人数）和初步估计的直接经济损失；已经采取的措施；其他应当报告的情况。

（七）事故报告的时限

（1）事故发生单位事故报告的时限从事故发生单位负责人接到事故报告时起算，该单位向政府职能部门报告的时限是1小时。

（2）政府职能部门事故报告的时限。县级以上人民政府安全生产监督管理部门和负有安全生产监督管理职责的有关部门向上一级人民政府安全生产监督管理职责部门和负有安全生产监督管理的有关部门逐级报告事故的时限，是每级上报的时间不得超过2小时。安全生产监督管理部门和负有安全生产监督管理职责的有关部门逐级上报事故情况的同时，应当报告本级人民政府。

(3) 法定事故报告时限的界定。《生产安全事故报告和调查处理条例》关于事故报告的法定时限，从事故发生单位发现事故发生和有关人民政府职能部门接到事故报告时起算。超过法定时限且没有正当理由报告事故情况的，为迟报事故并承担相应法律责任。但遇有不可抗力的情况并有证据证明的除外。

(八) 事故应急救援

1. 事故应急救援的重要性

生产安全事故具有突发性和破坏性。许多事故案例证明，大部分事故发生前显露出一定的征兆和苗头。对事故应急救援必须改变没有应急预案和应急保障的被动局面，应当采取积极主动的措施以应急需。由于对可能发生的重大、特大事故没有任何应急预案和救援措施，一些生产经营单位发生重大、特大事故时，事故发生单位和有关人民政府及其负有安全生产监督管理职责的部门往往会束手无策或者措手不及，以致事故现场指挥混乱，各部门配合不力，因而不能及时有效地维持事故现场秩序、抢救和医治受伤人员、防止事故扩大、监控犯罪嫌疑人，结果延误了救援时机，扩大了人员伤亡和财产损失。

2. 事故发生单位的应急救援

《安全生产法》对事故应急救援的规定主要涉及高危生产经营单位的应急救援和事故发生单位主要负责人的责任，为制定《生产安全事故报告和调查处理条例》提供了法律依据。

《安全生产法》将事故应急救援的重点落在高危生产经营单位，第八十二条规定："危险物品的生产、经营、储存单位以及矿山、金属冶炼、城市轨道交通运营、建筑施工单位应当建立应急救援组织；生产经营规模较小的，可以不设应急救援组织，但应当指定兼职的应急救援人员。危险物品的生产、经营、储存单位以及矿山、金属冶炼、城市轨道交通运营、建筑施工单位应当配备必要的应急救援器材、设备和物资，并进行经常性维护、保养，保证正常运转。"依照《安全生产法》的有关规定，《生产安全事故报告和调查处理条例》第十四条规定："事故发生单位负责人接到事故报告后，应当立即启动事故相应应急预案，或者采取有效措施，组织抢救，防止事故扩大，减少人员伤亡和财产损失。"

3. 有关地方人民政府和部门的应急救援

《安全生产法》第八十条第一款规定："县级以上地方各级人民政府应当组织有关部门制定本行政区域内生产安全事故应急救援预案，建立应急救援体系。"第八十五条第一款规定："有关地方人民政府和负有安全生产监督管理职责的部门的负责人接到生产安全事故报告后，应当按照生产安全事故应急救援预案的要求立即赶到事故现场，组织事故抢救。"由此可见，地方各级人民政府领导和实施本地方的事故应急救援工作责无旁贷。

《生产安全事故报告和调查处理条例》第十五条规定再次强调了地方人民政府及其有关部门在事故应急救援工作中的法定职责，其目的在于加强各级人民政府对事故应急救援工作的领导，健全企业自救与政府救援相结合的事故应急救援体系，建立快速、高效的应急救援工作机制，提供完善、可靠的应急救援保障，有效实施事故应急救援。

(九) 事故现场保护

《生产安全事故报告和调查处理条例》第十六条规定："事故发生后，有关单位和人员应当妥善保护事故现场以及相关证据，任何单位和个人不得破坏事故现场、毁灭相关证据。

因抢救人员、防止事故扩大以及疏通交通等原因,需要移动事故现场物件的,应当做出标志,绘制现场简图并作出书面记录,妥善保护现场重要痕迹、物证。”

(十)事故犯罪嫌疑人的控制

《生产安全事故报告和调查处理条例》第十七条规定:“事故发生地公安机关根据事故的情况,对涉嫌犯罪的,应当依法立案侦查,采取强制措施和侦查措施。犯罪嫌疑人逃匿的,公安机关应当迅速追捕归案。”

依照《刑事诉讼法》的有关规定,公安机关具有除人民法院审理的自诉案件,以及人民检察院立案侦查和提起公诉的贪污罪、侵犯公民民主权利罪、渎职罪等案件以外的其他刑事案件的立案侦查的刑事管辖权。对于事故发生单位中涉嫌安全生产犯罪的嫌疑人,公安机关有权依法采取追捕和刑事拘留等强制措施;有权讯问犯罪嫌疑人、证人,对有关场所、物品、人身、尸体进行勘验、检查,搜查犯罪嫌疑人的住所和物品,扣押相关物证、书证,实施刑事鉴定,通缉在逃犯罪嫌疑人等。

(十一)事故举报

有些事故发生后,相关地方人民政府及其安全生产监督管理部门和负有安全生产监督管理职责的有关部门没有发现发生事故或者没有接到事故发生单位的报告时,就需要发动群众报告和举报事故情况,各级人民政府负有安全生产监督管理职责的部门应当建立相关工作制度,受理举报并查处安全生产违法行为。《安全生产法》对此作出了明确规定,《生产安全事故报告和调查处理条例》第十八条再次规定:“安全生产监督管理部门和负有安全生产监督管理职责的有关部门应当建立值班制度,并向社会公布值班电话,受理事故报告和举报。”

三、生产安全事故调查的规定

(一)事故调查处理必须坚持政府领导、分级负责的原则

事故调查处理必须坚持政府领导、分级负责的原则,主要是基于以下考虑:

(1)安全生产实行行政首长负责制。党和国家明确提出,安全生产工作必须实行和强化行政首长负责制,各级地方人民政府对本行政区域内的安全生产工作负总责。

(2)对本行政区域安全生产工作实行统一领导,是各级人民政府的法定权力。《宪法》《国务院组织法》《地方人民政府组织法》明确规定,各级人民政府是国家和地方的政权组织,按照各自的职权分别对国家和地方事务实施行政管理。安全生产工作包括事故调查处理,应当置于各级人民政府统一领导之下。

(3)政府领导、分级负责原则既符合事故调查处理工作的实际需要,又有利于发挥、协调有关部门的作用。强调政府领导、分级负责,不仅不会排斥政府有关部门的作用,反而会在政府统一领导下更好地发挥其职能作用。在有关人民政府不直接组织事故调查的情况下,需要授权或委托有关部门组织事故调查。被授权或受委托的政府部门在本级政府领导下开展事故调查工作,由其牵头组织成立的事故调查组是政府的事故调查组而不是部门的事故调查组。不论有关人民政府授权或委托哪个部门组织事故调查,都需要其他部门的参与和配合。

(4)事故报告、抢救、调查处理和善后工作都要依靠地方人民政府。事故调查工作与事故报告、抢救、调查处理和善后工作是一个有机整体,都离不开地方人民政府的领导。事故

信息报告、事故应急救援和现场抢险、事故调查处理、事故善后和稳定工作、事故责任人的责任追究和落实都要依靠地方政府。

(二) 事故调查的相关规定

1. 有关人民政府直接组织调查

《生产安全事故报告和调查处理条例》第十九条对有关人民政府直接组织事故调查作出了下列规定：

(1) 特别重大事故由国务院或者国务院授权有关部门组织事故调查组进行调查。

(2) 重大事故由事故发生地省级人民政府直接组织事故调查组进行调查。省级人民政府是指省、自治区、直辖市人民政府。

(3) 较大事故由事故发生地设区的市级人民政府直接组织事故调查组进行调查。设区的市级人民政府还包括地区行政公署和民族自治地方的州、盟人民政府。

(4) 一般事故由事故发生地县级人民政府直接组织事故调查组进行调查。其中未造成人员伤亡的，县级人民政府也可委托事故发生单位组织事故调查组进行调查。县级人民政府还包括县级市人民政府和民族自治地方的旗人民政府。

2. 授权或者委托有关部门组织调查

在有关人民政府不直接组织事故调查的情况下，《生产安全事故报告和调查处理条例》对有关人民政府可以授权或者委托有关部门组织事故调查作出了下列规定：

(1) 特别重大事故由国务院授权的部门组织事故调查组进行调查。

(2) 重大事故由事故发生地省级人民政府授权或者委托有关部门组织事故调查组进行调查。

(3) 较大事故由事故发生地设区的市级人民政府授权或者委托有关部门组织事故调查组进行调查。

(4) 一般事故由事故发生地县级人民政府授权或者委托有关部门组织事故调查组进行调查。

该条例中所称的有关部门既包括安全生产监督管理部门，又包括负有安全生产监督管理职责的有关部门。

3. 事故调查的特别规定

(1) 提级调查。对于一些情况复杂、影响恶劣、涉及面宽、调查难度大的事故，上级人民政府认为有必要，可以直接调查由下级人民政府负责调查的事故。《生产安全事故报告和调查处理条例》第二十条关于提级调查的规定，没有限制上级人民政府的层级，在实践中可能提到上一级人民政府，也可能提到上两级人民政府乃至国务院直接组织调查。

(2) 升级调查。有些事故当时根据人员伤亡和直接经济损失情况确定了相应事故等级并由有关人民政府组织调查，但经过一定时间后事故情况有所变化而构成了上一级事故，这就需要按照提升后的事故等级另行组织调查。

(3) 跨行政区域的事故调查。有些事故特别是流动作业事故(如交通运输事故)的发生地跨两个县级以上行政区域，需要确定事故调查主体。对于异地发生事故的调查，《生产安全事故报告和调查处理条例》第二十一条规定："特别重大事故以下等级事故，事故发生地与事故发生单位不在同一个县级以上行政区域的，由事故发生地人民政府负责调查，事故发生单位所在地人民政府应当派人参加。"也就是说，两地有关人民政府负有共同调查跨行政区域事故的职责，双方应当相互支持和配合，任何一方不得拒绝参加事故调查。

4. 法律授权部门组织事故调查

依照《生产安全事故报告和调查处理条例》第十九条的一般规定，国家、省、设区的市、县四级人民政府分别负责特别重大事故、重大事故、较大事故、一般事故的调查工作。

此外，国家制定的有关法律、行政法规中直接对组织事故调查的主体作出了特殊规定，即由法定政府部门直接组织一些特殊事故的调查。也就是说，按照现行法律规定，有关人民政府是事故调查的一般主体，法律授权部门是事故调查主体中的特殊主体。目前，对法律授权部门直接组织事故调查有明确规定的法律法规主要有《海上交通安全法》《海上交通事故调查处理条例》《铁路交通事故应急救援和调查处理条例》《煤矿安全监察条例》等。法律、行政法规授权负责组织事故调查的部门，也要依靠有关地方人民政府的支持和配合。

必须指出，由法律授权部门直接组织事故调查，是政府领导、分级负责组织事故调查的一种特殊形式。法律授权部门也要在本级人民政府领导下开展事故调查。不论是政府授权或者委托组织事故调查的部门，还是法律、行政法规授权直接组织事故调查的部门，都必须接受有关人民政府的领导，而不能各行其是。即便是法律授权部门所提交的事故调查报告和作出的事故批复，也要征求事故发生地有关地方人民政府的意见，并报本级人民政府同意。

（三）事故调查组的地位及其职责

确定事故调查组的法律地位，明确法定的事故调查参与单位，严格履行法定的事故调查职责，建立和谐高效的工作机制，维护事故调查组的统一性和权威性，对于查明事故情况、认定事故原因和性质、实施事故责任追究和进行事故防范十分重要。

1. 参与事故调查的单位

(1) 事故调查组的成员单位

《生产安全事故报告和调查处理条例》第二十二条规定："事故调查组的组成应当遵循精简、效能的原则。根据事故的具体情况，事故调查组由有关人民政府、安全生产监督管理部门、负有安全生产监督管理职责的有关部门、监察机关、公安机关以及工会派人组成"。

(2) 事故调查的邀请单位

检察机关是国家法律监督机关，依法负有追究国家工作人员职务犯罪的职责。检察机关参加事故调查，既有利于支持、协助有关人民政府部门调查处理事故，又有利于履行法定职责。《生产安全事故报告和调查处理条例》第二十二条规定，应当邀请人民检察院派人参加事故调查。这里需要注意3个问题：

① 事故责任人中的国家工作人员涉嫌犯罪，是邀请检察机关参加事故调查的前提条件。生产安全事故的性质有责任事故与非责任事故之分，事故责任人的法律责任既有行政责任，又有刑事责任。有的责任人既要负行政责任又要负刑事责任，有的只负行政责任不负刑事责任。有关事故责任人中的国家工作人员是否应负刑事责任，不可能事先确定，只有经过调查才能确定。因此有必要邀请人民检察院派人参加事故调查。

② 检察机关与行政机关在事故调查中的职责不同，但目标一致。检察机关参与事故调查主要是依照《刑法》《刑事诉讼法》《安全生产法》等法律，负责对生产安全事故涉嫌职务犯罪的国家工作人员立案侦查、拘捕和起诉，目的是惩治安全生产犯罪分子。行政机关的职责主要是查明事故原因，认定事故性质，提出事故责任追究的意见、建议和实施行政处罚。

检察机关与行政机关同属国家机关，虽然职责分工不同，但是其共同目标都是依法制裁安全生产违法犯罪者，共同构建安全生产法律秩序。

③ 调查组成员单位与检察机关应当相互支持配合。两者在事故调查中应当加强相互联系和支持，紧密合作，沟通协商，共同完成事故调查工作。

2. 事故调查组的职责

(1) 查明事故发生经过、原因、人员伤亡情况及直接经济损失。

(2) 认定事故的性质和事故责任。

(3) 提出对事故责任者的处理建议。

(4) 总结事故教训，提出防范和整改措施。

(5) 提交事故调查报告。

3. 事故调查组的法定地位

(1) 事故调查组的属性。事故调查组是有关人民政府或其授权、委托的部门和法律、行政法规授权的部门临时组成、专门负责事故调查的工作机构。事故调查组的法律属性体现为"四性"：

一是法定性。它是法定的工作机构，代表有关人民政府履行事故调查职责，相关单位和人员必须予以支持和配合。

二是临时性。它成立于事故发生，解散于调查结束。事故调查组不是一个独立的、常设的行政主体，不能成为行政复议和行政诉讼的主体。

三是专业性。它的工作任务单一，专门负责事故调查。

四是建设性。它对事故定性、责任划分和事后处理所提出的结论、意见、建议虽对有关人民政府作出批复具有重要的影响力，但都是建设性的。是否同意事故调查报告的决定权，属于组成事故调查组的有关人民政府。

(2) 事故调查组的统一性、权威性、纪律性。事故调查组是统一整体，成员单位之间有时对事故原因、事故性质、事故责任的认识和意见不尽相同是正常的，这就需要建立组长负责制，成员单位应当在组长的领导下各负其责，密切配合，确保事故调查工作的顺利进行。为此，《生产安全事故报告和调查处理条例》第二十四条规定："事故调查组组长由负责事故调查的人民政府指定。事故调查组组长主持事故调查组的工作。"第二十八条规定："事故调查组成员在事故调查工作中应当诚信公正、恪尽职守，遵守事故调查组的纪律，保守事故调查的秘密。未经事故调查组组长允许，事故调查组成员不得擅自发布有关事故的信息。"

（四）事故调查时限

《生产安全事故报告和调查处理条例》第二十九条规定："事故调查组应当自事故发生之日起60日内提交事故调查报告；特殊情况下，经负责事故调查的人民政府批准，提交事故调查报告的期限可以适当延长，但延长的期限最长不超过60日。"

（五）事故调查报告内容

《生产安全事故报告和调查处理条例》第三十条规定：事故调查报告应当包括事故发生单位概况；事故发生经过和事故救援情况；事故造成的人员伤亡和直接经济损失；事故发生的原因和事故性质；事故责任的认定以及对事故责任者的处理建议；事故防范和整改措施。事故调查报告应当附具有关证据材料。事故调查组成员应当在事故调查报告上签名。

四、生产安全事故处理的规定

（一）事故调查报告的法律属性

1. 事故调查报告具有真实性

事故调查报告是在进行详细周密的调查核实之后，以客观事实为依据，真实、准确、全面地反映事故发生单位概况、事故发生经过和救援情况、人员伤亡和直接经济损失、事故发生原因的原始材料。事故调查报告不得对事故原貌进行修改、修饰，不得掺杂人为色彩，不得弄虚作假。

2. 事故调查报告具有证据性

经依法调查核实和有关人民政府认定的事故调查报告及其证明材料具有法定的证明力，它是有关人民政府作出事故处理批复的重要依据，也可以作为司法机关办案的佐证材料。事故调查报告及其证明材料包括主报告及其附具的调查记录、讯问笔录、鉴定报告、物证、书证、视听材料和其他相关材料。

3. 事故调查报告具有建议性

事故调查报告在查明事故真相的基础上，要对事故性质、事故责任认定、事故责任者的处理建议和事故防范整改措施等问题提出结论性意见。事故调查报告反映的是参加事故调查的成员单位的意见、建议，至于其是否正确、适当，应由有关人民政府加以确认。

4. 事故调查报告具有不可复议、诉讼性

由于一些当事人对事故调查报告具有不可复议、不可诉讼的法律属性不了解，对调查报告持有异议而提起的行政复议和行政诉讼时有发生。但鉴于事故调查报告不具备上述法定特征，所以行政相对人不能针对事故调查组及其提交的调查报告提起行政复议和行政诉讼。

事故调查报告提交后，有关人民政府对事故调查报告中关于事故基本情况尤其是事故定性、责任划分和处理建议等问题要进行全面的讨论研究。如果认为事故调查报告对事故原因认定不清、定性不准、责任不明，有权要求进行重新调查或者补充调查和补正材料。

（二）事故处理批复的法律属性

事故处理批复（以下简称事故批复）与事故调查报告不同，它是由有关人民政府或其授权的部门依法作出的具有行政约束力和执行力的法律文书。

（1）事故批复主体是法定的行政机关。《生产安全事故报告和调查处理条例》第三十二条规定，负责事故调查的国家、省、市、县四级人民政府接到事故调查报告后，应当在法定期限内作出批复。这就是说，事故批复权属于上述有关人民政府。在实践中，下达事故批复的形式有两种：一种形式是由有关人民政府直接下达事故批复；另一种形式是由有关人民政府或其授权的部门，或者法律、行政法规授权的部门授权下达事故批复。

（2）作出事故批复是对确定事故原因、事故性质和实施事故责任追究的具体行政行为。这是有关人民政府根据事故调查报告，依照职权独立作出的，直接确定事故责任者的权利、义务和责任，具有法律效力和强制约束力的行政决定。有关行政机关和单位必须遵照执行，不得任意改变或者拒绝执行。

（3）事故批复是事故处理的法定依据。依照《生产安全事故报告和调查处理条例》的规定，事故批复应当对负有行政责任的事故责任者作出追究行政责任的决定。有关机关应当根据人民政府的批复，依照法律、行政法规规定的权限和程序，对事故发生单位和有关人员进行行政处罚，对负有事故责任的国家工作人员进行处分。事故发生单位应当按照负责事故调查的人民政府的批复，对本单位负有事故责任的人员进行处理。负有事故责任的人员涉嫌犯罪的，依法追究刑事责任。

(4) 行政相对人对事故批复持有异议的，可以依法申请行政复议或者提起行政诉讼。从作出事故批复的主体、内容和效力上看，进行事故处理具备了具体行政行为的法定要件。因此事故发生单位或者有关责任人员认为事故批复侵犯了其合法权益的，有权依法申请行政复议或者提起行政诉讼。

（三）事故批复的实施机关

鉴于事故责任主体及其法律责任有所不同，所以需要明确落实事故批复、实施责任追究的主体，即实施机关。《生产安全事故报告和调查处理条例》第三十二条规定的“有关机关”是事故批复的实施机关，主要包括行政机关和司法机关。有关机关应当依照法律、行政法规规定的权限和程序，实施事故责任追究。

1. 行政机关

事故责任主体不同，责任追究机关和追究方式也不同。行政机关工作人员和企业、事业单位中由行政机关任命的人员对生产安全事故负有行政责任(给予罚款的行政处罚)的，由《生产安全事故报告和调查处理条例》第四十三条规定的行政机关实施；应当给予行政处分的，由其任命机关实施。事故发生单位及其非国家工作人员的有关责任人员，对生产安全事故负有行政责任(给予罚款的行政处罚)的，由《生产安全事故报告和调查处理条例》第四十三条规定的行政机关实施。

2. 司法机关

事故批复认定负有事故责任的人员涉嫌犯罪的，移交司法机关依法追究刑事责任。其中事故发生单位责任人员中的非国家工作人员涉嫌犯罪的，由公安机关立案侦查；行政机关和事故发生单位责任人员中的国家工作人员涉嫌犯罪的，由检察机关立案侦查和起诉；所有涉嫌犯罪人员被起诉追究刑事责任的，一律由审判机关依法审理并作出判决。

五、生产安全事故报告和调查处理违法行为应负的法律责任

（一）确定事故责任的要件

1. 事故责任者依法应当履行义务

确定是否属于事故责任者，一要看其是否负有法定义务，二要看其是否履行了法定义务。负有法定义务而未履行其义务的，承担法律责任。没有负有法定义务的，不承担法律责任。依照《生产安全事故报告和调查处理条例》有关责任追究的规定，事故发生单位及其有关人员必须是在安全生产管理和事故报告、救援、接受与配合调查等方面负有法定义务而未履行其义务的，才承担相应的法律责任。有关人民政府、安全生产监督管理部门和负有安全生产监督管理职责的有关部门及其有关人员，在事故报告、救援、调查和处理等工作中不履行法定职责或者义务的，也要承担相应的法律责任。

2. 事故责任者实施了违法行为

事故责任者主观上必须有违法的故意或过失，客观上独立并且直接实施了《生产安全事故报告和调查处理条例》规定的具有社会危害性的违法行为。这里要强调的是，事故责

任者实施的违法行为的范围不得扩大或缩小，必须是安全生产法律、法规有关义务性规范和禁止性规范中明文规定的行为。实施了法无规定的行为，不能认定或推定为违法行为。

3. 违法行为应与事故发生有直接的因果关系

确定是否应负法律责任，必须搞清楚违法行为与损害后果之间是否具有直接的因果关系。所谓直接的因果关系，应当是出自行为人的故意或者过失而实施的违法行为，直接导致了事故的发生。在这个问题上，既应坚持对事故直接责任者不放过，也应注意不要把一些间接原因推导成为直接原因，从而扩大责任追究的范围。

4. 事故责任者必须是依法应当予以制裁的

依照《生产安全事故报告和调查处理条例》的规定，实施责任追究的不仅是未履行法定义务、实施了违法行为并造成危害后果的责任者，而且必须是法律、行政法规明文规定应当给予法律制裁的事故责任者。也就是说，只具备了前3个要件还不够，还要同时具备第4个要件，才能实施责任追究。因为对某些实施了一般违法行为、危害后果和违法情节显著轻微的事故责任者，有关法律、法规并不规定都要给予法律制裁。因此只有法律、法规明文规定应当承担法律责任的事故责任者，才能对其实施责任追究。

（二）事故责任主体的确定

事故责任主体即事故责任者，是指未履行法定义务、实施了相关违法行为、对事故发生和事故报告、救援、调查处理负有责任并应受法律制裁的社会组织和个人。依照《生产安全事故报告和调查处理条例》的规定，应受责任追究的事故责任主体主要有4类。

1. 事故发生单位

《安全生产法》规定：生产经营单位是生产经营活动的主体，依法应当履行加强管理、确保安全生产的义务；因其违法造成事故的，应当承担相应的法律责任。《生产安全事故报告和调查处理条例》规定，生产经营单位（事故发生单位）发生生产安全事故后，负有报告、救援和接受调查的义务。据此，生产经营单位对事故发生负有直接责任，应当作为独立的责任主体承担法律责任。

2. 事故发生单位有关人员

《生产安全事故报告和调查处理条例》规定，不仅要追究事故发生单位的责任，还要对其有关人员实行责任追究。事故发生单位有关人员包括负有责任的主要负责人、直接负责的主管人员和其他直接责任人员。

3. 有关政府、部门工作人员

《生产安全事故报告和调查处理条例》规定，有关地方人民政府、安全生产监督管理部门和负有安全生产监督管理职责的有关部门实施违法行为，对直接负责的主管人员和其他直接责任人员予以责任追究。

4. 中介机构及其相关人员

《生产安全事故报告和调查处理条例》规定，对发生事故的单位提供虚假证明的中介机构及其相关人员予以责任追究。

（三）实施法律制裁的规定

1. 法律制裁的责任方式

(1)行政责任

《生产安全事故报告和调查处理条例》规定应当实施责任追究的行政责任主体包括行

政主体和企业主体两类。行政主体包括对事故负有责任的有关地方人民政府、安全生产监督管理部门和有关部门中的工作人员；企业主体包括事故发生单位及其有关人员。两类主体因违反国家行政法律、法规的规定而应当承担的法律责任是行政责任。

(2) 刑事责任

《生产安全事故报告和调查处理条例》规定对事故责任者中构成刑事犯罪的，依法追究刑事责任。刑事责任主体也包括行政主体和企业主体两类。两类主体有关人员的违法行为触犯《刑法》关于安全生产犯罪规定的，应当承担相应的刑事责任。

2. 事故责任主体的违法行为

(1) 事故发生单位的违法行为

《生产安全事故报告和调查处理条例》第三十六条规定有六种行为之一的，对事故发生单位给予行政处罚。只要事故是因生产经营单位及其有关人员违反安全生产法律、法规的规定而发生的，均应负法律责任。

(2) 事故发生单位有关人员的违法行为

《生产安全事故报告和调查处理条例》重点对事故发生单位主要负责人的三类违法行为作出了界定，第一类有第三十五条列举的三种违法行为，第二类有第三十六条列举的六种违法行为，第三类有第三十八条列举的未履行法定安全生产管理职责的违法行为。

事故发生单位的直接负责的主管人员、其他直接责任人员有第三十六条列举的六种违法行为之一的，也要追究责任。

(3) 行政机关工作人员的违法行为

《生产安全事故报告和调查处理条例》对有关地方人民政府、安全生产监督管理部门和负有安全生产监督管理职责的有关部门等行政机关工作人员的三类违法行为也作出了界定，第一类有第三十九条列举的四种违法行为，第二类有第四十一条列举的事故调查人员的两种违法行为，第三类有第四十二条列举的故意拖延或者拒绝落实经批复的对事故责任人的处理意见的违法行为。

(4) 中介机构及其相关人员的违法行为

《生产安全事故报告和调查处理条例》第四十条第二款对因中介机构及其相关人员出具虚假证明造成事故的违法行为，设定了行政处罚。

3. 行政处罚种类、幅度的设定

(1) 资格罚

这是指行政机关依法停止、吊销、撤销行政责任主体从事相关活动的许可、资格的行政处罚。《生产安全事故报告和调查处理条例》第四十条规定的对事故发生负有责任的事故发生单位、有关人员和提供虚假证明的中介机构及其相关人员的资格罚，应当依照有关安全生产法律、法规的规定处罚。这不仅是指依照某个或者几个法律、法规实施处罚，凡是有关法律、法规对生产经营单位、中介机构及其相关责任人员有资格罚规定的，都可以实施处罚。

(2) 财产罚

这是指行政机关依法处以行政责任主体缴纳一定数额罚款的行政处罚。《生产安全事故报告和调查处理条例》规定实施财产罚的企业主体，不因其所有制不同而有所区分。凡是依法应当给予财产罚的，不论事故发生单位的所有制和管理体制有何不同，都要对该单位及其有关人员处以罚款。

(3) 治安管理处罚

为了配合事故报告、救援和调查处理工作,维护事故现场秩序和社会公共安全,《生产安全事故报告和调查处理条例》第三十六条对实施六种违法行为中构成违反治安管理行为的,规定由公安机关依照《治安管理处罚法》给予治安管理处罚。

4. 行政处罚的实施

(1) 关于财产罚的一般规定

《生产安全事故报告和调查处理条例》第四十三条第一款规定:“本条例规定的罚款的行政处罚,由安全生产监督管理部门决定。”至于由哪一级安全生产监督管理部门决定,应当依照《生产安全事故报告和调查处理条例》的上位法《安全生产法》第九十四条的规定,由县级以上人民政府安全生产监督管理部门决定。作为国务院安全生产监督管理部门的应急管理部,有权依照法律、行政法规制定部门规章,对县级以上安全生产监督管理部门如何实施罚款的行政处罚作出具体规定。

(2) 关于行政处罚种类、幅度和决定机关的特别规定

按照特别法优于一般法的法律适用原则,《生产安全事故报告和调查处理条例》第四十三条第二款规定:“法律、行政法规对行政处罚种类、幅度和决定机关另有规定的,依照其规定。”该款规定仅限于国家法即法律、行政法规对负有责任的事故发生单位及其有关人员实施行政处罚有特别规定的,地方性法规或者地方政府规章对此另有规定或者没有规定的,应当适用法律、行政法规的规定。具体而言,法律、行政法规设定的行政处罚种类超出《生产安全事故报告和调查处理条例》规定的,可以依法作出资格罚、财产罚以外的其他种类的行政处罚;处以罚款的幅度与《生产安全事故报告和调查处理条例》规定不同的,可以依照特别法规定的幅度处以罚款;对行政执法主体另有规定的,应由特别法授权的行政机关实施行政处罚。

(四) 具体追究法律责任的形式

1. 事故发生单位主要负责人违反事故抢救及报告规定的法律责任

《生产安全事故报告和调查处理条例》第三十五条规定:“事故发生单位主要负责人有下列行为之一的,处上一年年收入40%至80%的罚款;属于国家工作人员的,并依法给予处分;构成犯罪的,依法追究刑事责任:

“(一) 不立即组织事故抢救的;

“(二) 迟报或者漏报事故的;

“(三) 在事故调查处理期间擅离职守的。”

2. 事故发生单位及有关人员违反事故报告和调查规定的法律责任

《生产安全事故报告和调查处理条例》第三十六条规定:“事故发生单位及其有关人员有下列行为之一的,对事故发生单位处100万元以上500万元以下的罚款;对主要负责人、直接负责的主管人员和其他直接责任人员处上一年年收入60%至100%的罚款;属于国家工作人员的,并依法给予处分;构成违反治安管理行为的,由公安机关依法给予治安管理处罚;构成犯罪的,依法追究刑事责任:

“(一) 谎报或者瞒报事故的;

“(二) 伪造或者故意破坏事故现场的;

“（三）转移、隐匿资金、财产，或者销毁有关证据、资料的；

“（四）拒绝接受调查或者拒绝提供有关情况和资料的；

“（五）在事故调查中作伪证或者指使他人作伪证的。

“（六）事故发生后逃匿的。”

3. 事故发生单位的法律责任

《生产安全事故报告和调查处理条例》第三十七条规定：“事故发生单位对事故发生负有责任的，依照下列规定处以罚款：

“（一）发生一般事故的，处10万元以上20万元以下的罚款；

“（二）发生较大事故的，处20万元以上50万元以下的罚款；

“（三）发生重大事故的，处50万元以上200万元以下的罚款；

“（四）发生特别重大事故的，处200万元以上500万元以下的罚款。”

4. 事故发生单位主要负责人未履行职责的法律责任

《生产安全事故报告和调查处理条例》第三十八条规定：“事故发生单位主要负责人未依法履行安全生产管理职责，导致事故发生的，依照下列规定处以罚款；属于国家工作人员的，并依法给予处分；构成犯罪的，依法追究刑事责任：

“（一）发生一般事故的，处上一年年收入30%的罚款；

“（二）发生较大事故的，处上一年年收入40%的罚款；

“（三）发生重大事故的，处上一年年收入60%的罚款；

“（四）发生特别重大事故的，处上一年年收入80%的罚款。”

5. 政府、部门及工作人员违反事故调查处理规定的法律责任

《生产安全事故报告和调查处理条例》第三十九条规定：“有关地方人民政府、安全生产监督管理部门和负有安全生产监督管理职责的有关部门有下列行为之一的，对直接负责的主管人员和其他直接责任人员依法给予处分；构成犯罪的，依法追究刑事责任：

“（一）不立即组织事故抢救的；

“（二）迟报、漏报、谎报或者瞒报事故的；

“（三）阻碍、干涉事故调查工作的；

“（四）在事故调查中作伪证或者指使他人作伪证的。”

6. 事故发生单位、中介机构有关资质的处罚

《生产安全事故报告和调查处理条例》第四十条规定：“事故发生单位对事故发生负有责任的，由有关部门依法暂扣或者吊销其有关证照；对事故发生单位负有事故责任的有关人员，依法暂停或者撤销其与安全生产有关的执业资格、岗位证书；事故发生单位主要负责人受到刑事处罚或者撤职处分的，自刑罚执行完毕或者受处分之日起，5年内不得担任任何生产经营单位的主要负责人。

“为发生事故的单位提供虚假证明的中介机构，由有关部门依法暂扣或者吊销其有关证照及其相关人员的执业资格；构成犯罪的，依法追究刑事责任。”

7. 事故调查人员违反规定的法律责任

《生产安全事故报告和调查处理条例》第四十一条规定：“参与事故调查的人员在事故调查中有下列行为之一的，依法给予处分；构成犯罪的，依法追究刑事责任：

“（一）对事故调查工作不负责任，致使事故调查工作有重大疏漏的；

"（二）包庇、袒护负有事故责任的人员或者借机打击报复的。"

第五节　安全生产许可证条例

《安全生产许可证条例》由 2004 年 1 月 13 日中华人民共和国国务院令第 397 号公布，自 2004 年 1 月 13 日起施行，根据 2013 年 7 月 18 日《国务院关于废止和修改部分行政法规的决定》第一次修订，根据 2014 年 7 月 29 日《国务院关于修改部分行政法规的决定》第二次修订。

一、适用范围

《安全生产许可证条例》的适用范围包括空间范围、时间范围和主体及其行为范围。

（一）空间范围

《安全生产许可证条例》的适用范围涵盖了在我国国家主权所涉及范围内从事的矿产资源开发、建筑施工和危险化学品、烟花爆竹、民用爆炸物品生产等活动。

（二）时间范围

依照中华人民共和国国务院令第 397 号的决定，《安全生产许可证条例》自公布之日起施行。这就是说，它的生效时间是 2004 年 1 月 13 日。对于《安全生产许可证条例》生效之前已经进行生产的矿山企业、建筑施工企业和危险化学品、烟花爆竹、民用爆炸物品生产企业，《安全生产许可证条例》第二十二条规定："本条例施行前已经进行生产的企业，应当自本条例施行之日起 1 年内，依照本条例的规定向安全生产许可证颁发管理机关申请办理安全生产许可证；逾期不办理安全生产许可证，或者经审查不符合本条例规定的安全生产条件，未取得安全生产许可证，继续进行生产的，依照本条例第十九条的规定处罚。"

（三）主体及其行为范围

《安全生产许可证条例》对人的效力范围包括从事矿产资源开发、建筑施工和危险化学品、烟花爆竹、民用爆炸物品生产等活动的自然人，又包括法人和非企业法人单位。凡是在中华人民共和国领域内从事矿产资源开发、建筑施工和危险化学品、烟花爆竹、民用爆炸物品生产等活动的所有企业法人、非企业法人单位和中国人、外籍人、无国籍人，不论其是否领取安全生产许可证，不论其所有制性质和生产方式如何，都要遵守《安全生产许可证条例》的各项规定。

根据《安全生产许可证条例》的规定，安全生产许可证的发放范围包括矿山企业、建筑施工企业和危险化学品、烟花爆竹、民用爆炸物品生产企业。

二、取得安全生产许可证的条件和程序

（一）取得安全生产许可证的条件

1. 三类企业

所谓三类企业，是指《安全生产法》重点规范的三类危险性较大的高危生产企业，即矿山企业、建筑施工企业和危险物品生产企业。《安全生产许可证条例》将法律所指的三类企业分为六种：矿山企业分为煤矿企业和非煤矿企业，危险物品生产企业分为危险化学品生产企业、烟花爆竹生产企业和民用爆炸物品生产企业，以及建筑施工企业。《安全生产许可证条例》规定三类六种生产（施工）企业必须具备法定的安全生产条件，依法申请领取安全

生产许可证,方可从事生产建设活动。

2. 三类企业均应具备的基本安全生产条件

三类高危企业虽各有特点,但都具有危险性较大的共性。《安全生产许可证条例》第六条规定的企业应当具备的安全生产条件,不是高危生产企业应当具备的全部的安全生产条件,而是这些企业必须具备的共同的安全生产条件,即从有关安全生产法律、行政法规中概括出来的基本安全生产条件。这些安全生产条件好似"通用件",对三类高危生产企业普遍适用。

3. 基本安全生产条件需要细化为具体的、可操作的安全生产条件

《安全生产许可证条例》第六条规定:"企业取得安全生产许可证,应当具备下列安全生产条件:

"(一)建立、健全安全生产责任制,制定完备的安全生产规章制度和操作规程;

"(二)安全投入符合安全生产要求;

"(三)设置安全生产管理机构,配备专职安全生产管理人员;

"(四)主要负责人和安全生产管理人员经考核合格;

"(五)特种作业人员经有关业务主管部门考核合格,取得特种作业操作资格证书;

"(六)从业人员经安全生产教育和培训合格;

"(七)依法参加工伤保险,为从业人员缴纳保险费;

"(八)厂房、作业场所和安全设施、设备、工艺符合有关安全生产法律、法规、标准和规程的要求;

"(九)有职业危害防治措施,并为从业人员配备符合国家标准或者行业标准的劳动防护用品;

"(十)依法进行安全评价;

"(十一)有重大危险源检测、评估、监控措施和应急预案;

"(十二)有生产安全事故应急救援预案、应急救援组织或者应急救援人员,配备必要的应急救援器材、设备;

"(十三)法律、法规规定的其他条件。"

《安全生产许可证条例》第六条第13项关于"法律、法规规定的其他条件"的规定,是指有关法律、法规对高危生产企业的安全生产条件另有规定的,应当从其规定。应当注意的是,"法律、法规规定的其他条件"并不只限于法律、法规的直接规定,还包括法律、法规规定必须具备的国家标准或者行业标准、安全规程和行业技术规范中设定的安全生产条件。

(二)取得安全生产许可证的程序

1. 公开申请事项和要求

安全生产许可证颁发管理机关应当将有关申请领取安全生产许可证的时间、地点、机关和应当提交的文件、资料向社会公布,使申请人能够了解有关申办事项及其具体要求,以便能够及时申请领取安全生产许可证。安全生产许可证颁发管理机关制定的安全生产许可证颁发管理的规章制度等具体规定应当公布。否则,不得作为实施行政许可的具体依据。

2.企业应当依法提出申请

颁发安全生产许可证的前提是企业必须依法向安全生产许可证颁发管理机关提出申

请，即不申请不发证。

（1）新设立生产企业的申请。依照《安全生产许可证条例》的规定，不论法律、行政法规关于高危生产企业领取有关证照的时间和程序如何规定，安全生产许可证必须在企业建成投产前提出申请；如不提出申请并未取得安全生产许可证，不得从事生产活动。

（2）已经进行生产的企业的申请。《安全生产许可证条例》对已经进行生产的企业，规定应当在本条例施行之日起1年内依法向安全生产许可证颁发管理机关申请办理安全生产许可证。

（3）企业必须依法向安全生产许可证颁发管理机关提出申请。企业具备了《安全生产许可证条例》规定的安全生产条件，只能表明具备了从事生产的潜在安全资质，并不表示企业具备从事安全生产的当然资格，必须依法向安全生产许可证颁发管理机关申请领取安全生产许可证。根据《安全生产许可证条例》第三条、第四条、第五条的规定，安全生产监督管理部门负责非煤矿矿山企业和危险化学品、烟花爆竹生产企业安全生产许可证的颁发和管理，煤矿安全监察机构负责煤矿企业安全生产许可证的颁发和管理，人民政府建设主管部门负责建筑施工企业安全生产许可证的颁发和管理，人民政府民用爆炸物品行业主管部门负责民用爆炸物品生产企业安全生产许可证的颁发和管理。除此之外，其他任何单位和个人都无权受理安全生产许可证申请事宜。

（4）申请人应当提交相关文件、资料。依照《安全生产许可证条例》及其配套实施规章的规定，六种高危生产企业申请办理安全生产许可证，都要向安全生产许可证颁发管理机关提交相关文件、资料。每种企业需要提交的相关文件、资料不尽相同，应由有关安全生产许可证颁发管理机关作出具体规定。申请人提交的相关文件、资料必须能够满足对安全生产条件审查的需要。

3. 受理申请及审查

接到申请人关于领取安全生产许可证的申请书、相关文件和资料后，安全生产许可证颁发管理机关应当决定是否受理和审查。审查工作分为形式审查和实质性审查。

（1）形式审查。所谓形式审查，是指安全生产许可证颁发管理机关依法对申请人提交的申请文件、资料是否齐全、真实、合法，进行检查核实的工作。安全生产许可证颁发管理机关如果发现提交的文件、资料不齐全、不真实，不符合法定要求，安全生产许可证颁发管理机关有权向申请人说明并要求补正，申请人应当按照要求补正。否则，安全生产许可证颁发管理机关有权拒绝受理安全生产许可证的申请。

（2）实质性审查。申请人提交的文件、资料通过形式审查以后，安全生产许可证颁发管理机关认为有必要的，应当对申请文件、资料和企业的实际安全生产条件进行实地审查或者核实。这些审查工作不是在办公室里能够完成的，必须前往实地或者企业才能进行直接的审查或者核实。

安全生产许可证颁发管理机关进行实质性审查的方式主要有3种：一是委派本机关的工作人员直接进行审查或者核实；二是委托其他行政机关代为进行审查或者核实；三是委托安全中介机构对一些专业技术性很强的设施、设备和工艺进行专门的检测、检验。

4. 决定

经审查或者核实后，若企业具备法定安全生产条件的，决定颁发安全生产许可证；不具备法定安全生产条件的，决定不予颁发安全生产许可证，书面通知企业并说明理由。

关于审查发证的法定时限，《安全生产许可证条例》第七条规定，安全生产许可证颁发管理机关完成审查和发证工作的时限是自收到申请之日起45日之内。在实践中，如何计算安全生产许可证审查发证工作的法定时限，需要视不同情形加以确定：

(1) 自安全生产许可证颁发管理机关收到申请人提交的相关文件、资料之日起，应当在45日内完成审查发证工作。45日是指法定工作日，如遇法定节日、假日自动顺延，不连续计算。

(2) 安全生产许可证颁发管理机关收到申请人提交的相关文件、资料后，经审查相关文件、资料认为其不符合法定要求，安全生产许可证颁发管理机关要求申请人予以补正的，完成安全生产许可证审查发证工作的法定时限，自申请人重新提交补正的相关文件、资料之日起计算。

(3) 安全生产许可证颁发管理机关对申请人的实际安全生产条件进行审查或者核实后，认为不具备安全生产条件需要纠正的，申请人纠正后再次提请安全生产许可证颁发管理机关进行审查的，完成安全生产许可证审查发证工作的法定时限，自申请人再次提出申请之日起计算。

(4) 在审查过程中，安全生产许可证颁发管理机关认为需要聘请专家或者安全中介机构进行专门的检测、检验的，完成安全生产许可证审查发证工作的法定时限自提交检测、检验报告之日起计算。

(5) 审查发证工作中遇有不可抗力的情况，完成安全生产许可证审查发证工作的法定时限，自不可抗力的情况消失之日起计算。

(三) 期限与延续

安全生产许可证有效期为3年，不设年检。在安全生产许可证有效期满后的延续问题上，行政法规规定了两种情形：

(1) 有效期满的例行延续。《安全生产许可证条例》第九条第一款规定，安全生产许可证有效期满需要延期的，企业应当于期满前3个月内向原安全生产许可证颁发管理机关办理延期手续。

(2) 有效期满的免审延续。《安全生产许可证条例》第九条第二款关于对安全生产状况良好、没有发生死亡的生产安全事故的企业予以免审延期的特殊规定，目的是要鼓励企业自觉做好安全生产工作，不出生产安全事故。但有一点需要注意，符合该规定的企业虽然不需经过审查即可延期3年，但不是自动延期，应当在有效期满前向原安全生产许可证颁发管理机关提出延期的申请，经其同意后方可免审延期。

(四) 补办与变更

《安全生产许可证条例》的配套规章中对安全生产许可证补办与变更的情况作出了明确规定。企业持有的安全生产许可证如遇损毁、丢失等情况，就需要向原安全生产许可证颁发管理机关申请补办。经过审核，应当重新颁发安全生产许可证。另外，已经取得安全生产许可证的企业的有关事项发生变化，也需要及时办理安全生产许可证变更手续。

(五) 档案管理与公告

档案管理的主要目的是保证安全生产许可证管理的基本情况有据可查，规范安全生产许可证的颁发管理行为。建立健全安全生产许可证档案管理制度，一是要建立健全归档制度，保证及时、全面地将安全生产许可证申请、颁发及监督管理等有关情况存档入案；二是要加强对已归档材料的管理，强化日常监督检查，严格责任追究制度。

将安全生产许可证颁发的情况向社会公告，是行政许可工作公开透明的需要，是进行社会监督的需要。《安全生产许可证条例》第十条要求安全生产许可证颁发管理机关定期向社会公布企业取得安全生产许可证的情况。公布的具体形式可以多样但须规范，公布的时间由安全生产许可证颁发管理机关决定。

三、安全生产许可监督管理的规定

（一）安全生产许可证发证机关的层级

1. 两级发证

《行政许可法》规定，有权依法设定行政许可的只有国家和省、自治区、直辖市两级国家权力机关和行政机关，具有行政许可设定权的行政机关有权依法实施行政许可。为了使行政许可的设定机关与实施机关的层级一致，避免两者之间因层级差别而影响安全生产许可制度的实施，《安全生产许可证条例》确定国务院与省、自治区、直辖市两级人民政府负有安全生产监督管理职责的部门和建设行政主管部门为安全生产许可证的发证机关。

2. 一级发证

在两级发证的原则下，也要对特殊情况作出特别规定，民用爆炸物品生产企业安全生产许可证的发证机关就是特例。《安全生产许可证条例》第五条规定，省、自治区、直辖市人民政府民用爆炸物品行业主管部门负责民用爆炸物品生产企业安全生产许可证的颁发和管理。

（二）煤矿企业安全生产许可证的颁发和管理

1. 发证对象

在煤矿企业发证对象的问题上，安全生产许可证的发证对象是煤矿企业的矿（井）。《安全生产许可证条例》第七条第二款规定："煤矿企业应当以矿（井）为单位，依照本条例的规定取得安全生产许可证。"该条例关于煤矿企业应当以矿（井）为单位申请领取安全生产许可证的特殊规定，不适用于其他非煤矿矿山企业。

2. 发证机关

煤矿企业安全生产许可证颁发管理机关也很特殊，它不是省级人民政府的煤炭管理部门，而是国家垂直管理的省级煤矿安全监察机构。《安全生产许可证条例》第三条第三款和第四款规定："国家煤矿安全监察机构负责中央管理的煤矿企业安全生产许可证的颁发和管理。在省、自治区、直辖市设立的煤矿安全监察机构负责前款规定以外的其他煤矿企业安全生产许可证的颁发和管理，并接受国家煤矿安全监察机构的指导和监督。"

国家未设直属煤矿安全监察机构的其他省、自治区、直辖市的煤矿企业安全生产许可证颁发管理机关，应当是《煤矿安全监察条例》授权的省、自治区、直辖市人民政府指定的部门，多数为省级安全生产监督管理局。

（三）非煤矿矿山企业安全生产许可证的颁发和管理

1. 发证对象

《安全生产许可证条例》第三条第一款和第二款规定："国务院安全生产监督管理部门负责中央管理的非煤矿矿山企业和危险化学品、烟花爆竹生产企业安全生产许可证的颁发和管理。省、自治区、直辖市人民政府安全生产监督管理部门负责前款规定以外的非煤矿矿山企业和危险化学品、烟花爆竹生产企业安全生产许可证的颁发和管理，并接受国务院安全生产监督管理部门的指导和监督。”

2. 发证机关

绝大多数非煤矿矿山企业的生产作业场所比较固定，其安全生产许可证的发证机关也是两级，即国务院安全生产监督管理部门和省、自治区、直辖市人民政府安全生产监督管理部门。

（四）危险化学品和烟花爆竹生产企业安全生产许可证的颁发和管理

1. 发证对象

纳入监督管理的危险化学品主要包括最终产品和中间产品是危险化学品的化学品。中间化学品是指危险化学品生产企业为满足生产的需要，生产一种或者多种产品作为下一个生产过程参与化学反应的原料。危险化学品生产企业包括最终产品是危险化学品的生产企业和中间产品是危险化学品的生产企业。后者虽然不直接生产危险化学品，但其中间产品可以作为其他产品的原料而具有易燃、易爆、腐蚀或者辐射等危险性。因此也要将中间产品是危险化学品的生产企业纳入危险化学品生产企业安全生产许可证的发证对象范围内，加强监督管理。

2. 发证机关

依照《安全生产许可证条例》的规定，危险化学品和烟花爆竹生产企业安全生产许可证的发证机关是国务院安全生产监督管理部门和省、自治区、直辖市人民政府安全生产监督管理部门。国务院安全生产监督管理部门负责中央管理的危险化学品和烟花爆竹生产企业安全生产许可证的颁发和管理，省、自治区、直辖市人民政府安全生产监督管理部门负责其他危险化学品、烟花爆竹生产企业安全生产许可证的颁发和管理。

（五）建筑施工企业安全生产许可证的颁发和管理

1. 发证对象

依照《建筑法》和《建设工程安全生产管理条例》的规定，施工单位不论是否具有法人资格，都要取得相应等级的资质，并申请领取建筑施工许可证。鉴于建筑施工活动具有流动性大、独立作业的特点，除了将建筑施工企业作为安全生产许可证的发证对象外，也要考虑安全生产许可证与施工单位资质等级和施工许可证发证对象的一致性，对独立从事建筑施工活动的施工单位颁发安全生产许可证。

2. 发证机关

《建筑法》规定建设单位应向工程所在地县级以上建设行政主管部门申请领取建筑施工许可证。安全生产许可证实行国家和省、自治区、直辖市两级发证。《安全生产许可证条例》第四条规定：“省、自治区、直辖市人民政府建设主管部门负责建筑施工企业安全生产许可证的颁发和管理，并接受国务院建设主管部门的指导和监督。”

（六）民用爆炸物品生产企业安全生产许可证的颁发和管理

《安全生产许可证条例》第五条规定：“省、自治区、直辖市人民政府民用爆炸物品行业主管部门负责民用爆炸物品生产企业安全生产许可证的颁发和管理。”

（七）中央管理企业安全生产许可证的颁发和管理

国务院特设的国有资产监督管理委员会，对关系国计民生的大型国有企业实行国有资产管理。应急管理部对中央管理企业的安全生产进行监督管理。

1. 发证对象

(1) 总公司(总厂)、集团公司。中央管理企业中资产最多的是国家投资设立的全资总公司、集团公司,亦称母公司,如中国石油天然气集团有限公司、中国海洋石油集团有限公司、中国石油化工集团有限公司等。

(2) 一级上市公司。全部由中央管理的总公司(总厂)、集团公司投资和控股的一级上市公司,是具有独立法人资格的生产企业。

(3) 中央管理的总公司(总厂)、集团公司全资或者控股的子公司和具有法人资格的企业。这种全部或者大部由国家投资的子公司和具有法人资格的企业是中央管理企业不可分割的组成部分,它们的生产活动是否安全,不仅关系企业经济效益的提高,而且关系国有资产的保值、增值。因此,中央管理的总公司(总厂)、集团公司全资或者控股的子公司和具有法人资格的企业应当依照《安全生产许可证条例》的规定,申请领取安全生产许可证。

2. 发证机关

依照《安全生产许可证条例》的规定,除了民用爆炸物品生产企业之外,其他中央管理企业安全生产许可证的发证机关都是两级。

(1) 中央管理的总公司(总厂)、集团公司及其投资或者控股的一级上市公司,由国务院有关部门颁发安全生产许可证。

(2) 中央管理的总公司(总厂)、集团公司全资或者控股的子公司和具有法人资格的企业,由其所在地省级有关部门颁发安全生产许可证。

(八) 安全生产许可监督管理

1. 安全生产许可监督管理的对象

《安全生产许可证条例》所称的管理包含两个方面:一是对安全生产许可证的申请和颁发工作实施管理;二是对取得安全生产许可证企业的生产(建筑施工)活动的安全生产实施监督检查。

2. 安全生产许可证的申请和颁发工作实施管理的主要事项

(1) 制定安全生产许可证颁发工作的规章制度和工作程序;

(2) 受理安全生产许可证的申请;

(3) 对申请人的安全生产条件进行审查;

(4) 决定安全生产许可证的颁发;

(5) 规定安全生产许可证的式样或者制作安全生产许可证;

(6) 建立安全生产许可证档案管理制度;

(7) 公布企业取得安全生产许可证的情况;

(8) 协调、解决安全生产许可证颁发工作的有关事项。

3. 对取得安全生产许可证企业的生产(建筑施工)活动的安全生产实施监督检查的主要事项

(1) 监督检查企业取得安全生产许可证的情况;

(2) 监督检查取得安全生产许可证的企业执行有关安全生产的法律、法规、规章和国家标准或者行业标准的情况;

(3) 检查企业的安全生产条件和日常安全生产管理的情况;

(4) 受理有关安全生产许可违法行为的举报;

(5) 监督安全生产许可证颁发机关工作人员履行职责的情况。

四、安全生产许可违法行为应负的法律责任

(一) 安全生产许可违法行为的界定

1. 安全生产许可证颁发管理机关工作人员的安全生产许可违法行为

(1) 向不符合本条例规定的安全生产条件的企业颁发安全生产许可证的;

(2) 发现企业未依法取得安全生产许可证擅自从事生产活动,不依法处理的;

(3) 发现取得安全生产许可证的企业不再具备本条例规定的安全生产条件,不依法处理的;

(4) 接到对违反本条例规定行为的举报后,不及时处理的;

(5) 在安全生产许可证颁发、管理和监督检查工作中,索取或者接受企业的财物,或者牟取其他利益的。

2. 企业的安全生产许可违法行为

(1) 未取得安全生产许可证擅自进行生产的;

(2) 取得安全生产许可证后不再具备安全生产条件的;

(3) 安全生产许可证有效期满未办理延期手续,继续进行生产的;

(4) 转让、冒用安全生产许可证或者使用伪造的安全生产许可证的;

(5) 在《安全生产许可证条例》规定期限内逾期不办理安全生产许可证,或者经审查不具备本条例规定的安全生产条件,未取得安全生产许可证,继续进行生产的。

(二) 行政处罚的种类和行政处罚的决定机关

1. 行政处罚的种类

《安全生产许可证条例》设定的行政处罚有责令停止生产、没收违法所得、罚款、暂扣和吊销安全生产许可证 5 种。关于没收违法所得和暂扣安全生产许可证两种行政处罚在实施时需要特别注意。

(1) 没收违法所得。《安全生产许可证条例》第十九条至第二十二条都设定了没收违法所得的行政处罚。违法所得不仅指货币收入,只要是非法取得的货币收入、财物或者资产,一律应当作为违法所得而予以没收。

(2) 暂扣安全生产许可证。《安全生产许可证条例》第十四条规定应予暂扣安全生产许可证的行政处罚。在给予暂扣安全生产许可证的行政处罚后,企业不得继续进行生产,必须停产整改;经整改具备安全生产条件的,应当申请安全生产许可证颁发管理机关进行复查。复查后具备安全生产条件的,可以发还安全生产许可证。企业不进行整改或者经整改仍不具备安全生产条件的,可以决定吊销安全生产许可证。

2. 行政处罚的决定机关

(1) 国务院和省级人民政府的安全生产监督管理部门,是对非煤矿矿山企业和危险化学品、烟花爆竹生产企业安全生产许可违法行为实施行政处罚的决定机关。

(2) 国家煤矿安全监察机构和省级煤矿安全监察机构,是对煤矿企业安全生产许可违法行为实施行政处罚的决定机关。

(3) 国务院和省级人民政府的建设行政主管部门,是对建筑施工企业安全生产许可违法行为实施行政处罚的决定机关。

(4) 省、自治区、直辖市人民政府民用爆炸物品行业主管部门,是对民用爆炸物品生产企业安全生产许可违法行为实施行政处罚的决定机关。

(三) 刑事处罚

刑事处罚是追究安全生产许可违法行为法律责任的主要方式。《安全生产许可证条例》规定适用刑事处罚的违法行为主要有:

(1) 安全生产许可证颁发管理机关工作人员构成职务犯罪的;

(2) 企业未取得安全生产许可证擅自进行生产,造成重大生产安全事故或者其他严重后果,有关人员构成犯罪的;

(3) 企业安全生产许可证有效期满后不办理延期手续,继续进行生产,有关人员构成犯罪的;

(4) 企业转让、冒用安全生产许可证或使用伪造的安全生产许可证,有关人员构成犯罪的;

(5)《安全生产许可证条例》施行前已经进行生产的企业逾期不办理安全生产许可证,或者经审查不具备安全生产条件,未取得安全生产许可证继续进行生产,有关人员构成犯罪的。

第七章 煤矿安全规程

第一节 煤矿安全规程的特点

《煤矿安全规程》是贯彻落实《矿山安全法》《煤炭法》《煤矿安全监察条例》等国家有关安全生产法律法规的具体体现，是保障煤矿职工安全与健康、保护国家资源和财产不受损失，促进煤炭工业健康发展必须遵循的准则。《煤矿安全规程》具有以下特点。

一、强制性

《矿山安全法》《煤炭法》《煤矿安全监察条例》等国家有关安全生产法律法规都对《煤矿安全规程》有明确的规定。所有煤矿企业必须遵守《煤矿安全规程》的有关规定，凡违反《煤矿安全规程》的行为将受到法律的制裁。

二、科学性

《煤矿安全规程》是长期煤炭生产经验和科学研究成果的总结，是广大煤矿职工智慧的结晶。《煤矿安全规程》的每一条规定都是在某种特定条件下可以普遍适用的行为规则，当然，其本身也是不断完善起来的。

三、规范性

《煤矿安全规程》明确规定了煤矿生产建设中哪些行为被禁止，哪些行为被允许，指明了行为标准和尺度。煤矿生产和建设中必须遵守这些规范，它是认定职工的行为是否构成违章的重要标准，是认定煤矿事故是责任事故还是非责任事故、是故意破坏事故还是自然事故或意外事故的重要依据，因而，也就是判断行为人是否应该承担责任的重要依据。

四、稳定性

《煤矿安全规程》一旦颁布执行，不得随意修改，在一段时间内保持相对的稳定，经应用一段时间后，再由政府部门负责修订。但是，为满足煤矿安全生产工作的需要，对某些条款确需修改的，国务院安全生产监督管理部门适时进行修改。

第二节 煤矿安全规程的作用

一、具体体现国家对煤矿安全工作的要求

《煤矿安全规程》是国家安全生产法律法规的具体化，体现了国家对煤矿安全工作的要求。根据煤矿生产特点和具体条件，以及对安全生产的具体要求，制定保障煤矿安全生产的《煤矿安全规程》，以此来规范企业与人的行为的技术标准，具有强制性的效力。

二、正确反映煤矿安全生产客观规律,明确煤矿安全技术标准

《煤矿安全规程》是长期煤矿生产建设经验教训的总结,凝结着广大煤矿职工的集体智慧,能够正确地反映煤矿安全生产客观规律。明确煤矿安全技术标准,调整煤矿生产建设过程中人与自然的关系,牢固树立按客观规律和技术标准办事的思想,就能为煤矿职工创造良好的安全生产条件。

三、加强法制观念,限制违章,惩罚违章

对违反《煤矿安全规程》的单位和个人根据情节轻重给予行政处分或追究法律责任,起到教育本人,警戒职工队伍中其他人员不再违章的作用,自觉做到安全生产,防止发生事故,最大限度地制止违章,把事故消灭在萌芽状态。

四、保障职工在安全生产中的民主权利

煤矿安全工作必须实行群众监督。煤矿企业必须支持群众安全监督组织的活动,发挥职工群众安全监督作用。职工有权制止违章作业,拒绝违章指挥。当工作地点出现险情时,职工有权立即停止作业,撤到安全地点;当险情没有得到处理不能保证人身安全时,有权拒绝作业。

第三节　煤矿安全规程的发展沿革

随着社会经济体制、开采技术、管理水平等不断发展,煤炭开采过程中发生了一定数量的灾害事故,为煤炭安全高效开采提供了生产经验,国家部委先后对煤矿安全规程进行了15次修改。

1951年9月,燃料工业部组织制定了煤炭工业第一部规程——《煤矿技术保安试行规程(草案)》。当时,全国统配煤矿年产原煤只有35 Mt左右,有30%～50%的采煤工作面是采用非正规的采煤法——残柱式采煤法开采。全国有30%的矿井是采用自然通风,其他方面的安全措施(如瓦斯和火灾防治)还没起步。在这种条件下,为恢复和发展煤炭生产,满足人民和生产建设的需要,除增加必要的安全装备外,还要在安全管理上采取一系列措施,规范人们的行为,避免事故发生。《煤矿技术保安试行规程(草案)》就是在这种历史背景下制定的。尽管当时我国煤炭工业装备落后、技术水平低下,但由于建立了一套适应当时煤炭实际情况的规程,从而有力地促进了煤炭工业的发展。

1955年12月,燃料工业部组织修订和颁布了第二套规程——《煤矿和油母页岩矿保安规程》。1952年以后,我国煤炭工业随着国民经济的发展取得了长足进步,原煤产量从1949年的3 243万t增长到1955年的13 073万t,生产技术也有了长足进步。这时,急需一套新的安全法规,以适应第一个五年计划时期(1953—1957年)煤炭生产发展的需要,在这样一个历史背景下,效仿苏联的《煤矿、油母页岩矿保安规程》,在第一部规程的基础上制定了第二部规程。

1961年10月,煤炭工业部组织制定了第三部规程——《煤矿保安暂行规程》。这部规程制定的历史背景是煤炭工业企业经过三年恢复期和第一个五年计划,新技术、新工艺、新装备有了长足进步与发展。长壁式采煤法,瓦斯、煤尘和火灾等防治技术,以及截煤机和联合采煤机的推广应用,呼唤有一部新的规程来管理和规范煤矿的安全生产工作,于是修订

了第二部规程，制定了《煤矿保安暂行规程》。这部规程仍然存在着不少照搬外国规程条文的现象。

1972年4月，煤炭工业部颁布了第四部规程——《煤矿安全试行规程》。当时煤矿事故频繁、人员伤亡和财产损失严重，中共中央下发文件，要求"搞好安全生产，把被破坏了的安全工作恢复起来"。受当时历史条件的影响，这部规程没有针对煤矿安全生产上急需解决的技术规定、管理责任、组织保证监督等作出明确规定，而是用"空洞"的条文和口号代替科学实用的规范设计，取消了安全监察专职机构和各类人员安全责任制，使规程的贯彻执行没有组织保证。

1980年2月，煤炭工业部组织修订并颁布了第五部规程——《煤矿安全规程》。鉴于第四部规程的制定受历史条件的影响，以及实施近8年时间暴露出来的问题，急需制定一部能适应和促进我国煤炭生产发展、保护生产力的煤矿规程。于是，煤炭工业部从1978年开始，集中了煤炭生产、建设、设计、科研、院校等各方面专家60余名，经过两年时间，反复征求各方面意见，三易其稿，终于在1980年2月颁布了一部适应我国煤炭工业发展、符合煤矿安全生产实际情况的第五部规程——《煤矿安全规程》(共计12章462条)。这部规程颁布实施后，我国煤炭工业取得了很大发展，综合能力有很大增强，原煤产量由1980年的6.2×10^8 t上升到1985年的8.47×10^8 t，机械化程度由19%提升到40%，安全生产形势也逐步好转。

1986年7月，煤炭工业部结合第五部规程贯彻执行过程中条件和情况的变化，为适应生产建设发展的需要，确保煤矿安全生产，在1980年颁布的第五部规程的基础上，经过修订后重新公布施行了第六部规程——《煤矿安全规程》(共计15章532条)。

1992年10月，能源部结合煤矿生产建设的变化和科学技术的发展，为适应煤炭工业生产建设现代化的需要，确保煤矿安全生产，在1986年版第六部规程的基础上，经过反复修改，以能源安保〔1992〕1017号文件颁布了第七部规程——《煤矿安全规程》(共计15章523条)，于1993年1月1日起开始实施。

从1999年开始，国家煤炭工业局又着手对第七部规程(1992年版)进行了修订工作。2001年9月28日，国家煤矿安全监察局颁布了第八部规程，自2001年11月1日起施行。

2004年11月12日，国家安全生产监督管理局和国家煤矿安全监察局颁布了第九部规程(2004年版)，自2005年1月1日起施行。

2006年、2009年、2010年、2011年、2016年国家安全生产监督管理总局、国家煤矿安全监察局对《煤矿安全规程》的部分条款进行了修订。

2022年，《应急管理部关于修改〈煤矿安全规程〉的决定》于2021年8月17日应急管理部第27次部务会议审议通过，《煤矿安全规程(2022)》自2022年4月1日起施行。

第四节 煤矿安全规程简介

2022年中华人民共和国应急管理部和国家矿山安全监察局颁布的《煤矿安全规程(2022)》，内容包括第一编总则，第二编地质保障，第三编井工煤矿，第四编露天煤矿，第五编职业危害防治，第六编应急救援及附则，共721条。

第一编 总则，共21条。明确制定《煤矿安全规程》的依据为《煤炭法》《矿山安全法》《安全生产法》《职业病防治法》《煤矿安全监察条例》《安全生产许可证条例》；《煤矿安全规程》的适用范围为在中华人民共和国领域从事煤炭生产和煤矿建设活动。本编规定煤矿必须遵守的有关安全生产的法律、法规、规章、规程、标准和技术规范，建立各类人员安全生产责任制，并明确职工有权停止违章作业、拒绝违章指挥。

第二编　地质保障，共12条，本编主要对地质测量机构、人员和仪器设备的设置配备，地质资料要求，立(斜)井井筒检查孔施工、资料和验证，复杂地质条件出水观测与预测预报，地质说明书及报告编制，隐蔽致灾地质因素普查等方面做了明确规定。

第三编　井工煤矿，共11章，476条。这是《煤矿安全规程》最多内容的一编，它对井工煤矿的建设、开采、"一通三防"管理、提升运输、机电管理、爆破作业等各个环节所有涉及安全生产的行为进行了全面的规范。

第一章　矿井建设，共4节，52条。主要内容包括矿井建设的一般规定，井巷掘进与支护，井塔、井架及井筒装备，建井期间生产及辅助系统。

第二章　开采，共6节，49条。主要内容包括开采的一般规定，回采和顶板控制，采掘机械，建(构)筑物下、水体下、铁路下及主要井巷煤柱开采，井巷维修和报废，防治坠落。

第三章　通风、瓦斯和煤尘爆炸防治，共3节，54条。主要内容包括通风、瓦斯防治、瓦斯和煤尘爆炸防治。

第四章　煤(岩)与瓦斯(二氧化碳)突出防治，共3节，36条。主要内容包括煤(岩)与瓦斯(二氧化碳)突出防治的一般规定、区域综合防突措施、局部综合防突措施。

第五章　冲击地压防治，共4节，21条。主要内容包括冲击地压防治的一般规定、冲击危险性预测、区域与局部防冲措施、冲击地压安全防护措施。

第六章　防灭火，共3节，36条。主要内容包括防灭火的一般规定、井下火灾防治、井下火区管理。

第七章　防治水，共5节，44条。主要内容包括防治水的一般规定、地面防治水、井下防治水、井下排水、探放水。

第八章　爆炸物品和井下爆破，共3节，48条。主要内容包括爆炸物品贮存、爆炸物品运输、井下爆破。

第九章　运输、提升和空气压缩机，共5节，61条。主要内容包括平巷和倾斜井巷运输、立井提升、钢丝绳和连接装置、提升装置、空气压缩机。

第十章　电气，共8节，52条。主要内容包括电气的一般规定，电气设备和保护，井下机电设备硐室，输电线路及电缆，井下照明和信号，井下电气设备保护接地，电气设备、电缆的检查、维护和调整，井下电池电源。

第十一章　监控与通信，共4节，23条。主要内容包括监控与通信的一般规定、安全监控、人员位置监测、通信与图像监视。

第四编　露天煤矿，共9章，127条。本编对露天煤矿的采剥、运输、排土、滑坡防治、电气等各个环节的安全生产行为进行了全面的规范。

第一章　一般规定，共11条。

第二章　钻孔爆破，共3节，18条。主要内容包括钻孔爆破的一般规定、钻孔、爆破。

第三章　采装，共5节，20条。主要内容包括采装的一般规定、单斗挖掘机采装、破碎、轮斗挖掘机采装、拉斗铲作业。

第四章　运输，共3节，15条。主要内容包括铁路运输、公路运输、带式输送机运输。

第五章　排土，共9条。

第六章　边坡，共6条。

第七章　防治水和防灭火，共2节，8条。主要内容包括防治水、防灭火。

第八章　电气，共7节，32条。主要内容包括电气的一般规定，变电所（站）和配电设备，架空输电线和电缆，电气设备保护和接地，电气设备操作、维护和调整，爆炸物品库和炸药加工区安全配电，照明和通信。

第九章　设备检修，共8条。

第五编　职业病危害防治，共6章，35条。主要内容包括职业病危害管理、粉尘防治、热害防治、噪声防治、有害气体防治、职业健康监护。

第六编　应急救援，共6章，48条。主要内容包括应急救援的一般规定、安全避险、救援队伍、救援装备与设施、救援指挥、灾变处理。

附则，共2条。第一条规定本规程自2022年4月1日起施行；第二条对“必须”“严禁”“应当”“可以”等进行了解释说明。

第八章 煤矿安全生产事故案例

第一节 煤矿冲击地压事故案例分析

一、“10·11”陕西彬长胡家河矿业有限公司冲击地压事故

（一）基本情况

2021年10月11日13时52分，陕西彬长胡家河矿业有限公司（以下简称胡家河矿业公司）402104综采放顶煤工作面回风平巷发生一起较大冲击地压事故，造成4人死亡、6人重伤、20人轻伤，直接经济损失1 391.26万元。

（二）事故单位概况

胡家河矿业公司是陕西彬长矿业集团有限公司五对矿井之一，位于长武县境内，于2008年6月开工建设，2012年10月正式投产，属证照齐全的生产矿井，设计生产能力5.00 Mt/a，核定生产能力4.50 Mt/a。矿井采用立井单水平开拓，水平标高为+335 m，采深为560～810 m，布置5条大巷，包括1条带式输送机大巷、2条辅助运输大巷和2条回风大巷。事故发生时402104综放工作面和6个掘进工作面正在组织生产作业，402104综放工作面采用综采放顶煤采煤工艺，全部垮落法管理顶板。矿井为高瓦斯矿井，水文地质类型为“复杂型”。主采4#煤层，位于延安组第一段的底部，厚度一般为10～23 m，较稳定，厚度较大，结构较简单，一般含夹矸两层，位于煤层的中上部。其顶板岩性以灰～深灰色粉砂岩、泥岩为主，底板则以灰～灰褐色铝质泥岩为主。属于容易自燃煤层，煤尘具有爆炸危险性，具有强冲击倾向性，评价具有强冲击危险性。

（三）救援经过

事故发生后，胡家河矿业公司启动应急预案，成立了应急指挥部，全面负责指挥应急救援工作。应急指挥部安排组织临近灾区的综掘一队、综掘二队13名人员赴402104回风平巷进行施救，开展现场自救互救，探明情况。

14时11分，彬长救援中心值班人员接到彬长公司调度指令后立即通知救援中心值班领导，迅速启动应急救援预案。14时13分，胡孟中队二小队8人、三小队10人、大佛寺中队8人、小庄中队9人、文家坡中队9人迅速出动并投入救援。当救护队赶到事故地点时，多数人员经自救、互救后离开事故区域，救护队在进一步搜救过程中陆续发现了11名受伤人员并实施救援。至18时33分，事故现场救援结束，事故区域81人全部升井，其中75人送往彬州市人民医院、彬州市中医院、长武县人民医院。经医生诊断，公安机关排查确认：75名受伤人员中死亡4人、重伤6人、轻伤20人、留观31人、出院14人。

（四）事故原因

1. 直接原因

事故区域4#煤层具有强冲击倾向性，且位于F7正断层下盘、A6向斜西侧及A5向斜

北侧，构造应力高，采空区上方大面积厚硬覆岩悬顶被贯穿整个工作面与相邻两个工作面采空区的F7断层切割断裂，使区段煤柱及工作面区域应力高度集中。受开采扰动，被断层切割的大面积厚硬覆岩回转加载造成煤体失稳，引发冲击地压事故。

2. 间接原因

(1) 胡家河矿业公司安全红线意识不强，重生产，轻安全。

① 对上级公司安全生产专题会议精神落实不到位。9月26日，陕西彬长矿业集团有限公司针对胡家河矿业公司402104综放工作面回风平巷超前段顶帮变形、底鼓严重，影响安全生产等问题召开了专题会议，提出了严格落实"限产、限人、限同时"等6条应对措施，胡家河矿业公司未认真贯彻执行。

② 违规在应力集中区安排人员多点集中交叉作业。9月27日19时30分，胡家河矿业公司主要负责人主持召开402104工作面回风平巷超前段维修专题会，安排综采队、巷修队、生产准备队、综掘五队4个区队每天检修班在402104综放工作面回风平巷超前段200 m范围，多点集中交叉进行巷道补强支护和起底作业。

(2) 胡家河矿业公司冲击地压防治工作不到位。

① 对复杂条件下冲击地压机理、巷修作业扰动危险性认识不足。矿井针对断层切割厚硬覆岩回转加载煤体失稳型冲击地压机理认识不足，未能有效对这类冲击地压进行风险研判、监测预警与防治；对工作面回风平巷巷道起底等巷修作业处于高应力状态的煤体产生的扰动危险性认识不清。

② 冲击危险性分析研判结合现场实际不够，分析研判不精准。9月19日402104综放工作面超前支架被压死，9月27日至事故发生前，402104综放工作面回风平巷100 m范围内底鼓严重，微震监测103波的能量频次增加，特别是在咸阳市煤炭工业局10月8日发出提醒函后，未引起足够重视，冲击危险性分析研判结论依然为"中等危险"。

③ 违规在冲击地压危险区域安装设备且未采取固定措施。维修巷道时在距离工作面200 m以内安装一台40 t刮板输送机及控制开关，且仅在刮板输送机机头、机尾设置压柱，其他部位无固定措施。

(3) 胡家河矿业公司现场安全管理混乱。

① 从2021年9月28日至事故发生，每天检修班综采队、巷道维修队、生产准备队、综掘五队在402104综放工作面回风平巷距工作面200 m范围内，多点集中交叉进行巷道补强支护和起底作业，且部分职工未随身携带定位卡进入回风平巷防冲限员管理站。

② 402104综放工作面防冲限员管理站把守失控，形同虚设，把守人员未认真履行限员管理职责，事故发生时两平巷防冲限员管理站以里作业人数超出限员40人规定。

③ 现场管理人员针对402104综放工作面回风平巷超前段维修超限员作业、多点集中交叉作业、部分职工未携带定位卡进入限员区内作业等问题未采取措施，履职不到位。

(4) 陕西彬长矿业集团有限公司安全生产责任落实不到位，安全生产监督管理不力。领导及部门安全生产管理人员岗位责任制落实不严格，工作不认真，履职不到位，未认真落实9月26日"陕西彬长矿业集团有限公司关于胡家河矿、小庄矿安全生产有关事项的专题会议纪要"精神，对胡家河矿业公司执行专题会议措施情况未跟踪督查，对其存在的同一区域多点集中交叉维修作业、超限员作业和部分作业人员未随身携带定位卡进入冲击危险性区域等违规行为未及时发现制止。

(5) 咸阳煤炭工业局对煤矿安全监管履职不到位。一是驻矿安全监督员未认真履行驻矿职责,对胡家河矿业公司 402104 综放工作面回风平巷超前段维修期间超限员作业、多点集中交叉作业等违规行为失察。二是按照《咸阳市煤炭工业局关于调整领导带科室包抓煤炭工业发展工作分工的通知》(咸政煤发〔2020〕2 号)文件要求,包抓胡家河煤矿安全监管工作存在漏洞。

(五) 事故性质

经调查认定,胡家河矿业公司 402104 综采放顶煤工作面回风平巷发生的较大冲击地压事故属生产安全责任事故。

(六) 对有关责任者的处理意见

本次事故共对 29 名责任人员进行追责问责,其中:建议给予党纪、政务处分及行政处罚的企业人员 24 人,建议给予党纪、政务处分的公职人员 5 人。

同时,依据有关规定,对单位的处理建议如下:

(1) 胡家河矿业公司发生较大冲击地压责任事故,依据《安全生产法》第一百一十四条第一款第二项规定,建议给予 150 万元罚款;事故发生后迟报,依据《煤矿安全监察条例》第四十六条规定,建议给予 8 万元罚款;合并处罚 158 万元,责令胡家河矿业公司停产整顿。依据《国家安全监管总局关于印发〈对安全生产领域失信行为开展联合惩戒的实施办法〉的通知》(安监总办〔2017〕49 号)第二条第一项规定,建议将胡家河矿业公司纳入联合惩戒对象。

(2) 陕西彬长矿业集团有限公司贯彻落实习总书记关于安全生产重要指示批示精神不深入、红线意识不强、安全管理松懈、主体责任落实不到位,责成陕西煤业化工集团有限责任公司对陕西彬长矿业集团有限公司领导班子进行作风整顿。

(3) 责成陕西彬长矿业集团有限公司向咸阳市人民政府、陕西煤业化工集团有限责任公司作出书面检查。

二、"10·20"山东能源龙矿集团山东龙郓煤业有限公司冲击地压事故

(一) 基本情况

2018 年 10 月 20 日 23 时许,山东能源龙矿集团山东龙郓煤业有限公司(以下简称山东龙郓煤矿)1303 工作面泄水巷及 3# 联络巷发生重大冲击地压事故,造成 21 人死亡、4 人受伤,直接经济损失 5 639.8 万元。

(二) 事故单位概况

1. 山东能源集团有限公司

山东能源集团有限公司(以下简称山东能源)是山东省属国有独资公司,2011 年 3 月挂牌成立,2015 年 8 月改建为国有资本投资公司,注册资本 169.6 亿元。山东能源下辖 6 个矿业集团、2 个省外区域能化公司、12 个非煤专业化公司,在册职工 16 万人。共有生产矿井 67 处,核定生产能力 13 388 万 t/a,2017 年生产原煤 10 562 万 t。龙口矿业集团有限公司(以下简称龙矿集团)为山东能源全资子公司。

2. 龙矿集团

龙矿集团前身为龙口煤炭生产建设指挥部,始建于 1968 年 10 月,1987 年 5 月成立龙口矿务局,2003 年 3 月改制为龙矿集团,2011 年 3 月成为山东能源权属公司。企业资产总额 225 亿元,员工 1.1 万人,现有 4 处生产矿井,其中,山东省内 2 处,核定生产能力

460 万 t/a，2017 年生产原煤 399.7 万 t，2018 年 1—9 月生产原煤 342.7 万 t。龙矿集团设置了安全监察局、生产技术部、机电管理处等生产安全机构，负责生产技术和安全监督管理工作。

3. 山东龙郓煤矿

山东龙郓煤矿前身为山东省郓城煤矿，位于菏泽市郓城县潘渡镇境内，南距郓城县城6 km。山东省郓城煤矿原隶属于山东省齐鲁新航集团有限责任公司，2006 年9月开工建设。2011 年 1 月起由龙矿集团托管。2016 年 6 月，龙矿集团与山东省齐鲁新航集团有限责任公司签订了“山东省郓城煤矿移交接管划转协议”，矿井的生产建设主体变更为龙矿集团。2017 年 4 月，矿井正式投产，设计生产能力 240 万 t/a。2017 年 12 月，矿井更名为山东龙郓煤矿。2017 年 5—12 月，生产原煤 160 万 t；2018 年 1—9 月，生产原煤 177.73 万 t。矿井采矿许可证、安全生产许可证、工商营业执照齐全有效。

（三）救援经过

事故发生后，党中央、国务院领导同志作出重要批示，山东省委书记、省长、副省长带领有关部门负责人和专家赶到现场，成立了以副省长为组长、有关部门及菏泽市组成的应急救援指挥部。应急管理部党组书记多次与救援现场视频连线，安排部署抢险救援，派出应急管理部副部长、国家煤矿安监局局长和国家煤矿安监局副局长带领的工作组，指导协调应急救援工作。经 9 天全力搜救，至 10 月 29 日 15 时 30 分，最后 1 名遇难人员升井，救援工作结束。

（四）事故原因

龙郓煤矿 3 煤层及其顶底板具有冲击倾向性；事故区域埋深为 1 027～1 067 m，煤岩体自重应力高；受采掘及疏放释水、3 煤层分岔合并及构造影响、巷道临近贯通等因素的影响，形成高应力集中区；采用的防冲措施没有有效消除冲击危险，在当班掘进、施工卸压钻孔扰动和田桥断层带滑移影响下，诱发冲击地压事故。

(1) 事故区域具有冲击危险。龙郓煤矿 1303 工作面泄水巷及 3# 联络巷埋藏深度为1 027～1 067 m，自重应力高；事故区域具备冲击地压发生的应力条件与冲击倾向性条件。

(2) 构造与高应力共同作用。郓城井田处于郓城断裂、巨野断裂、曹县断裂和汶泗断裂的“井”字形中间区内，井田的典型构造特征为断块型，开采区位于八里庄断层与田桥断层控制的地垒构造内，该区域构造应力集中，断裂构造活动频繁。事故区域处于 3 煤层分岔合并线及构造应力区附近。一采区实测最大水平地应力为 34.5 MPa，是垂直应力的 1.40～2.20 倍。

(3) 巷道临近贯通，围岩处于应力调整期。事故发生于巷道贯通期间，剩余 3 m 煤柱，煤柱减小使其周边应力调整加剧。

(4) 掘进和帮部卸压钻孔施工的扰动作用。掘进和帮部卸压钻孔施工对处于应力调整状态的临近贯通巷道围岩具有扰动作用。

(5) 田桥断层带滑移动载作用。山东地震台网测定，2018 年 10 月 20 日 22 时 37 分 51 秒在山东省菏泽市郓城县(北纬 35.61°，东经 116.02°)发生 1.5 级近地表、非天然地震事件，震源位于田桥断层带，为本次事故提供了外部动载。

（五）主要违法事实

(1) 龙郓煤矿劳动组织不合理。3# 联络巷综掘队施工与防冲卸压孔施工，没有研究优化施工的工序和时间；《1303 工作面泄水巷掘进工作面作业规程》中循环图表未明确卸压钻孔施工工序，冲击地压发生时，冲击区域内作业人员数量较多。

(2) 龙郓煤矿对个体防护措施落实不严格。1303 泄水巷 2# 联络巷有 100 m 长度区域评价为强冲击危险区域，现场配备了 10 套防冲服，作业人员进入该区域时未穿防冲服。

(3) 龙郓煤矿防冲制度修改不及时。冲击地压防治管理制度没有根据《防治煤矿冲击地压细则》及时修改完善。

(4) 龙郓煤矿防冲安全教育培训效果差。防冲培训内容少、针对性差，考试组织不严格、不认真，防冲作业人员未掌握基本的岗位防冲知识。

(5) 龙郓煤矿对大采深、复杂条件下实体煤掘进巷道冲击地压复杂性和危险性认识不足、重视不够。没有针对疏放释水、3 煤层分岔合并影响形成的高应力集中进行深入分析，防冲技术措施针对性差。

(6) 龙矿集团对龙郓煤矿采深大、地垒构造、3 煤层分岔合并等产生的高应力集中认识不足，未及时督促龙郓煤矿对顶板疏放水与地层区域应力调整的影响进行分析研究；防冲技术监督管理工作不严格，对龙郓煤矿存在的劳动组织不合理、防冲个体防护措施落实不严格、防冲技术措施针对性差、防冲制度修改不及时等监督检查不到位。

(7) 菏泽市煤炭管理局对冲击地压防治安全监管工作不够重视，对龙郓煤矿冲击地压防治工作监管不力。负责监管的煤矿均为冲击地压矿井，2018 年度执法工作计划中没有冲击地压专项检查内容；落实山东省煤炭工业局关于开展冲击地压防治专项监督检查的文件要求不到位；对龙郓煤矿冲击地压防治专项监督检查不严不细；对龙郓煤矿违法违规行为处理处罚不严格、不规范。

(六) 对有关责任者的处理意见

本次事故共对 24 名责任人员进行追责问责，其中建议移送纪委监委责任追究人员 24 人。

龙郓煤矿发生重大冲击地压事故，依据《安全生产法》第一百零九条第三项规定，建议给予罚款 500 万元的行政处罚。

龙郓煤矿执行董事、党委委员、法定代表人、总经理李仁新，对龙郓煤矿发生的重大冲击地压事故负有主要领导责任，且未在规定时限内向有关部门报告。依据《安全生产法》第九十二条第三项规定，建议给予行政罚款 46.9 万元，依据《安全生产法》第一百零六条第二款规定，建议给予行政罚款 46.9 万元，建议对其给予合并行政罚款 93.8 万元。

龙矿集团对龙郓煤矿在冲击地压防治方面存在的问题检查指导不到位，山东能源对权属二级企业龙矿集团在冲击地压风险防范方面指导不够。建议责成龙矿集团向山东能源作出深刻检查，山东能源向山东省人民政府作出深刻检查。

第二节　煤矿水害事故案例分析

一、"4·10"新疆昌吉州呼图壁县白杨沟丰源煤矿重大透水事故

(一) 基本情况

2021 年 4 月 10 日 18 时 11 分，新疆昌吉州呼图壁县白杨沟丰源煤矿发生重大透水事

故，造成21人死亡，直接经济损失7 067.2万元。

（二）事故单位概况

丰源煤矿为私营企业，位于新疆昌吉州呼图壁县雀尔沟镇白杨沟矿区，隶属于信发集团有限公司所属新疆农六师煤电有限公司。

丰源煤矿井田西邻关闭的白杨树煤矿，东邻白杨沟煤矿，北邻宽沟煤矿。白杨树煤矿2017年关闭退出，开采的B4煤层轨道上山越界布置进入丰源煤矿西翼矿界保护煤柱中，其西部和南部周边原有多个废弃老窑。白杨沟河穿越矿区，洪水期月平均流量为4.34～6.64 m^3/s，曾断流半个月，河水灌入井下采空区，采空区均相互连通，形成大范围老空积水。白杨沟煤矿、宽沟煤矿与丰源煤矿采掘范围之间距离较远，采空区积水对丰源煤矿无影响。

丰源煤矿核定生产能力为60万t/a，现开采的B4煤层平均厚度为12.89 m，煤层倾角为7°～14°。该矿采用斜井开拓，布置有主斜井、副斜井、斜风井；水文地质条件复杂，正常涌水量为238 m^3/h，最大涌水量为309 m^3/h。

该矿东翼共有3个区段，一、二区段已采完封闭，三区段综放工作面于2013年12月因自然发火封闭至今。事故发生前，该矿无采煤工作面，正在施工B4W01工作面。其中B4W01回风平巷掘进了1 056.6 m，已至开切眼位置；B4W01运输平巷已掘进646 m。

丰源煤矿由于无采煤工作面，安全生产许可证于2020年4月13日被新疆煤矿安全监察局依法注销。2020年3月，丰源煤矿与中煤五建签订煤矿整改矿务工程合同，主要建设B4W01工作面。2020年6月，丰源煤矿与中煤五建签订整体托管合同。

（三）救援经过

事故发生后，6人安全升井，21人被困井下。国务院主要领导作出重要批示，应急管理部主要领导多次视频调度指导救援处置工作，国家矿山安全监察局主要领导带领工作组和专家赶赴现场指导救援。救援过程中采取了铺设河道、打钻探查、排水等措施，截至5月16日，经37天全力施救，累计排水101.05万 m^3，搜寻出20名遇难人员，经反复在井下搜救，仍未找到最后1名矿工。经抢险救援指挥部组织专家论证，并经地方政府研究决定终止救援。

（四）事故原因

煤矿违章指挥、冒险组织掘进作业，在老空积水压力和掘进扰动作用下，白杨树煤矿老空水突破有限煤柱（事故后现场勘查B4W01回风平巷掘进工作面距离白杨沟煤矿积水巷道只有1.8 m），通过废弃轨道上山溃入丰源煤矿B4W01回风平巷，造成重大透水淹井事故。

（五）主要违法事实

1. 丰源煤矿

（1）法律意识淡漠，拒不执行停产指令。自治区督查组责令该矿停产整改防治水隐患，该矿在隐患未整改完毕、县煤矿安全监管部门明确不予复工的情况下，擅自恢复B4W01回风平巷和运输平巷的掘进作业。

（2）漠视透水重大风险，违章指挥冒险作业。地测部门已经判断B4W01回风平巷掘进工作面以西有老空水的威胁，未按照《煤矿防治水细则》要求进行探放水；出现明显透水征兆后，该矿仍未及时撤出受透水威胁区域人员，继续冒险掘进作业。

（3）技术工作滞后，防治水基础薄弱。矿井周边老窑技术资料缺乏，部分留存的资料不能真实反映井下开采情况；煤矿隐蔽致灾地质因素普查不到位，未查明井田范围内及周边采空区、老窑分布范围和积水情况；委托地质勘察单位进行水文地质补充勘探时，该矿为节省费用而减少验证钻孔数量，因而未能发现白杨树煤矿采空区及废弃巷道积水。

(4) 主体责任不落实，安全管理松懈。部分安全管理人员未取得安全生产知识和管理能力考核合格证明；防治水专业技术人员和探放水工配备不足，部分探放水工未取得特种作业操作证；没有针对白杨树煤矿老空水问题，研究制定针对性措施；抢工期、赶进度，违规下达掘进进尺指标，探放水施工严重滞后，存在未探先掘、边探边掘或超过探放安全距离仍然掘进的现象。B4W01 回风平巷在 1 043 m 处物探时，已发现前方有低阻异常区，煤矿未进行钻探验证而继续掘进，直至发生透水。

2. 白杨树煤矿

开采时将轨道上山越界布置进入丰源煤矿边界煤柱中；向煤炭管理部门报送虚假图纸和闭坑资料，长期隐瞒矿井遗留的重大隐患。

3. 丰源煤矿上级公司

信发集团有限公司及农六师煤电有限公司作为丰源煤矿上级公司，不重视煤矿安全工作，所设世安公司未配齐安全管理职能部门及人员，未建立安全生产责任制；驻矿人员重作业进度和巷道质量，疏于灾害治理、隐患排查整改；抢工期、赶进度，在该矿隐患未整改完成情况下，即督促该矿恢复掘进施工。

4. 丰源煤矿托管单位上级公司

中煤建设集团、中煤五建及新疆分公司作为丰源煤矿托管单位上级公司，管理层级多、链条长，安全管理力度层层衰减；对丰源煤矿的监督检查浮于表面，未及时发现和纠正丰源煤矿安全管理混乱、技术管理薄弱、违规恢复掘进、冒险作业等问题。

5. 技术服务单位

承担丰源煤矿水文物探项目的福州华虹智能科技股份有限公司将采空区积水误判为顶板砂岩裂隙水；中煤科工西安研究院(集团)有限公司未认真收集矿井及周边相关地质资料，编制的水文地质类型划分报告与实际不符；中煤科工集团北京华宇工程有限公司编制矿井初步设计时确定井田西部留设 30 m 边界煤柱，但在采掘工程平面图和施工图中将边界煤柱留设为 20 m，违规将开切眼布置在边界煤柱中。

6. 地方党委政府及相关部门

州、县煤矿安全监管部门对丰源煤矿安全检查、隐患排查不认真、不细致、不扎实、不到位；未发现煤矿安全管理人员、防治水人员配备不足等问题；对督查发现的丰源煤矿水害隐患，未跟进监督整改；对丰源煤矿违规恢复生产作业问题失察。

原驻地煤矿监察分局履行煤矿安全监察职责不严格，对当地人民政府及煤矿安全监管部门落实安全生产属地监管责任监督指导不到位。

地方党委政府落实安全生产属地监管责任不严格，落实安全生产专项整治三年行动实施方案流于形式。昌吉州党委政府对昌吉州发展和改革委员会履行安全监管职责监督指导不够；对丰源煤矿隐患整改、隐蔽致灾因素普查工作重视不足；对水害安全隐患整改工作监督不到位；对该矿违规恢复生产作业问题失察；2018 年机构改革后，对煤矿安全监管部门监管力量不足，监管体制机制不顺畅、不健全等突出问题，未采取有效措施整改。

（六）对有关责任者的处理意见

(1) 本次事故共对50名责任人员进行追责问责，其中：丰源煤矿法定代表人委托代理人兼总经理、矿长、总工程师3人被移送司法机关追究刑事责任；对丰源煤矿、新疆农六师煤电有限公司、信发集团有限公司、中煤五建新疆分公司、中煤五建公司、中煤建设集团、技术服务单位、白杨树煤矿等单位33名责任人员分别给予罚款、党纪和政纪处分、组织处理等处理意见，其中对中煤五建新疆分公司总经理等4人给予开除党籍、政务开除处分；新疆维吾尔自治区纪委监委对昌吉州政府分管领导、昌吉州发展和改革委员会主要领导、呼图壁县人民政府主要领导等12名公职人员提出了党纪、政纪处分及组织处理意见，其中对呼图壁县人民政府主要领导给予党务政务撤职、降级处分；对新疆煤矿安全监察局北疆监察分局主要领导、监察三室负责人等2人分别给予党纪、政纪处分。

(2) 对丰源煤矿处以罚款500万元的行政处罚并提请地方人民政府予以关闭；将新疆农六师煤电有限公司纳入联合惩戒对象，并将其纳入安全生产不良记录“黑名单”管理；对信发集团有限公司处以罚款400万元的行政处罚；对技术服务单位给予没收违法所得，并处违法所得加倍罚款的行政处罚。

(3) 责成中国中煤能源集团有限公司向国务院国有资产监督管理委员会作出书面检查；责令昌吉州党委、州政府向自治区党委作出书面检查。

二、“7·15”榆林市华瑞郝家梁矿业有限公司较大水害事故

（一）基本情况

2021年7月15日15时26分，榆林市华瑞郝家梁矿业有限公司（以下简称“郝家梁矿业公司”）30108综采工作面发生一起水害事故，造成5人遇难，直接经济损失1 382.8万元。

（二）事故单位概况

1. 郝家梁矿业公司

郝家梁矿业公司位于榆林市东北方向22 km处，行政区划隶属榆林市榆阳区麻黄梁镇管辖，成立于2009年6月23日。2017年6月，国家能源局以国能发煤炭〔2017〕16号文件对陕西榆神矿区一期规划区郝家梁矿业项目核准予以批复，2018年12月取得采矿许可证，2019年6月建成经陕西省发展和改革委员会以陕发改能煤炭函〔2019〕877号文件同意备案进入联合试运转，2020年7月取得安全生产许可证，现为证照齐全有效的生产煤矿。

郝家梁矿业公司井田地质资源储量为129.70 Mt，剩余可采储量为78.29 Mt，生产能力为120万t/a，剩余服务年限为45年，配套建设同等规模的选煤厂。

郝家梁矿业公司由4家法人股东投资，工商注册100%股份分别为：榆林创业投资有限公司持有37%；榆林市宏利煤炭运销有限公司持有34%；榆林市榆阳区佳昌工贸有限公司持有19%，榆林迅驰科贸有限公司持有10%。郝家梁矿业公司经多次股权转让，目前实际的出资持股情况为110股。

2012年设立了董事会、监事会等机构。董事长为安全生产主要负责人；公司总经理负责公司全面工作；法定代表人负责公司工商年检和公司银行开销户等事项；常务副总经理负责日常生产管理协调；副总经理负责公司对外协调。以上人员均未取得安全生产知识和管理能力考核合格证。

郝家梁矿业公司聘用"五职矿长"负责安全生产管理，矿长为煤矿安全生产主要负责人；总工程师为煤矿技术负责人；生产副矿长负责煤矿生产管理工作；安全副矿长负责煤矿安全管理工作；机电副矿长负责煤矿机电管理工作。公司下设综合办公室、生产技术科、机电科3个科室和1个综掘队。综合办公室设主任1名，副主任1名；生产技术科设科长1名，成员3名(成员由山东隆源公司郝家梁项目部人员兼职)；机电科设科长1名，成员2名[成员由山东隆源矿业工程有限公司(以下简称山东隆源矿业公司)郝家梁项目部人员兼职]。公司对综采、机电运输、水害防治等单项工程分别进行了承包。

2. 山东隆源矿业公司

山东隆源矿业公司成立于2012年2月，经济类型为有限公司(自然人投资或控股的法人独资)，法定代表人为鲍某，营业期限为2012年2月20日至2042年2月20日。安全生产许可证编号为(鲁)JZ安许证字[2014]090518，有效期限为2020年4月22日至2023年4月21日。公司实行总经理负责制，总经理负责公司全面工作；总工程师负责公司技术管理工作；安全副总经理负责公司安全管理工作，安全总监兼安全监察部部长负责公司安全监管工作。公司下设安全部、生产技术部、办公室、人力资源部、财务部、物资部。

2020年12月25日，山东隆源矿业公司法定代表人与郝家梁矿业公司总经理签订了"综采生产合作协议"。山东隆源矿业公司负责煤矿综采生产运行合作，包括矿井的采煤、机电、运输、通风、通信、监测监控、井上下供排水、井上下供电、地面供暖系统等生产环节的生产管理、运行、维修等工作。

合同签订后，设立山东隆源矿业公司郝家梁项目部，实行经理负责制。山东隆源矿业公司郝家梁项目部有员工248人，下设安全监察科、通风科、生产管理办公室、调度室(含监测监控)4个科室和综采队、机运队2个区队。经理负责项目部承包范围内的安全生产、经营管理工作；生产副经理负责项目部承包范围内的生产组织管理工作，分管综采队、机运队、生产管理办公室；安全副经理负责项目部承包范围内的安全管理、技术管理等工作，分管安全监察科、通风科。

生产管理办公室负责生产技术、机电、调度和后勤管理。调度室主任负责矿井日常生产的组织和指挥工作；安全监察科科长负责煤矿安全监督管理工作；通风科科长负责矿井"一通三防"管理工作(除掘进工作面以外)；综采队队长负责采煤劳动组织和安全管理工作；机电副队长负责机电维修管理工作；机运队队长负责矿井各大系统运维工作。

2021年6月12日，郝家梁矿业公司与山东隆源矿业公司为应付监管监察，双方签订"生产托管协议"，6月18日，山东隆源矿业公司向榆阳区能源局报送了托管资料。事故发生前，郝家梁矿业公司未实现整体托管工作，隐患假整改，仍按签订"生产托管协议"前的模式管理生产。

3. 天地科技股份有限公司

天地科技股份有限公司(以下简称天地科技公司)下设部、所、室、项目部4个层级。安全与生态环境研究所为开采设计事业部的下属研究所，共有28名正式员工，所长负责研究所全面工作，副所长联系项目部；下设4个研究室分别为矿井水安全与防控研究室、勘察与治理工程研究室、区域治理工程研究室、采煤沉陷与生态环境研究室。矿井水安全与防控研究室共有5名员工，主任负责研究室工作，副主任协助主任做好研究室工作；下设郝家梁、千树塔2个项目部。

2020年3月10日，天地科技公司成立天地科技公司郝家梁项目部。实行经理负责制，经理主持全面工作，负责组织制定项目管理制度，负责项目的技术、质量、安全、成本等工作；项目副经理负责项目的人员、材料供应、施工、后勤管理工作；资料员、探放水施工人员10名。

2020年3月11日，郝家梁矿业公司与天地科技公司签订“郝家梁矿业公司防治水专业化服务技术服务合同”。

2021年2月1日，郝家梁矿业公司与天地科技公司签订“郝家梁矿业公司防治水专业化服务（二期）技术服务合同”，由天地科技公司负责矿井水文地质补充勘探，工作面采前探放水设计、施工及资料总结，工作面防治水安全开采方案设计，工作面涌水量预计、矿井排水能力核定与排水系统设计，矿井防治水技术措施制定，矿井防治水相关技术报告的编写，矿井日常防治水技术指导及培训等工作。

（三）救援经过

事故发生后，国务委员、应急管理部部长、应急管理部副部长、国家矿山安全监察局局长，陕西省委书记、省长、常务副省长等领导同志就科学施救、善后处置、事故调查、责任追究等作出批示。要求坚持生命至上原则，密切配合、通力协作，全力组织开展科学救援，妥善做好善后处置、事故调查、舆论引导等相关工作，确保经济社会大局稳定。国家矿山安全监察局领导两次与现场进行视频连线，指导协调事故救援和调查工作，提出了明确要求。省委常委、常务副省长领导同志亲临现场督导事故抢险救援工作，安排部署事故调查相关工作。国家矿山安全监察局煤矿安全监察司和国家安全生产应急救援中心派员赶赴现场，指导事故救援及善后工作。陕西煤矿安全监察局（2021年10月22日更名为“国家矿山安全监察局陕西局”）、陕西省应急管理厅、能源局负责同志第一时间赶赴事故现场，指导抢险救援。榆林市、榆阳区党政负责同志亲临事故现场成立救援指挥部，全力组织救援。经过37天搜救，至8月20日4时40分，5名失联矿工全部找到，确认遇难，救援工作告一段落。

（四）事故原因

30108综采工作面切眼布置于十八墩河支沟河床下方，该地段3#煤层顶板覆岩结构异常，回采过程中顶板防塌、防沙、防水煤（岩）柱失效，采空区顶板局部抽冒，上覆含水层及地表水裹挟泥沙溃入工作面，导致事故发生。

（五）主要违法事实

1. 未严格执行监管指令，违规组织生产

（1）榆阳区能源局于2021年6月25日下达了停产整顿的监管指令，郝家梁矿业公司在未取得榆阳区能源局同意的情况下，擅自决定在30108综采工作面带负荷调试生产；

（2）郝家梁矿业公司在30108综采工作面开采前未按照《煤矿防治水细则》第85条、86条的规定，对开采煤层上覆岩层进行专门水文地质工程地质勘探，并编制专项开采方案设计。

2. 煤矿技术管理机构不健全

煤矿仅设有生产科、机电科，且每个科只有科长1人，采用购买服务的方式开展防治水工作，未配备防治水专业技术人员。

3. 防治水技术管理有漏洞

(1) 编制的《郝家梁矿业公司30108工作面大采高综采防治水安全性评价报告》依据不充分、针对性不强。未按照《郝家梁煤矿河床区域土层结构勘查方案》设计的BK2钻孔位置进行施工，BK2设计在30108工作面切眼上方，实际施工位置在30110工作面上覆地表河床区域内，距原设计位置直线距离为594 m；报告提出30108工作面已基本具备安全开采条件，将30110工作面上覆地表河床区域内BK2钻孔数据作为计算煤层顶板防塌、防沙、防水煤(岩)柱的依据，将30106工作面“两带”实测数据作为30108工作面覆岩破坏高度预计的依据。

(2) 未按照技术服务合同要求，在30108综采工作面进行水体下采煤之前，编制防治水安全开采方案设计。

(3)《郝家梁矿业公司30108工作面大采高综采防治水安全性评价报告》技术审查不认真，未发现报告中存在的明显缺陷。

(4) 30108综采工作面无水体下采煤专项开采方案设计的情况下，编制作业规程，规程中缺少有效控制采高、过渡支架顶板及防止冒顶漏顶等具体措施，规程审核把关不严。

4. 工作面端头支护存在安全漏洞

30108综采工作面3#支架(端头支架)与4#支架(过渡支架)顶梁支护高度存在约1.5 m高差，且3#与4#支架接顶不实，未有效支护顶板，在3#、4#支架处形成高0.35～2.3 m、宽约2 m的空间，采空区顶板在发生局部抽冒过程中，成为泥沙溃入工作面的直接通道之一。

5. 安全技术措施落实不到位

未严格执行安全技术措施，在30108综采工作面回采前，未安装矿压监测系统；在机头过渡支架侧护板未安装到位的情况下组织工作面推采。

6. 煤矿安全管理混乱

(1) 未落实企业主体责任，未按规定设立安全管理职能部门，安全管理人员配备不足。

(2) 对井下综采、掘进等违规承包分包，以包代管，职责不清，相互扯皮；三是7月15日事故当班有23人未携带定位卡入井。

7. 煤矿安全监管工作履职不到位

(1) 驻矿监督员履职不到位。自6月25日矿井停产至7月15日事故发生，郝家梁矿业公司驻矿监督员仅在7月9日到郝家梁矿业公司地面巡查过1次，未发现或制止矿井停产整改期间擅自组织生产的违规行为。

(2) 煤矿安全生产包抓工作流于形式。区能源局印发了《关于煤矿安全生产包抓工作的通知》，未对煤矿包抓工作进行具体安排部署，虽指定了郝家梁矿业公司包抓干部，但包抓干部仅3月份到郝家梁矿业公司参加了上级组织的安全检查，包抓工作责任未落到实处。

(3) 煤矿安全监管责任未落到实处。对郝家梁矿业公司下达责令停止生产的执法文书后，未对该公司执行情况进行跟踪监管；未按执法程序要求向郝家梁矿业公司下达行政处罚决定等执法文书，行政执法不到位；未按程序对郝家梁矿业公司2条重大隐患进行及时处置；未对郝家梁矿业公司上报的整改方案报告进行审查处置。

8. 榆阳区政府煤矿安全监管工作有漏洞

(1) 未及时解决榆阳区能源局技术力量薄弱以及驻矿监督员数量不足的问题。

(2) 对区煤矿安全监管工作督促指导不够。省应急厅于6月23日至24日组织对郝家梁矿业公司一级标准化验收，发现2条重大隐患至事故发生前不知情。

（六）对有关责任者的处理意见

（1）本次事故共对29名责任人员进行追责问责，其中：建议移交司法处理人员3人，建议给予党纪处分及行政处罚的企业人员19人，建议给予党纪、政务处分的公职人员7人。

（2）郝家梁矿业公司发生较大水害责任事故，依据《安全生产法》第一百零九条第二项和《生产安全事故罚款处罚规定（试行）》第十五条第二项规定，建议给予罚款80万元的处罚。

（3）山东隆源矿业公司违规承包郝家梁矿业公司综采生产，发生较大水害责任事故，依据《安全生产法》第一百零九条第二项，建议给予罚款60万元的处罚。

（4）榆阳区能源局未认真履行职责，未严格落实省安全生产委员会办公室发布的《煤矿驻矿安全监督员管理办法》的规定，对驻矿监督员管理不到位，煤矿安全生产包抓工作责任落实不到位，煤矿监管工作存在漏洞，未对郝家梁矿业公司进行有效监管，导致"7·15"较大水害事故发生，对榆阳区能源局予以通报，责令其分别向榆阳区委、区政府作出书面检查，并对存在问题进行全面整改。

（5）榆阳区委、区政府未认真履行职责，贯彻落实煤矿安全生产法律法规不力，煤矿安全监管人员配备严重不足，未严格执行煤矿重大隐患挂牌督办制度，导致"7·15"较大水害事故发生，就该问题对榆阳区委、区政府予以通报，责令其分别向榆林市委、市政府作出书面检查，并对存在问题进行全面整改。

第三节 煤矿煤与瓦斯突出事故案例分析

一、"8·6"贵州省六盘水市盘州市梓木戛煤矿重大煤与瓦斯突出事故

（一）基本情况

2018年8月6日21时10分，贵州省六盘水市盘州市梓木戛煤矿（以下简称梓木戛煤矿）发生一起重大煤与瓦斯突出事故，造成13人死亡、7人受伤，直接经济损失1 749.5万元。

（二）事故单位概况

梓木戛煤矿位于贵州省六盘水盘州市石桥镇，设计生产能力为30万t/a，证照齐全，且都在有效期内。该矿由原盘县乐民镇梓木戛煤矿与原盘县乐民镇小金山煤矿整合而成，2013年9月2日取得安全生产许可证；2016年9月9日，其安全生产许可证延期至2019年9月8日，同时将其采矿权变更为盘县盘南煤业投资有限公司。2018年5月4日，其采矿权变更为中融国际信托有限公司。

（三）救援经过

事故发生后，国务委员、应急管理部党组书记和副部长、国家煤矿安监局局长，以及省委书记、省长、常务副省长等领导分别对事故抢险、善后处理及事故调查等工作作出重要批示；国家煤矿安监局副局长、常务副省长、副省长等领导率有关人员赶赴现场指导抢险、善后处理和事故调查工作；贵州省、六盘水市、盘州市政府及相关部门人员立即赶赴现场组织抢险救援和善后处理工作。

该事故发生后，当班入井的59人中有39人安全升井，矿长和总工程师立即组织人员救

出了7名受伤人员。接到召请的盘州市矿山救护队、盘江救护大队先后赶到事故现场，多批次开展现场勘查和井下抢险救援工作。

8月6日22时26分至8日23时01分，救援人员陆续搜寻到13名遇难人员。9日1时30分，将遇难人员遗体全部运送出井，事故应急处置工作结束。

（四）事故原因

110102切眼掘进工作面位于3#煤层突出危险区域，煤矿造假瓦斯参数，没有采取区域瓦斯治理措施，施工的顺层瓦斯抽采钻孔未能消除突出危险性；工作面沿31°上山施工，前方煤体在瓦斯压力、集中应力和自重的共同作用下，受风动锚杆机打顶板锚杆眼扰动影响失稳，发生煤与瓦斯突出。

（五）主要违法事实

1. 梓木戛煤矿主体责任不落实

(1) 安全意识不强，法治意识淡薄。

未认真吸取110102运输巷钻场2014年11月20日发生突出的事故教训，未采取针对性的防范措施。未将2013年7月河南理工大学测定3#煤层最小坚固性系数0.237 2作为制定区域防突措施的依据，未按照《煤矿安全规程》的要求开展防突工作。

(2)"四位一体"防突措施不落实。

① 煤矿瓦斯地质工作不到位。煤矿未将2014年11月10日110102运输巷施工钻场发生突出的情况标注在瓦斯地质图上，瓦斯地质图不能反映真实情况和指导井下安全生产工作；对整合前原小金山煤矿副井井筒保护煤柱位置掌握不清；未查清110102切眼掘进工作面前方地质构造情况；在施工顺层抽采钻孔的过程中有6个钻孔穿岩，未认真分析、调整防突技术措施。

② 110102切眼掘进工作面专项防突设计存在缺陷。采用创诚贵州分公司提供的不具合法性和可靠性的3#煤层坚固性系数作为区域防突措施的依据；将110102切眼布置在原小金山煤矿副井井筒保护煤柱应力集中区。

③ 违规进行突出危险性区域预测并造假。煤矿在不掌握煤层突出危险区域的分布规律、没有可靠预测资料的情况下，回避110102运输巷施工钻场时曾发生煤与瓦斯突出的事实，违规采用直接测定参数法预测区域突出危险性；只钻取了1个煤样却出具了6份不同煤样的测定报告；实际采集的1个煤样未按测定程序进行测定，测定结果失真；煤矿依据虚假、失真的预测结果，给出110102切眼掘进工作面无突出危险的结论，未对110102切眼掘进工作面采取区域防突措施。

④ 钻孔施工验收和抽采计量工作不规范，工作面区域验证结果不可靠。钻孔只验收孔深，未验收钻孔其他参数；瓦斯抽采系统未按要求及时安装瓦斯抽采自动计量装置，抽采量统计不准确、不真实；安排无防突作业资格人员对110102切眼掘进工作面进行区域验证。

⑤ 110102切眼掘进工作面沿本煤层顺层布置的15个抽采钻孔控制范围不够，抽采时间短，110102切眼未消除突出危险。

(3) 煤矿通风系统不合理、不可靠。

110102切眼掘进工作面与110106联络巷掘进工作面未实现独立回风；1850集中运输石门安设8台(4台备用)局部通风机，分别向4个掘进工作面供风，巷道供风量小于局部通风机吸风量，风机与防突风门之间巷道风流紊乱。

(4) 采掘失调，违规布置掘进工作面。

井下布置了5个煤巷掘进工作面、2个岩巷掘进工作面，煤巷掘进工作面数量超出规定。

(5) 煤矿安全管理混乱。

鸿锦泰公司作为梓木戛煤矿的实际管控者，未认真管理好梓木戛煤矿正常安全生产秩序。对煤矿的安全投入不足，安全管理人员、技术人员及特种作业人员配备不足，安全培训不到位；矿井地质、瓦斯地质、废弃井巷资料严重缺失；煤矿防突机构不健全，矿长未担任防突领导小组组长，未定期召开防突工作会议；对防突工作过程管理失控，区域突出危险性预测、验证等关键环节无人监督。

2. 中耀公司对梓木戛煤矿管理缺失

中耀公司对梓木戛煤矿开展检查次数不足，对煤矿防突工作监督审查不到位。在不能对梓木戛煤矿进行实际管控的情况下，为配合梓木戛煤矿组织生产，下达了“五职矿长”任命文件，帮助煤矿应付检查。

3. 中介公司出具虚假报告

创诚贵州分公司未按规定程序和规范测定瓦斯基本参数，出具虚假的瓦斯基本参数测试报告。

4. 盘州市政府及相关部门监管不到位

(1) 盘州市政府对相关部门工作督促、检查不严，对安全生产齐抓共管督促不到位，未督促相关部门建立健全联合执法机制；对能源局(煤炭局)专业人员配备不合理，现有人员不能满足对辖区内煤炭行业管理工作的需要。

(2) 盘州市能源局对煤矿行业监管工作不细、不实、不严，未按制订的计划开展煤炭行业安全生产检查，现场检查工作流于形式，下达执法文书后未认真督促整改和验收。

(3) 盘州市安全监管局及安监站对驻矿安监员管理不到位；安全监管执法不严谨，检查重点不明确，随意停止和恢复掘进，对梓木戛煤矿通风系统存在的安全隐患督促整改不到位。

(六) 对有关责任者的处理意见

本次事故共对27名责任人员进行追责问责，其中由司法机关立案调查的人员6人，建议给予党纪、政务处分的公职人员21人。

(1) 梓木戛煤矿防突工作不到位，对重大事故发生负有责任，建议由贵州煤矿安监局水城监察分局依法对梓木戛煤矿处300万元的罚款；建议相关部门将梓木戛煤矿纳入安全生产不良记录“黑名单”。

(2) 中耀公司对所属矿井安全监管不到位，对梓木戛煤矿重大事故负有责任，建议由贵州煤矿安监局暂扣其安全生产许可证；建议相关部门将中耀公司纳入安全生产不良记录“黑名单”。

(3) 创诚贵州分公司未按规定程序和规范测定瓦斯基本参数，出具虚假的瓦斯基本参数测试报告。建议由六盘水市有关部门没收其违法所得21万元，并处违法所得5倍罚款(105万元)，共计126万元；重庆创诚公司对贵州分公司管理不到位，建议相关部门将其纳入安全生产不良记录“黑名单”。

(4) 建议责成盘州市人民政府向六盘水市人民政府作出书面检查。

(5) 建议责成六盘水市人民政府向贵州省人民政府作出书面检查。

二、"6·4"河南省鹤壁煤电股份有限公司第六煤矿较大煤与瓦斯突出事故

(一) 基本情况

2021年6月4日17时40分，鹤壁煤电股份有限公司第六煤矿(以下简称鹤煤六矿)发生一起较大煤与瓦斯突出事故，突出煤量1 020 t、瓦斯量71 251 m^3，造成8人死亡、1人轻伤，直接经济损失892.39万元。

(二) 事故单位概况

1. 鹤煤六矿情况

(1) 基本情况

鹤煤六矿位于河南省鹤壁市山城区，经济性质为国有企业，核定生产能力为130万t/a。2021年计划生产原煤116万t，1—5月生产原煤46.7万t。事故发生前处于正常生产状态，属证照齐全的生产矿井。

(2) 安全管理机构情况

鹤煤六矿为鹤壁煤电股份有限公司的下属单位，无法人资格；配有党委书记、矿长、生产副矿长、安全副矿长、开拓防突副矿长、总工程师等领导班子成员，配备了生产、通风等副总工程师；设置有生产技术科、安检科、通防科等7个安全生产职能科室；设有采煤队、抽放二队、钻探队、煤二队、通风区等18个生产区队；建立有防治煤与瓦斯突出等安全生产责任体系，制定有防治煤与瓦斯突出管理制度等安全生产规章制度及相关操作规程、作业规程。

(3) 矿井开采条件

鹤煤六矿开采二煤层，煤厚1.51～17.51 m，平均厚度为7.82 m；煤层自燃倾向性等级为Ⅲ类(不易自燃)，煤尘具有爆炸危险性；为煤与瓦斯突出矿井，煤层瓦斯含量为10.51～17.98 m/t，瓦斯压力为1.0～1.65 MPa，绝对瓦斯涌出量为68.41 m^3/min，相对瓦斯涌出量为36.91 m^2/t，透气性系数为1.43～1.99 m^2/(MPa·d)；截至2021年5月底，剩余可采储量为6 106.23万t，剩余服务年限为33.3年。

(4) 开拓部署及生产系统现状

鹤煤六矿采用立井多水平上下山开拓，三个水平标高分别为－150 m、－300 m、－585 m；现有211采区、212采区、30采区3个生产采区；布置有1个采煤工作面、3个煤巷掘进(扩修)工作面、4个岩巷掘进工作面。

通风方式为两翼对角式，通风方法为抽出式，主井、新副井、老副井为进风井，小庄风井、东风井为回风井，总进风量为12 849 m^3/min，总回风量为13 491 m^3/min；采用双回路供电，建有地面永久瓦斯抽采泵站和井下移动瓦斯抽采泵站，安装了KJ2000X安全监控系统和KJ69J型人员位置监测系统，建立了紧急避险、压风自救、供水施救、通信联络等系统。

(三) 救援经过

接到事故报告后，河南省省长、常务副省长第一时间赶赴河南能源化工集团有限责任公司(以下简称河南能源)视频调度中心指挥调度；副省长立即带领省应急管理厅、省工信厅、省政府国资委和河南煤矿安全监察局、鹤壁市委市政府主要负责人赶赴事故现场，成立了以副省长为指挥长的前方抢险救援指挥部。应急管理部副部长、国家矿山安全监察局局

长和国家矿山安全监察局副局长视频连线指导抢险救援工作。

事故发生后，鹤壁煤业（集团）有限责任公司（以下简称鹤煤集团）、鹤煤六矿第一时间启动应急救援预案，开展抢险救援工作。截至 2021 年 6 月 7 日 17 时 30 分，9 名被困人员全部被找到并运送升井，其中 1 人生还、8 人遇难。

（四）事故原因

3002 下平巷煤层具有突出危险性，采取的防突措施未消除突出危险，3002 下平巷掘进工作面迎头附近区域穿层钻孔水力冲孔造成应力重新分布，地面压裂井造成应力集中，增加了突出危险性，综掘机割煤扰动煤体，诱导煤与瓦斯突出。

（五）主要违法事实

1. 鹤煤六矿

(1) 技术管理不到位。对 3002 下平巷区域防突设计审查不严格，未根据煤层厚度、3002（下）底抽巷距煤层法距变化情况修改设计；3002 下平巷区域防突措施效果效检钻孔布孔、取样位置不合理，效检测试不规范，测试结果不能真实反映评判区域煤层瓦斯参数情况，效果达标评判结论不正确；对地面压裂井造成事故区域应力集中的认识不到位。

(2) 安全管理不到位。履行“一岗双责、党政同责”安全生产规定职责、对基层党组织落实党的安全生产方针监督检查、职工安全教育培训不到位；对施工现场监督管理不到位，验收穿层钻孔时没有发现事故区域大部分穿层钻孔未穿透煤层进入顶板、大部分穿层钻孔未按措施要求敷设筛管；在 3002 下平巷掘进过程中发现穿层钻孔没有穿透煤层进入顶板、没有敷设筛管后，未分析原因、未采取措施；3002 下平巷区域验证 q 值出现高值时不予记录；对 3002 下平巷掘进与相关单位平行作业的违规行为监督检查不到位；未认真履行跟班队长安全管理职责，未有效制止违规使用综掘机割煤。

2. 双祥分公司

(1) 262 队钻孔施工管理不到位。在鹤煤六矿 3002（下）底抽巷施工穿层钻孔期间未严格落实《3002（下）底抽巷穿层钻孔施工安全技术措施》，事故区域大部分穿层钻孔未穿透煤层进入顶板，大部分穿层钻孔未按措施要求敷设筛管。

(2) 双祥分公司对 262 队管理不到位。未正确履行“一岗双责、党政同责”安全生产规定职责，监督基层党组织落实党的安全生产方针不力；对职工安全教育培训不到位；未认真履行对 262 队管理职责，对钻孔施工质量管理监督检查不力，没有发现 262 队未按措施要求施工 3002（下）底抽巷穿层钻孔。

3. 鹤煤集团

(1) 安全发展理念不牢。贯彻落实习近平总书记关于安全生产重要指示批示精神不到位；建立的防突责任制不完善，且落实不到位；对职工安全教育不到位。

(2) 技术管理不到位。对鹤煤六矿 3002 下平巷区域防突设计审查不严格，审查时未考虑地面压裂井造成的应力影响；对鹤煤六矿、双祥分公司落实矿井区域防突措施监督管理不到位，对鹤煤六矿 3002 下平巷煤层厚度、3002（下）底抽巷距煤层法距发生变化后未修改区域防突设计失察；对 3002 下平巷掘进工作面区域防突措施效果检验报告的审查、审批不严格，鹤煤集团工程技术研究中心在鹤煤六矿测定 3002 下平巷残余瓦斯含量时，布孔、取样位置不合理，校检测试不规范，测定结果失真。

(3) 安全管理不到位。对鹤煤六矿 3002 下平巷掘进工作面安全生产监督管理不到位，对事故区域存在平行作业的行为监督不到位，对鹤煤六矿风险管控、隐患排查监督检查不到位。

4. 河南能源

(1) 安全发展理念不牢。贯彻落实习近平总书记关于安全生产重要指示批示精神不到位，没有牢固树立“安全第一、生命至上”的思想；对安全生产不够重视，落实职工安全教育不到位，存在重生产轻安全倾向。

(2) 安全生产主体责任履行不力。安全工作重部署轻检查，对煤矿安全风险辨识出的重点隐患地区关注不到位，对安排部署的安全检查和现场管理存在的问题跟踪督导、落实整改不到位。

5. 鹤壁市委市政府及市工信局

(1) 对煤矿安全生产工作重视不够，执行省委省政府《关于深入推进安全生产领域改革发展的实施意见》(豫发〔2017〕31 号)措施不力。

(2) 市委市政府整改问题不到位。领导市工信局履行煤矿安全监管职责不力，对河南煤矿安全监察局监察建议、省安全生产委员会指出的问题整改落实不到位，未有效解决煤矿安全监管人员配备、工作经费和装备保障等问题。

(3) 市工信局执法力量少、能力弱、不规范问题突出。

6. 河南煤矿安全监察局豫北监察分局

与地方监管部门协调配合不够，未有效形成监管监察工作合力，对煤矿企业主体责任落实监察重点不突出，监察能力与煤矿安全现场需要有差距。

(六) 对有关责任者的处理意见

对于在事故调查中发现的有关责任人员履职方面的问题及责任认定，已移交河南省纪委监委鹤煤六矿“6·4”较大煤与瓦斯突出责任事故追责问责审查调查组，由河南省纪委监委提出有关单位和人员的党纪、政务处分等处理意见。

依据《安全生产法》《生产安全事故报告和调查处理条例》《对安全生产领域失信行为开展联合惩戒的实施办法》《河南省人民政府关于加强煤矿安全生产工作的补充意见》等规定，对事故有关责任单位和责任人员的行政处罚等建议如下：

(1) 鹤煤六矿“6·4”较大煤与瓦斯突出事故是一起责任事故，鹤煤六矿对该事故负有责任，对鹤煤六矿罚款100万元。

(2) 暂扣鹤煤六矿安全生产许可证，责令其停产整顿，并将其纳入联合惩戒对象。

(3) 对鹤煤六矿党政主要负责人处其上一年年收入 40%的罚款，并将鹤煤六矿党政主要负责人和分管安全生产的负责人纳入联合惩戒对象。

(4) 对给予撤职处分的有关人员，撤销其安全生产知识和管理能力考核合格证；对给予其他处分的有关人员，暂停其安全生产知识和管理能力考核合格证。

以上罚款、纳入联合惩戒由河南煤矿安全监察局豫北监察分局实施；责令停产整顿由鹤壁市政府煤矿安全监管部门实施；暂扣安全生产许可证、撤销或暂停有关人员安全生产知识和管理能力考核合格证由省工信厅实施。

第四节 煤矿煤尘爆炸事故案例分析

一、“8·20”山东肥城矿业集团梁宝寺能源有限责任公司较大煤尘爆炸事故

（一）基本情况

2020年8月20日6时25分，肥城矿业集团梁宝寺能源有限责任公司（以下简称梁宝寺煤矿）35003综放工作面发生煤尘爆炸事故，造成7人死亡、9人受伤，直接经济损失1 493.68万元。

（二）事故单位概况

1. 上级公司基本情况

（1）山东能源集团有限公司

山东能源集团有限公司是山东省属国有独资公司，2011年3月挂牌成立，2015年8月改建为国有资本投资公司，注册资本为170亿元，下辖6个矿业集团、2个省外区域能化公司，在册职工15.9万人。

2020年7月，山东省委、省政府决定将兖矿集团、山东能源集团2家省属重要骨干企业实施联合重组，成立新的山东能源集团有限公司（以下简称山东能源集团），目前山东能源集团正处于联合重组过渡期。按照2019年数据，新组建的山东能源集团资产总额为6 289亿元，营业收入为6 440亿元，利润总额为258亿元，在册职工约为20万人，拥有煤炭资源总量为801亿t，生产矿井为97处，核定生产能力为3.3亿t/a，2019年煤炭产量为2.78亿t。

（2）肥城矿业集团有限责任公司

肥城矿业集团有限责任公司（以下简称肥矿集团）为山东能源集团的全资子公司，前身为肥城矿务局，1958年开始矿区建设，1998年3月改制为肥矿集团，2004年7月划归省国资委管理，2011年成为山东能源集团权属企业。肥矿集团现有3处生产矿井，分别是梁宝寺煤矿、肥城矿业集团单块能源有限责任公司、肥城白庄煤矿有限公司。

2. 梁宝寺煤矿

梁宝寺煤矿是肥矿集团的控股子公司，位于山东省济宁市嘉祥县梁宝寺镇境内。

梁宝寺煤矿2002年7月建设，2006年1月投产。2015年8月核定生产能力为450万t/a。2019年3月，根据《山东省能源局关于调整全省采深超千米冲击地压矿井核定生产能力的通知》规定，生产能力核减为360万t/a；2020年8月，根据《山东省能源局关于调整部分煤矿核定生产能力的通知》规定，生产能力核减为330万t/a。2019年生产原煤309.5万t，2020年1—8月生产原煤197.6万t。采矿许可证、安全生产许可证、营业执照均合法有效。

（三）救援经过

1. 现场人员自救互救

事故发生后，某军从皮带平巷进入工作面，发现煤尘较大，能见度低，一氧化碳便携仪报警。某军从1#支架向刮板输送机机尾方向搜寻，在33#支架处发现某省，在42#支架处发现王某朋。随后，某军通过喊话器通知泵站人员向调度室打电话请求救援，继续搜寻至65#支架处发现某新、路某贞。某军走到中间巷附近，由于佩戴的自救器鼻夹脱落，随即返回到30#支架处，用喊话器通知泵站人员催促调度室增加救援人员，这时李某民和高某军从

泵站进来将某省救出。某军走出工作面，在第3部带式输送机中间位置，遇见就近赶来救援的掘进五区人员，安排他们用锚杆和金属网制作临时担架进去救人。至8时6分工作面共有14名伤员被救离现场。另外，运输工区早班输送机司机王某镇6时40分到35003综放工作面第1部带式输送机机头处交接班，发现某城在机头前2 m处趴着，随即把某城拖到新鲜风流中。王某镇电话向运输工区副区长王某富汇报情况，王某富带人赶到现场将某城救出，9时升井。

2. 救护队救援

8月20日6时36分，矿调度室接事故报告后立即通知肥矿集团救护大队驻梁宝寺矿中队。7时17分，值班中队长张某强带领一小队9人下井侦察搜救。8时17分，教护队在工作面105#液压支架处找到最后一名遇险人员孙某臣。9时20分，应急救援指挥部安排3组救护队员再次对事故区域全面搜救，确认16名遇险人员全部升井，11时15分救援结束。

(四) 事故原因

35003综放工作面采煤机截割过程中滚筒截齿与中间巷金属支护材料（锚杆、锚索、钢带）机械摩擦产生的火花引燃截割中间巷松软煤体扬起的煤尘（悬浮尘），导致煤尘爆炸。

(五) 主要违法事实

1. 现场管理不到位

(1) 安全措施不落实。事故当班现场作业人员未按规程措施要求及时拆除巷道锚杆盘、钢带和锚索索具，也未及时拆除缠绕在采煤机滚筒上的锚索，滚筒带动缠绕的锚索旋转导致扬尘增加并产生火花。

(2) 综合防尘措施落实不到位。未严格按《梁宝寺能源有限责任公司2020年度综合防尘措施》进行综合防尘，采煤机内喷雾堵塞未及时处理，推采过程中支架间喷雾、放顶煤喷雾不正常使用。未按设计进行煤层注水。

(3) 采煤机司机无证上岗。事故当班安排未取得采煤机司机特种作业操作证的人员操作采煤机。

(4) 现场安全管理不严。管理人员未制止现场人员不按规程措施作业的行为，对现场防尘技术措施不落实，监督管理不到位。

2. 安全风险管控、隐患排查治理不到位

(1) 安全风险管控不到位。35003综放工作面因村庄压煤搬迁，变更设计后工作面形成1条中间巷，梁宝寺煤矿辨识出工作面过中间巷煤尘爆炸风险后，管控措施针对性不强，没有对中间巷巷口因压力变化底煤变软的危害进行分析、评估，管控措施落实不到位，割煤前没有及时拆除中间巷两帮的托盘、钢带、金属网等支护材料。

(2) 隐患排查治理不力。3煤层煤尘爆炸性指数为46.86%，具有强爆炸性，事故调查时发现矿井综合防尘方面存在隐患较多，但矿井隐患排查时没有将综合防尘类隐患作为排查重点，《梁宝寺煤矿2020年1—8月隐患排查治理清单》中，1—8月矿井排查治理安全隐患210条，没有综合防尘方面的安全隐患。

(3) 开展专项整治不到位。截止到事故发生时，煤矿开展的安全专项整治三年行动中，仅排查出一般性问题隐患28条，没有形成问题隐患和制度措施两个清单，也没有排查出重大隐患和突出问题。

3. 技术管理不到位

编制 35003 综放工作面作业规程时，未考虑中间巷因素，揭露中间巷后，未及时修改作业规程，未对通风、防尘等相关内容进行补充完善。安全技术措施审查不严格，《梁宝寺能源有限责任公司 2020 年度综合防尘措施》缺少审批意见。梁宝寺煤矿技术管理部门对规程措施在现场落实情况监督管理不到位。

4. 生产组织不合理

现场设备老化、故障率高、维修量大。当班进行更换液压支架立柱、维修皮带工作用时达 3 h，影响生产进度，为赶进度交接班前半小时仍在进行割煤作业，影响正常交接班。

5. 安全监督管理不到位

矿井安全生产监督管理人员对现场安全措施不落实，防尘管理不到位，特种作业人员无证上岗，安全风险管控、隐患排查治理不到位，生产组织不合理等问题管理监督不力。

6. 安全教育培训不到位

采煤机司机配备数量不足，事故当班人员均无采煤机特种作业操作证。对全员培训考核不合格的井下个别采煤作业人员未进行再培训，现场作业人员及安全管理人员对煤尘爆炸的危险性认识不足，对现场采煤机割煤时产生火花问题长期不重视。

7. 肥矿集团监督管理不到位

肥矿集团对梁宝寺煤矿现场管理、技术管理、安全监督管理、安全教育培训、安全风险管控、隐患排查治理不到位及生产组织不合理等问题失察。肥矿集团安全生产包保组工作失察，也未发现或纠正梁宝寺煤矿存在的问题和隐患。

(六) 对有关责任者的处理意见

(1) 事故调查组对事故有关责任人员的责任认定及纪委监委追责工作的处理意见(17 人)。

梁宝寺煤矿 2 名相关责任人在事故中死亡，免于追究责任。建议给予梁宝寺煤矿、肥矿集团等 17 名相关责任人党纪、政务处分。

(2) 对事故有关责任单位的责任认定及处理处罚建议。

① 事故单位：梁宝寺煤矿对该起事故负有责任，依据《安全生产法》第一百零九条第一项规定，建议对梁宝寺煤矿罚款 100 万元；对于事故迟报，依据《煤矿安全监察条例》第四十六条第一项规定，建议对梁宝寺煤矿给予警告，并处罚款 15 万元。建议合并给予警告，并处罚款 115 万元。

② 有关个人：梁宝寺煤矿党委书记、董事长、法定代表人王某富对该起事故负有主要领导责任，依据《安全生产法》第九十二条第二项规定，建议对王某富处 18.52 万元的罚款；对事故迟报负有直接责任，依据《安全生产法》第一百零六条第二款规定，建议对王某富处 27.78 万元的罚款。建议合并给予罚款 46.3 万元。

③ 其他处理建议：肥矿集团对梁宝寺煤矿安全生产工作监督管理不到位，建议责成肥矿集团向山东能源集团作出深刻检查。

二、“1·12”陕西省榆林市神木市百吉矿业有限责任公司重大煤尘爆炸事故

(一) 基本情况

2019 年 1 月 12 日 16 时 20 分，陕西省榆林市神木市百吉矿业有限责任公司(以下简称

百吉矿业)发生一起重大煤尘爆炸事故,造成 21 人死亡,直接经济损失 3 788 万元。

（二）事故单位概况

该矿位于神木市城区东北约 15 km 处,行政区划隶属于神木市永兴街道办事处。2010 年 4 月陕西省发展和改革委员会批准该矿新建项目通过核准。2010 年 8 月陕西省国土资源厅颁发采矿许可证。2011 年 7 月开工建设,设计能力为 45 万 t/a。2014 年 3 月陕西省煤炭生产安全监督管理局批准该矿新建项目进行联合试运转。2014 年 9 月陕西煤矿安全监察局批准该矿建设项目安全设施及条件通过验收。2015 年 7 月神木市发展和改革局批准矿井建设项目通过竣工验收,矿井正式投入生产。2016 年 2 月陕西省煤炭生产安全监督管理局批准该矿核定生产能力为 90 万 t/a。2018 年 3 月 7 日神木市能源局组织对该矿进行春节后复产现场验收,2018 年 3 月 9 日神木市能源局以神能局发〔2018〕53 号文件同意该矿恢复生产。事故前,该矿证照齐全有效,属正常生产矿井。

井田东西长约 4 km,南北宽约 4.6 km,面积 15.42 km^2,井田范围内仅 5-1 煤层可采,在井田中部赋存,可采区域以火烧区边界和 0.8 m 可采线为界,剩余可采储量为 574 万 t。开采标高为＋1 200～＋1 170 m,煤层倾角一般小于 1°,属近水平煤层;煤层厚度为 0.8～4.89 m,平均厚度为 3.37 m。煤层顶板岩性以厚层粉砂岩、细粒砂岩为主,底板岩性以粉砂岩、细粒砂岩和砂质泥岩为主;5-1 煤层为 1 类容易自燃煤层,煤尘具有爆炸性,为低瓦斯矿井,水文地质类型为简单型,地温正常,无冲击地压现象。

（三）救援经过

事故发生后,国务院领导同志高度重视,国家总理、副总理、国务委员对事故抢险救援作出重要批示,要求抓紧做好搜救工作,妥善处置,查明事故原因,依法依规追责;务必把安全生产责任和措施落到实处,警钟长鸣,坚决防范重特大事故发生,切实保障人民群众生命财产安全。应急管理部党组书记立即就落实中央领导同志批示作出安排部署,在部指挥中心与事故现场连线,指导事故救援,并派出副部长与国家煤矿安全监察局党组书记、局长带领工作组赶赴事故现场指导应急救援等方面工作。

事故发生后,陕西省委书记、省长分别作出批示,要求省直部门和榆林市立即组织力量开展救援救治工作,采取措施防止次生灾害发生;要迅速开展事故调查,查明原因,消除隐患,堵塞漏洞。省长亲临现场,召开专题会议,部署抢险救援和全省安全生产工作。常务副省长第一时间赶赴事故现场,担任救援总指挥,指挥应急处置工作。榆林市主要负责同志、分管负责人和神木市党政负责同志及时赶到事故现场组织救援。

12 日 19 时 40 分,先行到达的神木救护队分两组开展救援工作。一组 11 人从副井进入,前进至 506 连采工作面进风巷 50 m 左右,陆续发现 19 名遇难者,接近 506 连采工作面时因听到工作面方向有顶板垮落声,为防止次生事故发生,随即返回升井;另一组 9 人从 512 运输平巷进入,前进到 506 回风巷发现 1 名遇难者,接近 506 连采工作面时工作面方向有顶板垮落声,随即升井。

13 日 4 时 15 分,神东救护队入井侦察,在连采机右侧发现 1 名遇难者,至此 506 连采工作面 21 名遇难人员全部找到。

13 日 12 时 35 分,21 名遇难者全部升井,抢险救援工作结束。

（四）事故原因

506 连采工作面和开采保安煤柱工作面采空区及与之连通的老空区顶板大面积垮落,

老空区气体压入与老空区连通的巷道内，扬起巷道内沉积的煤尘，弥漫506连采工作面，并达到爆炸浓度，在三支巷中部处于怠速状态下的无MA标志非防爆C17运煤车产生火花，点燃煤尘发生爆炸，造成人员伤亡。

（五）事故性质

经调查认定，本起事故为生产安全责任事故。

（六）主要违法事实

(1) 违法进入老空组织回采，开采老空保安煤柱。

① 回采方案和506连采工作面作业规程中设计的部分支巷位于采空区保安煤柱范围内。② 超出回采方案和作业规程中506连采工作面开采范围，违法组织开采采空区煤柱。

(2) 使用国家明令禁止的设备和工艺。

① 506连采工作面主、辅运输车辆均为无MA标志的非防爆柴油无轨胶轮车，主运输车辆由个人购买，自管自用。② 采用落后淘汰的巷道式开采工艺回采边角煤，以掘代采、以探代采。③ 二区边角煤开采没有独立的进风巷，利用506进风平巷作为进风巷，垂直于506进风平巷掘进探巷，后退式单翼采硐回采，局部通风机串联通风。④ 506连采工作面采用每采2～3个采硐强制放顶方式，放顶后工作面只有1个安全出口，工作面风流通过冒落的采空区回风。

(3) 井下采掘工程违规承包分包，现场安全管理失控。

① 将井下采掘工程分别承包给山东鲁泰和炜源公司。② 将井下综掘和连采工作面承包给不具备安全生产条件和相应资质的炜源公司。③ 百吉矿业、鲁泰公司百吉项目部、炜源公司共同隐瞒采掘承包真相。④ 没有建立统一有效、合理健全的安全管理体系，管理体制混乱，职责相互交叉，责任不明确。⑤ 炜源公司组织机构不健全，未设置安全管理机构。⑥ 陕西鲁泰作为山东鲁泰在陕公司，并未将采掘承包情况向有关部门报告，对鲁泰百吉项目部部分管理人员在百吉矿业担任领导职务制止不力。

(4) 资料造假，蓄意隐瞒违法违规行为，逃避监管。

① 506连采工作面开切眼东南部老空内巷道及开采情况没有出现在作业规程中，也没有填绘在采掘工程平面图上，图纸、资料等与实际不符。② 对专家“会诊”检查出的重大问题未落实整改。

(5) 矿井安全投入不足，职工培训不到位，现场管理混乱。

① 百吉矿业和炜源公司未配备钻探设备和防爆运输车辆。② 职工安全意识差，安全教育培训不到位，有人井人员携带烟火现象。③ 防尘设施不全。洒水管路未按规定延伸至所有作业地点；在进、回风巷未安设自动控制风流净化水幕等设施。

(6) 对隐蔽致灾因素没有进行治理。

① 对于已经探明的碳窑沟老空存在的大面积悬顶等安全隐患未进行治理。② 掘进巷道9次打通老空后，没有退回并未按规定构筑防爆防水闭墙。

(7) 地方政府及煤矿安全监管部门监督管理存在漏洞。

① 店塔中心煤管所现场检查不严不细，在百吉矿业《5-1煤南翼连续采煤机短壁回采设计》《5-1煤南翼连续采煤机短壁回采作业规程》采用国家明令禁止的采煤工艺，违反规定串联通风，506连采工作面开切眼和二支巷位于碳窑沟老空保安煤柱范围内的情况下，仍同意5-1煤南翼连采区域进行回采；对百吉矿业组织3次专家“会诊”式检查，对排查出的隐患没

有如实记录在执法文书中，并依法处理；对驻矿安监员、包矿人员履职情况监督不到位；驻矿安监员在无MA标志非防爆无轨胶轮车月检合格登记表上签字，同意其入井，未发现百吉矿业长期违法进入老空回采保安煤柱、采用国家明令禁止的采煤工艺、违规串联通风、违法承包等问题。

② 神木市能源局履职不到位。未认真落实神政办发〔2018〕23号、94号文件相关要求，未对百吉矿业报送的《5-1煤南翼连续采煤机短壁回采设计》组织审批，对百吉矿业《5-1煤南翼连续采煤机短壁回采设计》采用国家明令禁止的采煤工艺、违反规定串联通风，老空开采和违规承包等问题失察；对专家“会诊”检查出的隐患问题没有如实记录，并依法处理；对店塔中心煤管所驻矿安监员同意百吉矿业无MA标志非防爆无轨胶轮车入井问题失察；没有组织、督促百吉矿业对《隐蔽致灾地质因素普查报告》普查发现的隐蔽致灾情况采取措施治理。

③ 榆林市能源局对榆林市行政区域内煤矿长期存在无MA标志非防爆无轨胶轮车入井、违法承包、采用国家明令禁止的采煤工艺等问题监管不力，安全检查走过场，不认真。按照监管计划，于2018年12月18日对百吉矿业进行安全检查，检查人员没有入井检查；在查看了神木市能源局组织的百吉矿业第三轮专家“会诊”式检查组提出的48条问题清单后，没有采取处理措施或提出处理意见。

④ 神木市政府对神木市能源局履职不到位问题失察，对神木市能源局落实神政办发〔2018〕23号、94号文件相关要求督促检查不够。

⑤ 神木市委督促市政府开展“隐蔽致灾因素治理年”专项行动不够。

（七）对有关责任者及单位的处理意见

（1）被公安机关依法采取强制措施人员9人；建议移送司法机关追究刑事责任人员5人；建议给予党纪、政务处分人员22人。

（2）百吉矿业发生重大煤尘爆炸责任事故，依据《安全生产法》第一百零九条第三项和《生产安全事故罚款处罚规定（试行）》第十六条第二项规定，建议给予其行政罚款450万元。

百吉矿业主要负责人在发生事故后，报告事故的时间超过规定时限，依据《安全生产法》第一百零六条的规定，建议对张某给予撤职处分，并处上一年年收入80%的罚款226 067元。

百吉矿业将连采工作面承包给不具备安全生产条件和相应资质的炜源公司，违反《安全生产法》第四十六条的规定，依据《安全生产法》第一百条规定，建议责令该矿限期整改，没收百吉矿业违法所得15 068 787元，并处违法所得4倍罚款60 275 148元。对张某罚款1.8万元。

对事故调查中发现的煤矿安全生产方面其他违法违规行为，由煤矿安全监察机构负责立案查处。

（3）责成神南产业发展有限公司党委向陕北矿业公司党委作出书面检查。

（4）对神木市委、市政府予以通报，责成分别向榆林市委、市政府作出书面检查，并对存在问题进行全面整改。

（5）责成榆林市政府向陕西省人民政府作出书面检查。

第五节 煤矿重大顶板事故案例分析

一、"11·11"辽宁省沈阳焦煤股份有限公司红阳三矿重大顶板事故

（一）基本情况

2017年11月11日2时26分，辽宁省沈阳焦煤股份有限公司红阳三矿（以下简称红阳三矿）西三上采区702综采工作面回风平巷发生一起重大顶板（冲击地压）事故，造成10人死亡、1人轻伤，直接经济损失1 456.6万元。

（二）事故单位概况

红阳三矿位于辽宁省辽阳灯塔市柳条镇，1991年12月开始建设，2000年12月正式投产，隶属于沈阳焦煤股份有限公司（以下简称沈焦公司）。矿井原设计生产能力为150万t/a，经过两次技术改造，2013年核定生产能力为500万t/a，2017年公告核定生产能力为480万t/a，2017年矿井产量计划为420万t，1—10月实际完成345.2万t。

（三）救援经过

事故发生后，国务委员作出重要批示。国家安全生产监督管理总局局长、副局长以及国家煤矿安全监察局局长等领导对事故抢险救援工作作出批示，国家煤矿安全监察局副局长带领工作组紧急赶赴事故现场，指导抢险救援工作。辽宁省委书记、省长第一时间对事故救援工作作出安排，要求全力科学组织抢救，严防次生事故发生，做好遇难和受困矿工家属的安抚工作。副省长率相关部门人员赶赴现场指导抢险救援工作。经全力搜救，11月26日10时30分，最后1名遇难人员遗体升井，抢险救援工作结束。具体救援详情如下：

事故发生后，西三上采区702综采工作面及运输平巷侧处作业人员将遇难人员救出，升井后经抢救无效死亡；回风平巷侧关某、单某自行撤离，单某在事故中被气流击倒而致轻伤。

11日3时47分，沈阳煤业（集团）有限责任公司（以下简称沈煤集团）矿山救护队到达红阳三矿。4时50分，在西三上采区702综采工作面运输平巷口设井下救援指挥基地，组织人员探查，发现回风平巷约200 m巷道破坏严重、通风阻断、不能行人，当时事故区域瓦斯浓度最高达45%。根据探查结果，抢险救援指挥部综合分析，制定抢险救援方案，决定先期采取抽排瓦斯、恢复局部通风措施。

至13日19时40分，事故区域瓦斯浓度稳定在1%以下，抢险救援指挥部下达命令，进入灾区开展救援，21时40分，第2名遇难者遗体运至地面，22时，救援人员开始从工作面侧回风平巷上口、回风平巷双向实施翻棚（掘进）作业，恢复巷道。20日21时41分，工作面侧回风平巷上口救援人员在第1台钻机位置（距回风平巷侧冒落起点152.5 m）发现第3名遇难者。21日1时48分，在第1台钻机操作台位置（距回风平巷侧冒落起点148.9 m）发现第4名遇难者。

22日0时，工作面侧回风平巷上口与回风平巷两侧翻棚（掘进）作业地点相距50 m，按照抢险专家组意见，抢险救援指挥部决定，停止双向翻棚（掘进）作业，由回风平巷侧实施单向作业，23时10分，在水泵位置（距回风平巷侧冒落起点87.9 m）发现第5名遇难者。

23日12时30分，在第3台钻机操作台位置（距回风平巷侧冒落起点103.5 m）发现第

6 名遇难者；24 日 7 时 55 分，在第 2 台钻机操作台位置(距回风平巷侧冒落起点 116 m)发现第 7 名遇难者；25 日 3 时 48 分，在第 2 台钻机位置(距回风平巷侧冒落起点 119.7 m)发现第 8 名遇难者；12 时 53 分，在第 3 台钻机操作台位置(距回风平巷侧冒落起点 103.5 m)发现第 9 名遇难者；26 日 7 时 45 分，发现最后 1 名遇难者。10 时 30 分，遗体升井，救援工作结束。此次事故共造成 10 人死亡、1 人轻伤。

(四) 事故原因

西三上采区 702 综采工作面开采深度为 1 082 m，原岩应力高，煤层具有冲击倾向性；受断层构造(Fh1、Fh2、Fh3、Fh4、Fh21 断层)、区间煤柱(702 回风平巷与北二 703 采区之间煤柱宽度为 32 m)及 702 综采工作面采动(702 工作面已推进 1 740 m)等应力叠加影响，使事故区域形成高应力集中区；受 Fh1、Fh21 断层切割作用和采煤机割煤、移架放顶、3 台钻机同时施工瓦斯抽采钻孔等因素扰动影响，造成该区域巷道周边煤岩失稳，诱发冲击地压，导致事故发生。

(五) 事故性质

事故调查组认定，红阳三矿“11·11”重大顶板(冲击地压)事故为责任事故。

(六) 主要违法事实

(1) 没有开展冲击地压危险性鉴定。

沈煤集团、沈焦公司和红阳三矿各级决策层和管理层机械教条地片面理解《煤矿安全规程》中关于冲击地压危险性鉴定的规定，对采深超过 1 000 m 带来的冲击地压问题认识不高、重视不够、研究不深，没有组织开展冲击地压危险性鉴定。

(2) 瓦斯治本措施不到位。

红阳三矿瓦斯治理理念落后，仅满足于采掘作业时瓦斯浓度不超限；瓦斯抽采手段单一，只是采取高位钻孔抽采卸压瓦斯和利用回风平巷尾巷埋管方式抽采瓦斯，没有采取区域治本的预抽瓦斯措施。

(3) 安全风险管控工作不到位。

沈焦公司及红阳三矿对采区阶段煤柱留设存在的冲击地压风险辨识不到位，没有辨识出高应力条件下存在的采动应力诱发冲击地压安全风险；702 综采工作面采深超 1 000 m，支护措施上仍然按部就班，一成不变，没有实施相应的安全风险管控措施。

(4) 红阳三矿技术管理不到位。

① 矿压观测分析工作不到位。未按规定实施专人顶板离层监测和矿压观测；702 综采工作面两平巷超前支护段未安装矿压检测装备；矿压观测周期大于来压周期；矿压观测资料未组织分析研究，矿压显现规律不清楚，不能科学指导具体采掘作业。② 地质管理工作不到位。未按时开展 702 综采工作面地质素描；没有开展 7 煤基本顶岩石抗压强度测定；对深部地应力问题没有进行地质灾害预警。③ 规程编制和审批管理不到位。702 综采工作面作业规程缺项，缺少打钻人员劳动组织和定员说明，参加会审人员把关不严，没有提出修改意见。

(5) 702 综采工作面现场劳动组织不合理。

702 综采工作面生产作业期间同时安排 3 组打钻人员在回风平巷集中施工高位抽采钻孔，没有研究优化采煤作业和打钻施工的劳动组织，未研究提前打钻或只在检修班打钻的可行性。

(6) 红阳三矿职工安全培训教育不到位。

702 综采工作面作业规程培训不认真，考试走过场，作业人员不清楚、不掌握矿压观测位置、数量，不能通过观测数据判断作业环境安全性；作业人员自我保安意识差；没有开展冲击地压防治相关内容培训。

（七）对有关责任者及单位的处理意见

(1) 建议给予党纪政纪处分人员 36 人。

(2) 行政处罚建议。依据《生产安全事故罚款处罚规定（试行）》第十六条第一款规定，建议对红阳三矿处罚款 300 万元处罚。

(3) 其他处理建议。责成沈煤集团向辽宁省人民政府作出深刻检查。

二、“1·17”山西中煤担水沟煤业有限公司重大顶板事故

（一）基本情况

2017 年 1 月 17 日 10 时 15 分左右，山西中煤担水沟煤业有限公司（以下简称担水沟煤业）发生一起重大顶板事故，造成 10 人死亡，直接经济损失 1 517.46 万元。

（二）事故单位概况

1. 中国中煤能源集团有限公司基本情况

中国中煤能源集团有限公司（以下简称中煤能源集团）是国务院国资委管理的国有重点骨干企业，前身是 1982 年 7 月成立的中国煤炭进出口总公司，主营业务包括煤炭生产贸易、煤化工、坑口发电、煤矿建设、煤机制造以及相关工程技术服务。现有煤矿 44 座，总产能 2.77 亿 t；选煤厂 33 座，洗选能力达 2.76 亿 t。矿区主要分布在山西、陕西、内蒙古、江苏、黑龙江和新疆等省、自治区。截至 2016 年底，集团共有全资公司、控股和均股子公司 52 户，境外机构 4 户，资产总额为 2 953 亿元，从业人员为 10 万人。

2. 中煤资源发展集团有限公司基本情况

中煤资源发展集团有限公司（以下简称中煤资源发展公司）是中煤能源集团的全资子公司，其前身为 1988 年成立的中国煤炭进出口公司，现有注册资本 11.2 亿元，资产总额为 164 亿元，主营业务为煤炭生产与销售、煤炭与洗选发电等相关项目开发建设及管理运营、地方煤炭资源整合、海外煤炭资源开发。原煤生产能力为 2 500 万 t/a，洗选加工能力为 2 900 万 t/a。公司本部设有职能与业务部门 16 个，拥有 10 座煤矿、5 个选煤厂、1 个电厂、1 家海外公司。公司现有职工 6 630 人。

3. 朔州中煤矿业投资有限公司概况

朔州中煤矿业投资有限公司（简称朔州矿业公司）是中煤资源发展公司全资子公司，成立于 2009 年 6 月，注册资金为 1 亿元。公司在职职工人数为 39 人，主要负责“五矿四厂”现场安全督查、地方关系协调、设备租赁、地测防治水服务工作。下设“一局（安全监察分局）、两中心（设备租赁中心、地测防治水中心）、三部（综合部、财务部、地方协调部）。

4. 担水沟煤业概况

担水沟煤业位于朔州市朔城区北部 15 km 的小平易乡担水沟村北，行政区划属朔州市朔城区管辖。井田位于宁武煤田北部，东西长约 3.998 km，南北宽约 3.273 km，井田面积约为 8.839 5 km^2。井田位于区域构造担水沟正断层以北，总体为一宽缓的短轴向斜构造，地层倾角为 3°～14°，井田内断裂构造较发育，有落差 2～20 m 的断层 10 条，在开采 9# 煤层

时还发现 3 个陷落柱。井田内无岩浆岩侵入。井田地质构造属简单类型。

井田内主要含煤地层为山西组和太原组，共含煤层 8 层，分别为 2#、3#、4^{-1}#、4^{-2}#、5#、8#、9# 和 11# 煤层，其中 4^{-1}#、8#、9#、11# 煤层为全区稳定可采煤层，4^{-2}# 煤层为较稳定大部可采煤层。4^{-1}# 煤层赋存于太原组顶部，厚度为 1.0～6.6 m，平均厚度为 4.74 m，是井田内主要可采煤层，直接顶板为中细粒砂岩或泥岩，局部裂隙发育，属中等坚硬顶板，不易冒落，底板为泥岩、砂质泥岩。9# 煤层位于太原组下部，厚度为 12.53～23.88 m，平均厚度为 16.20 m，是井田内主要可采煤层，直接顶板为泥岩，岩性致密，裂隙不发育，属中等冒落型顶板，底板为泥岩或砂质泥岩、细砂岩。井田地质储量为 26 102 万 t，工业储量为 25 920 万 t，可采储量为 14 512 万 t，矿井设计生产能力为 90 万 t/a，服务年限为 115 年。矿井水文地质条件中等；属低瓦斯矿井；煤尘具有爆炸危险性；自燃倾向性等级为Ⅱ类，属自燃煤层。

（三）救援经过

事故发生后，国务委员作出重要批示。国家安全生产监督管理总局、国家煤矿安全监察局有关领导对事故抢险救援工作及时进行安排部署，国家煤矿安全监察局副局长带领工作组紧急赶赴事故现场，指导抢险救援。山西省委书记、省长对事故救援工作高度重视，在第一时间作出重要批示。副省长带领省安全生产监督管理局、省煤炭厅、省煤矿安全监察局等部门主要负责人赶赴事故现场，指导抢险救援。中煤资源发展公司迅速成立抢险救援指挥部，并召请朔城区、中煤平朔集团有限公司（以下简称平朔集团）矿山救护队全力开展抢险救援。

朔城区矿山救护队于 11 时 35 分到矿，了解事故情况后入井救援，之后平朔集团、中煤集团山西华昱能源有限公司（以下简称华昱公司）等企业救护队陆续到矿参加救援。18 时 20 分救援人员发现第 1 名遇难人员，23 时 49 分，救援人员在清理中听到轻微的呼救声，救援人员边清理边与被困者对话，稳定他的情绪。18 日 0 时 34 分，被困者脱险。7 时整最后一名遇难人员找到，救援工作基本结束，获救的刘某后经抢救无效死亡。本次事故共造成 10 人遇难。

（四）事故原因

担水沟煤业超能力生产、生产布局集中、接替顺序不合理、巷道压力明显增大时未采取有效措施，致使采动应力叠加诱发冲击地压是造成本次顶板事故的直接原因。

（五）事故性质

调查认定本起事故是一起生产安全责任事故。

（六）主要违法事实

(1) 担水沟煤业对技术工作重视不够，矿井技术管理不到位。

工作面设计布置时，未考虑相邻采煤工作面及上下煤层工作面开采扰动的影响，工作面布局集中，造成应力叠加；在 4203 综采工作面运输平巷巷道压力明显增大、变形严重时，未采取有效措施。

(2) 担水沟煤业重生产、轻安全，安全管理混乱。

担水沟煤业违规将采掘工作面承包给没有煤炭生产资质的内蒙古神华建筑安装有限责任公司，且对外包队伍未能实施有效管控；违反规定多布置采掘工作面，超能力组织生产。

(3) 朔州矿业公司执行安全生产有关规定和制度不严格,安全管理松懈。

朔州矿业公司对安全生产工作重视不够,执行安全生产有关规定和制度不严格,安全生产责任制落实不到位,日常安全管理松懈。未制止担水沟煤业超能力生产;日常安全检查和隐患排查治理工作不到位;对担水沟煤业采掘接替紧张、上下煤层采掘工作面布置不合理、位于不同煤层的两个采煤工作面近距离同时进行开采并由此导致出现矿压叠加现象的问题失察;公司专业技术人员匮乏,业务技能和实际工作经验不足,发现问题和处理隐患的能力不强。

(4) 中煤资源发展公司对下属子公司及煤矿安全管理不到位。

中煤资源发展公司对安全生产工作重视不够,对下属子公司疏于管理,对子公司落实安全生产法律法规要求不严,监督落实不够。对所属煤矿安全监管不到位。违规向担水沟煤业下达超能力生产指标;在组织有关部门对担水沟煤业的年度生产计划和采掘工作面接替计划进行初步审查时,没有充分考虑到由此带来的接替紧张、采掘工作面布置不合理、上下煤层采煤工作面近距离同时生产等事故隐患和问题;对担水沟煤业长期和反复出现的顶板问题没有引起高度重视,没有组织进行深入的技术论证分析和风险评估,没有研究制定专项解决措施。

(5) 朔城区人民政府和煤矿安全监管部门对担水沟煤业安全生产工作监管不到位。

(七) 对有关责任者及单位的处理意见

(1) 对事故责任人的处理建议(33 人)。

公安机关和监察委员会处理的人员共 8 人,其中公安机关处理 5 人、监察委员会处理 3 人;建议给予党政纪处分的人员 25 人,其中担水沟煤业 7 人、朔州矿业公司 4 人、中煤资源发展公司 6 人、朔城区 5 人、朔州市煤炭工业局 3 人。

(2) 对责任单位的处理建议。

① 担水沟煤业发生一起重大顶板责任事故,依据《安全生产法》第一百零九条第三项规定,建议给予担水沟煤业罚款 500 万元的行政处罚。

② 担水沟煤业违规将采掘工作面承包给没有煤炭生产资质的内蒙古神华建筑安装有限责任公司,依据《国务院关于预防煤矿生产安全事故的特别规定》(国务院令第 446 号)第十条规定,建议给予担水沟煤业罚款 200 万元的行政处罚。

③ 担水沟煤业超能力组织生产,依据《国务院关于预防煤矿生产安全事故的特别规定》(国务院令第 446 号)第十条规定,建议给予担水沟煤业罚款 200 万元的行政处罚。

④ 内蒙古神华建筑安装有限责任公司违规将中标项目分解后转让给他人。根据《招投标法》第五十八条规定,建议给予罚款 102.47 万元的行政处罚(中标价款 10 247.01 万元 10‰的罚款)。

⑤ 依据《生产安全事故报告和调查处理条例》(国务院令第 493 号)第四十条规定,建议暂扣担水沟煤业安全生产许可证;依据《山西省人民政府办公厅关于印发进一步强化煤矿安全生产工作的规定的通知》(晋政办发〔2012〕34 号)规定,责令担水沟煤业实行整顿恢复机制,整顿恢复期为 1 年,整顿结束后履行复工复产验收程序,验收合格后方可恢复生产。

(3) 对朔州市和朔城区人民政府的处理建议。

朔州市、朔城区人民政府未认真履行职责,对此次事故负地方监管主体责任。责成朔城区人民政府向朔州市人民政府作出深刻书面检查;朔州市人民政府向山西省人民政府作出深刻书面检查。

参考文献

[1] 常现联,冯拥军.煤矿安全[M].北京:煤炭工业出版社,2009.
[2] 陈雄.矿井灾害防治技术[M].2版.重庆:重庆大学出版社,2012.
[3] 勾攀峰.煤矿安全法规专家解读煤矿作业规程[M].徐州:中国矿业大学出版社,2014.
[4] 国家煤矿安全监察局科技装备司.煤矿事故调查处理法律法规及重要文件汇编[M].北京:煤炭工业出版社,2010.
[5] 国家煤矿安全监察局人事司.全国煤矿特大事故案例选编[M].北京:煤炭工业出版社,2000.
[6] 景国勋,李德海.中国煤矿安全生产技术与管理[M].徐州:中国矿业大学出版社,2010.
[7] 李宗国.煤矿生产安全管理[M].北京:北京工业大学出版社,2018.
[8] 梁新成.煤矿安全法律法规[M].北京:煤炭工业出版社,2011.
[9] 刘建民,李宝堂.煤矿典型事故案例剖析[M].北京:煤炭工业出版社,2011.
[10] 宁廷全.煤矿安全生产管理人员[M].北京:煤炭工业出版社,2007.
[11] 史宗保.煤矿事故调查技术与案例分析[M].北京:煤炭工业出版社,2009.
[12] 宋晓艳,邸治乾,李忠辉.矿井灾害应急救援与处理[M].徐州:中国矿业大学出版社,2013.
[13] 唐敏康,赵玲,张黎莉.矿山安全生产法规读本[M].北京:化学工业出版社,2013.
[14] 王海涛.煤矿安全技术[M].长春:吉林大学出版社,2017.
[15] 王培强.煤矿安全法律法规[M].北京:煤炭工业出版社,2011.
[16] 熊远喜.矿山企业主要负责人安全培训教材[M].北京:气象出版社,2007.
[17] 杨胜强,唐敏康.矿山安全技术及管理[M].徐州:中国矿业大学出版社,2012.
[18] 杨艳国,题正义.矿山法规[M].徐州:中国矿业大学出版社,2014.
[19] 赵建会.矿井开采设计指导[M].西安:西安电子科技大学出版社,2016.
[20] 中国煤炭教育协会职业教育教材编审委员会.煤矿安全法律法规基础知识[M].2版.北京:煤炭工业出版社,2015.
[21] 朱艳艳.矿井灾害应急救援技术[M].北京:煤炭工业出版社,2017.